Dietrich Geyer (Hrsg.)
Europäische Perspektiven der Perestrojka

Tübinger Mittel- und Osteuropastudien –
Politik, Gesellschaft, Kultur

herausgegeben von Gerd Meyer und Jürgen Schröder

Band 2

Dietrich Geyer (Hrsg.)

Europäische Perspektiven der Perestrojka

CIP-Titelaufnahme der Deutschen Bibliothek

Europäische Perspektiven der Perestrojka / Dietrich Geyer (Hrsg.). –
Tübingen : Francke, 1991
    Tübinger Mittel- und Osteuropastudien ; Bd. 2)
    ISBN 3–7720–1828–9
NE: Geyer, Dietrich [Hrsg.] ; GT

© 1991 · A. Francke Verlag GmbH Tübingen
Dischingerweg 5 · D-7400 Tübingen 5

Das Werk einschließlich aller seiner Teile ist urheberrechtlich geschützt. Jede Verwer-
tung außerhalb der engen Grenzen des Urheberrechtsgesetzes ist ohne Zustimmung
des Verlages unzulässig und strafbar. Das gilt insbesondere für Vervielfältigungen,
Übersetzungen, Mikroverfilmungen und die Einspeicherung und Verarbeitung in
elektronischen Systemen.
Gedruckt auf säurefreiem und alterungsbeständigem Werkdruckpapier.

Einbandgestaltung: Alfred Krugmann, Freiberg am Neckar
Satz: Nagel, Reutlingen
Druck: Gulde-Druck GmbH, Tübingen
Verarbeitung: Braun + Lamparter, Reutlingen
Printed in Germany

ISBN 3–7720–1828–9

Inhalt

Vorbemerkung

Die demokratischen Revolutionen von 1989, die das kommunistische Herrschaftssystem in Mittel- und Osteuropa zum Einsturz brachten, sind Ausdruck einer zeitgeschichtlichen Epochenwende. Ihre Bedeutung kann mit den Umbrüchen verglichen werden, die die beiden verheerenden Weltkriege unseres Jahrhunderts in Europa hervorgerufen haben. Doch anders als 1918 und 1945 vollzieht sich der Zeitenwechsel, den wir jetzt erleben, unter nahezu friedlichen Bedingungen. Die sowjetische Perestrojka hat großen Anteil daran, daß dieser Wandel ohne internationale Krisen und Konflikte vor sich gehen kann.

Noch ist ungewiß, ob der sowjetische Reformprozeß den Völkern dieses riesigen Imperiums Wege in eine freie und demokratische Zukunft öffnen wird. Wirtschaftliche Zerrüttung, ökologische Schäden und soziale Erblasten halten den Optimismus klein. Auch die Konfliktherde, die in Rumänien, Bulgarien und Jugoslawien aufgebrochen sind, erlauben vorerst keine verläßlichen Prognosen. Sicher ist jedoch, daß die dynamischen Veränderungen, die die Länder des ehemaligen Ostblocks jetzt erfahren, auch das westliche Europa tief berühren. Die Vereinigung Deutschlands ist dafür das markanteste Zeichen, und keineswegs das einzige, das auf den notwendigen Umbau des so lange geteilten Kontinents verweist. Auch in Polen, Ungarn und der Tschechoslowakei, im Baltikum, in der Ukraine und in Rußland selber sind die Reformbewegungen auf »Rückkehr nach Europa« eingestellt. Aber die Formel vom »gemeinsamen europäischen Haus« beschreibt bisher nur eine Vision, keine Aufgabe, deren Lösung uns schon klar vor Augen stünde.

Die Beiträge, die dieser Band enthält, sind während des Sommersemesters 1990 an der Universität Tübingen im Rahmen einer Ringvorlesung vorgetragen worden. Es war die Absicht dieser Veranstaltung, die europäischen Perspektiven der gegenwärtigen Umwälzungen aufzuzeigen und Anstöße für eine kritische Urteilsbildung zu vermitteln. Dabei werden zentrale Problemfelder der Entwicklung aus der Sicht verschiedener Fachdisziplinen vorgestellt: der historische Hintergrund der Demokratie- und Freiheitsbewegungen, der Wandel der politischen Systeme, die ökonomischen Möglichkeiten und Grenzen im größeren europäischen Zusammenhang, der institutionelle Rahmen für die Erweiterung der Europäischen Gemeinschaft und der Einfluß der Perestrojka auf die »Zivilisierung«, ja die Auflösung des Ost-West-Konflikts. Diese übergreifenden Erörterungen

8

werden durch länderbezogene Berichte ergänzt, in denen je ein polnischer, ungarischer und tschechischer Fachkollege aus teilnehmender Beobachtung die Sonderwege der ostmitteleuropäischen Revolutionen charakterisiert. Ein Beitrag, der den schwierigen Übergang der DDR zur Einheit verfolgt, und eine Zwischenbilanz der sowjetischen Perestrojka beschließen diesen Tübinger Versuch, in einer Zeit revolutionärer Veränderungen von der »geschehenden Geschichte« Rechenschaft zu geben.

Der Herausgeber dankt den beteiligten Kollegen für ihre Mitwirkung und dem Francke Verlag für seine Bereitschaft, aus den überarbeiteten Manuskripten ein lesenswertes Buch zu machen.

Tübingen, 03.10.1990   D.G.

Dietrich Geyer

Die Idee der Freiheit in der osteuropäischen Geschichte

Wir sind Zeugen eines historischen Umbruchs, doch den geschichtlichen Rang dieses Umbruchs werden wir erst allmählich begreifen. Das Zentrum des Bebens liegt im europäischen Osten, und von Tag zu Tag wird klarer, daß auch das übrige Europa in seinen alten Verhältnissen nicht weiterleben kann. Der realexistierende Sozialismus in Europa existiert nicht mehr. Vor unseren Augen vollzieht sich der Zusammenbruch kommunistischer Herrschaft, der Zerfall des Sowjetimperiums in der von Stalin überkommenen Form, die Erosion eines Bündnissystems, das wir vor kurzem noch »den Ostblock« nannten, die Rückkehr der mittel- und osteuropäischen Völker nach Europa, ihre Emanzipation aus langer Gefangenschaft, aus der Hegemonie jenes »großen Bruders«, der die Bewegung anstieß und der nun selber Mühe hat, mit den Folgen der eigenen Perestrojka Schritt zu halten. Seit sogar das SED-Regime verschwunden ist, ist die Hoffnung groß, daß mit dem Ende der deutschen Teilung auch die Teilung Europas zu Ende sei. Zur Beschreibung dessen, was werden soll, sind bisher nur vage Begriffe und Metaphern zur Hand – etwa die schöne Formel vom »gemeinsamen Haus«, in dem es Wohnungen für alle geben werde. Was tatsächlich werden wird, wer wüßte das zu sagen? Die Zukunft Europas ist eine Rechnung mit vielen Unbekannten. Immerhin: Wir können die Umrisse des Wandels beschreiben, historische Voraussetzungen benennen, politische, ökonomische und kulturelle Perspektiven sichtbar machen und können vor allem ins Bewußtsein rücken, daß die Völker des europäischen Ostens, mit denen wir uns jetzt in neuer Freiheit verbinden, – daß diese Völker, die so lange hinter dem Eisernen Vorhang lebten, mit eigenen Traditionen, eigenen Erfahrungen und eigenen Interessen zu uns kommen – nicht bloß als arme Verwandte, die ins größere Europa nur ihre Not, ihre zerrüttete Wirtschaft, ihre ökologischen Katastrophen einzubringen hätten, sondern vor allem als Partner, die uns an ihrer Kultur und Geschichte teilhaben lassen.

Wer wissen will, was Historiker zum Verständnis aktueller Vorgänge beizutragen haben, sollte seine Erwartungen nicht überspannen. Die prognostischen Fähigkeiten unserer Zunft sind gering, jedenfalls nicht größer als die, über die auch andere mehr oder minder gescheite Leute verfügen. Was gelernten Historikern zugemutet werden darf, ist Aufklärung über das, was war. Wir betrachten die Gegenwart aus dem Blickwinkel der Vergangenheit, und auch dort, wo es um Zukunft geht, sind wir nur »rückwärtsgewandte Propheten« – wenn überhaupt.

Zur historischen Einordnung der jüngsten Umwälzung in Mittel- und Osteuropa hat der allgemeine Sprachgebrauch erste Schlüsselbegriffe geliefert: Alle Welt benutzt für das, was in diesem Teil Europas vor sich geht, den traditionellen Revolutionsbegriff, und daran ist gewiß nichts auszusetzen: Wir haben es mit revolutionären Umbrüchen zu tun, mit der Revolution der politischen Verfassungen, des Wirtschaftssystems, der sozialen Beziehungen und mit Umbrüchen im Bewußtsein der Menschen dazu. Und dieser Revolutionsbegriff wird qualifiziert: Überall wird gesagt, daß wir »demokratische Revolutionen« vor uns haben – demokratisch, weil »das Volk« (auch dieses Wort ist heute wieder emphatisch geworden!) der eigentliche Akteur dieser Revolutionsgeschichte sei; demokratisch auch, weil Demokratie als Ziel der Bewegung auf allen Transparenten steht: Demokratie als Fundament der Freiheit, als Voraussetzung für die Wiederaufrichtung der Menschenwürde – freiheitliche Demokratie als Gegenbegriff zu dem, was vorher war: totalitärer Sozialismus, Parteidiktatur, Kommandowirtschaft, machtgeschützte Unmündigkeit. Doch diese Revolutionen sind einzigartig noch aus einem anderen Grund: Sie sind nicht, wie die bolschewistische Oktober-Revolution von 1917, aus einem großen Krieg gekommen, der zur Revolutions- und Bürgerkriegen weitertreibt, und sie können nur glücken, wenn der Zusammenhang von Frieden und Revolution erhalten bleibt.

*

Die folgenden Betrachtungen über die Idee der Freiheit in der osteuropäischen Geschichte gelten zugleich der Frage nach den geschichtlichen Voraussetzungen der Demokratie. Die Idee der Freiheit steht voran, weil Demokratie ohne Freiheit nicht zu denken ist, doch, historisch gesehen, Freiheit ohne Demokratie durchaus. Das zeigt sich zumal in der osteuropäischen Geschichte. Eine historisch gewachsene Einheit ist Osteuropa nie gewesen. Die Einheit, die sich seit 1945 im »Ostblock« manifestierte, war ein Kunstprodukt des sowjetischen Imperialismus, ein militärisch und politisch zusammengehaltener Machtkomplex, der nun zerfällt. Die Polen, Tschechen und Slowaken, die Ungarn, Kroaten und Slowenen wehren sich vehement dagegen, dem Osten zugerechnet zu werden, und sie wehren sich mit Recht. Ihr Selbstbewußtsein ist von der Überzeugung ganz erfüllt, nicht der Osten Europas, sondern die Mitte Europas zu sein. Wer von Osteuropa als historischer Einheit spricht, operiert also mit einem äußerst vagen Begriff, der das zwanzigste Jahrhundert, wie es scheint, nicht überdauern wird.

Vom ausgehenden achtzehnten Jahrhundert bis zum Ersten Weltkrieg hat der europäische Osten unter der Staatsgewalt Rußlands, Österreich-Ungarns und Preußen-Deutschlands gelebt, in den Zeiten davor in so komplizierten Machtzusammenhängen, daß sie allenfalls im Telegrammstil hier verzeichnet werden können. Man denke an das weiträumige Commonwealth der Polnisch-Litauischen Republik, an die Osmanische Herrschaft bis vor die Tore von Wien, an die Länder der ungarischen Stephanskrone, an die Kronländer und Provinzen des Hauses Habsburg, und nicht zuletzt ans Zarenreich, das Völker vom Baltikum über die Kosakenukraine bis zum Schwarzen Meer mit seinen Grenzen umschloß. Kennzeichen dieser Welt war nicht Einheit, sondern Vielfalt – Vielfalt in Sprache, Kultur und Konfession, war überwiegend Fremdherrschaft, Gefährdung der ethnischen Substanz durch imperiale Staatsgewalten und fremde Herrenschichten. Das erklärt, weshalb hier in neuer und neuester Zeit die Idee der Freiheit weniger mit der Idee der Demokratie verbunden war als mit dem Kampf um nationale Befreiung. Der integrale Nationalismus, der den Zusammenbruch des Sowjetkommunismus heute begleitet (und vielen von uns so anstößig erscheint), ist eine Hinterlassenschaft dieser Geschichte, ist Folge bisher versagt gebliebener Emanzipation. Selbst unter den Russen, dem Staatsvolk des Sowjetimperiums, hat die Perestrojka das Verlangen nach »nationaler Wiedergeburt« neu geweckt und dem großrussischen Nationalismus Auftrieb gegeben. Für die Zukunft bedeutet das, daß es ein demokratisches Europa nur geben kann, wenn es gelingt, in weiten Teilen Europas, zumal im Osten und Südosten, zurückgestaute und jetzt wieder aufgekommene Prozesse nationaler Emanzipation zu vollenden und den Begriff der nationalen Freiheit mit der Idee der Demokratie ins Gleichgewicht zu setzen.

Weil Osteuropa also in vielen nationalen Kulturen lebt – zu denen bis zur Vernichtung durch uns, die Deutschen, auch die jüdische Kultur gehörte – ist »Freiheit« nicht leicht auf einen einzigen Begriff zu bringen. Vier Grundtypen sollen im folgenden herausgehoben werden: Unterscheidungsmerkmal ist die jeweils eigene Sozialgeschichte der Freiheitsidee. Der erste Typus ist dort zu sehen, wo der moderne Freiheitsgedanke aus den Freiheiten des Adels hervorgegangen ist, aus den libertates korporativ verfaßter Adelsnationen. Polen und Ungarn sind die Paradebeispiele dafür. Beim zweiten Typus, der hier zu charakterisieren ist, entsteht der Begriff der Freiheit nicht aus den Wertmustern adliger Standesnationen, sondern entsteht im Milieu von Bauernvölkern, die über die Zeiten hin unter fremden Obrigkeiten lebten, unter Herrenschichten fremder Sprache und Kultur, ohne eigene staatliche Tradition – »geschichtslose Völker«, wie Hegel und nach ihm Friedrich Engels sagten. Bei diesen Bauernvölkern geht die Idee der Freiheit im Verlangen nach nationaler und sozialer Befreiung auf. Beispiele sind die baltischen Völker; aber auch von den Slowaken oder den Slowenen, von den Rumänen oder den Ruthenen wäre zu reden, wenn Raum dafür zur Verfügung stünde. Ein dritter Typus, der identifiziert werden kann, weist Varianten der beiden ersten Typen auf. Ein besonders charakteristisches Beispiel dafür ist die Sozialgeschichte des tschechischen Freiheitsbegriffs. Hier, in Böhmen, greift die Idee der Freiheit auf eine Nationalgeschichte zurück, die in der frühen Neuzeit abgebrochen ist und die sich erst im neunzehnten Jahrhundert, im Prozeß bürgerlicher Nationsbildung, neu entfaltet. Viertens schließlich das Problem der Freiheit in Rußland: die russische Freiheit steht auf einem eigenen Blatt und wird im letzten Abschnitt dieser Betrachtung zur Sprache kommen.

1. Am Beispiel Polens und Ungarns geht es, wie gesagt, um die Genesis des Freiheitsbegriffs aus der Geschichte adliger Standesnationen. Kernstück der Verfassung der polnisch-litauischen Staatenunion, die seit 1569 bestand und viele Völker und Kulturen umfing – Kernstück und »Augapfel« dieser Verfassung waren die Privilegien des adligen Standes. Diese »goldene Freiheit« blieb bis zu den Teilungen Polens fast gänzlich unversehrt. Der Adel allein war die Nation, das Volk Eigentum adliger und kirchlicher Obrigkeiten. Selbst die berühmte 3. Mai-Verfassung von 1791, die das der »Anarchie« verfallene Staatswesen aufs Niveau des aufgeklärten Jahrhunderts bringen sollte, kannte als Staatsbürger noch immer nur den Edelmann. Doch auch später noch, als Polen-Litauen von den absolutistischen Nachbarstaaten geteilt worden war, lebte die Idee der Freiheit aus dem Geist der Adelsgesellschaft fort: Im Kampf um die Wiedergewinnung der staatlichen Unabhängigkeit, um die Wiedervereinigung der geteilten Nation, im Widerstand gegen die Fremdherrschaft im eigenen Land, in Aufständen gegen die Staatsgewalt der Teilungsmächte, gegen die russische zumal. 1830/31, beim Aufstand gegen Rußland, galt Polen im liberalen Europa als der Inbegriff einer edlen, für die Freiheit kämpfenden und blutenden Nation, als Antithese zu den Mächten der Despotie und Tyrannei. Dennoch war es die

russische Regierung, die nach dem zweiten großen Aufstand von 1863 nun auch in ihrem Machtbereich das Volk, die polnischen Bauern, von ihren Herren befreite; eine List der Geschichte, könnte man sagen, denn erst die Bauernbefreiung in Polen öffnete den Weg, auf dem sich die Adelsnation bis zum Ende des neunzehnten Jahrhunderts hin zur modernen Nation erweitern konnte. Die Traditionsvermittlung besorgte die Intelligenz, nicht städtisches Bürgertum, denn Bürgertum in Polen ist (wie übrigens auch in Ungarn) überwiegend deutsch oder jüdisch gewesen. Die Intelligenzia also wurde die politische Klasse der modernen Nation, sie suchte die Zukunft nach wie vor in der Rückgewinnung des alten Staates. Freiheit in diesem Sinn war noch keineswegs identisch mit Demokratie. Selbst die polnische Arbeiterbewegung hat sich in ihrer Mehrheit dem Primat der nationalpolnischen Freiheitsidee gefügt.

Wie in Polen hat der Freiheitsgedanke auch in Ungarn vom Erbe der Adelsnation gezehrt, und wie dort schärfte er sich im Kampf gegen Gewalt und Fremdherrschaft der Außenmächte, gegen die Osmanische Türkei und die Habsburger Monarchie. Im Revolutionskrieg von 1848/49, dem russisches Militär ein Ende setzte, bäumte sich der Adel gegen den Wiener Absolutismus noch einmal auf. Doch anders als die polnische Szlachta konnte die magyarische Gentry im österreichisch-ungarischen Ausgleich von 1867 die staatliche Eigenständigkeit erringen und im eigenen Lande auch liberale Potenzen entfalten. Seither waren die Ungarn im Reich der Stephanskrone »herrschende Nation«, und sie waren im Begriff, zur modernen Nation sich fortzubilden. Dabei herrschten sie in Ländern und Provinzen, deren grundständige Bevölkerung keine Magyaren waren, sondern Rumänen, Serben, Kroaten, Slowaken und Ruthenen – Bauerngesellschaften also, die sich im Verlangen nach Freiheit alsbald gegen die Magyarisierung wandten, gegen die Einschmelzung in die magyarische Nation. Als die Donaumonarchie 1918 zerfiel, wurde die neue Freiheit in Ungarn, anders als in Polen, nicht als Sieg, sondern als nationale Katastrophe empfunden. Während das wiedererstandene Polen im Krieg gegen das bolschewistische Rußland weit nach Osten ausgriff, verlor Ungarn den weitaus größten Teil seines bisherigen Reichsgebiets an die Nachfolgestaaten der Doppelmonarchie. Für die Verbindung von Freiheit und Demokratie in Ungarn war das nicht gut.

Tatsächlich ist in beiden Ländern, in Ungarn wie in Polen, die Idee der Freiheit auch nach 1918 dem Primat des Nationalstaats verhaftet geblieben – so sehr, daß sich die parlamentarische Demokratie unter dem Druck neuer Probleme nicht oder doch nur kümmerlich entfalten konnte. In Ungarn, das sich von Feinden rings umgeben sah, siegte – nach dem Zwischenspiel einer roten Räterrepublik und eines monarchischen Restaurationsversuchs – das autoritäre Regime des Admirals Horthy. In Polen, das von Nationalitätenkämpfen und sozialen Spannungen erschüttert wurde, gab es fünf Jahre lang eine instabile Parteiendemokratie, dann, 1926, kam Piłsudski, der Marschall von Polen, an die Macht und praktizierte eine keineswegs benevolente Diktatur. Horthy, der Reichsverweser Ungarns, hielt den Anspruch auf das Reich der Stephanskrone hoch, ließ das Parlament nur mehr als Fassade bestehen und glitt sodann, als Nutznießer großdeutscher Ordnungspolitik, in den Machtbereich Hitlers hinein. Marschall Piłsudski in Polen herrschte mit dem Charisma des nationalen Freiheitshelden, drückte die Parteien nieder und wünschte, Polen zwischen dem roten Rußland und dem revisionistischen Deutschland zu einer dritten Großmacht zu machen. Als der Zweite Weltkrieg kam, war die nationale Freiheit Polens rasch dahin und auch im Widerstand gegen die deutsche Okkupation nicht mehr zurückzuholen.

Nach 1945 galt Polen als befreite Nation; Ungarn, der Juniorpartner Deutschlands, war ein besiegtes Land, doch beiden Ländern blieb (wie anderen auch) eine freiheitliche Entwicklung unter der sowjetischen Hegemonie versagt. Daß die Ideen der Freiheit dennoch nicht erloschen waren, zeigte sich 1956, zeigten der »polnische Oktober« und der Aufstand der Ungarn gegen die spätstalinistische Zwangsgewalt. Hier wie dort war nun schon eine neue Kraft, die junge Arbeiterklasse beteiligt, – Zeichen des Strukturwandels, den die forcierte Industrialisierung hervorgerufen hatte. Aus der Tradition dieser Befreiungsversuche haben die demokratischen Bewegungen der achtziger Jahre dann ihre Dynamik gezogen: In Polen die Gewerkschaft Solidarność mit ihren Wirkungen auf die Gesellschaft im ganzen, in Ungarn die politischen Kräfte in und außerhalb des alten Regimes, die 1989 die Abkehr vom kommunistischen Einparteienstaat erzwangen und nun Freiheit finden wollen in einer pluralistischen Demokratie.

2. Bei dem zweiten Grundtypus osteuropäischer Freiheitsgeschichte geht es um die Geschichte von Bauernvölkern. Ihr Sonderweg tritt am Beispiel der Esten und Letten besonders deutlich hervor. Die katholischen Litauer dagegen haben eine eigene komplizierte Geschichte, die mit dem litauischen Großreich des Mittelalters und mit der polnischen Adelsrepublik verbunden ist; sie gehören in einen besonderen historischen Zusammenhang und sind erst nach 1918 mit der Staatsgründung in den Kreis der baltischen Völker eingetreten. Die Esten und Letten aber hatten keine mittelalterliche Staats-

tradition im Rücken; bis ins zwanzigste Jahrhundert hinein hatten sie im Grunde keine eigene politische Geschichte. Herr in den Provinzen Estland, Livland und Kurland waren die deutschen Landesnationen des Baltikums, die Erben der mittelalterlichen Ordensstaaten. In neuerer Zeit gründeten die Deutschen ihre Freiheit auf schwedische Privilegien; die russischen Zaren, denen sie sich 1721 unterwarfen, haben diese Rechte immer wieder bestätigt. Die estnische und lettische Bevölkerung war leibeigen; sie lebte unter der Gutsherrschaft und dem lutherischen Kirchenpatronat der deutschen Ritterschaften. Auch die städtischen Magistrate waren deutsch. Durch die Bauerngesetze von 1816/19 wurden die leibeigenen Untertanen zwar persönlich frei, aber sie blieben ohne Land, blieben Tagelöhner, Knechte und Gesinde, abhängig vom Rittergut und von der deutschen Obrigkeit. Als die Zarenregierung in den achtziger Jahren die deutschen Rechte kräftig zu beschneiden begann, dachte sie nicht daran, die nationale Eigenständigkeit der baltischen Völker zu fördern. Man wollte vielmehr, daß Esten und Letten im Russentum und im Schoß der orthodoxen Staatskirche verschwänden. Unter diesem Doppeldruck, der deutschen Hegemonie und der drohenden Russifizierung, hat sich die Revolution von 1905 in den baltischen Provinzen dann mit besonderer Schärfe entfaltet: Die ländlichen Unterschichten setzten die deutschen Rittergüter in Brand, und die nationalbewußte Intelligenz der Esten und Letten, die eben erst in Bildung begriffen war, führte den Kampf um soziale Befreiung mit dem nationalen Freiheitskampf zusammen.

Wie bekannt, sind Estland und Lettland (wie Litauen auch) erst nach langer Leidenszeit als unabhängige Republiken entstanden, nach den Jahren des Weltkrieges, der Revolution und des Bürgerkrieges, in denen die Balten ihre Unabhängigkeit gegen deutsche Truppen, weißgardistisch-russische Verbände und gegen die Rote Armee erkämpften. Erst 1920 schien die nationale Freiheit leidlich gesichert. Doch wie anderswo in Osteuropa auch gab es für die parlamentarische Demokratie im Baltikum keine günstigen Entwicklungschancen. Die Konsolidierung der jungen Staatsnationen hätte Zeit gebraucht – mehr Zeit, als ihnen tatsächlich gegeben war. In Litauen verfiel die Demokratie schon 1926, in Estland und Lettland in den dreißiger Jahren. An ihre Stelle traten Präsidialdiktaturen; sie versuchten, die sozialen Spannungen stillzustellen und probierten dabei auch faschistische Herrschaftsmethoden aus. So hat denn die Okkupation im Zeichen des Hitler-Stalin-Paktes im Baltikum nicht blühende Demokratien vernichtet, sondern autoritär geführte Staaten, in denen die Idee der Freiheit dem Primat nationaler Integration verfallen war.

Vierzig Jahre sowjetischer Herrschaft haben die ethnische Substanz der Esten und Letten aufs äußerste bedroht: durch Deportationen, Kollektivierung und koloniale Industrieplanung, Menschentransfer und Naturvernichtung. Das erklärt, weshalb der nationale Freiheitsgedanke auch heute wieder ganz im Zentrum der Unabhängigkeitsbewegung steht. Es geht um die Rettung der nationalen Identität – um einen schwierigen Versuch, weil die fraglos demokratische Substanz der Bewegungen nicht nur durch Moskauer Repressionen, sondern auch durch nationalistische Überhitzung und eingewachsene Feindbilder Schaden nehmen kann. Bedenkt man die gewaltigen Probleme, die im Konflikt mit dem Moskauer Zentrum jetzt entstanden sind, dann dürfte sicher sein, daß sich auch im Baltikum Demokratie und Freiheit nur im Rahmen eines größeren demokratischen Europa dauerhaft verbinden lassen, in einem Europa, aus dem Rußland nicht ausgeschlossen bleiben darf. Viel hängt daran, daß nicht allein die baltische Demokratie, sondern daß auch die russische gelingt.

3. Auch die dritte, die tschechische Variante der Freiheitsgeschichte hat ihre eigene Struktur. Die Tschechen in Böhmen: mit eigenem Königtum im Mittelalter, in Kohabitation mit den Deutschen Böhmens lebend, in einem Land, das Glied des Heiligen Römisches Reiches war – die Tschechen hatten ihre nationale, auch nationalkirchliche Identität in den Hussitenkriegen gestärkt, doch sie hatten sie nicht bewahren können. In der Gegenreformation wurden sie unter der Herrschaft Habsburgs aufs Niveau eines Bauernvolks herabgedrückt. Der tschechische Adel war vernichtet oder entnationalisiert, die tschechische Sprache überlebte nur noch als Sprache der kleinen Leute. Erst im neunzehnten Jahrhundert gelingt die »Wiedergeburt«, ein nationales Risorgimento von erstaunlicher Kraft. Motor im Prozeß moderner Nationsbildung ist die tschechische Bildungsschicht, die den Freiheitsgedanken dem wachsenden Bürger- und Kleinbürgertum vermitteln kann. Das böhmische Staatsrecht wird für die Nation in Anspruch genommen, mittelalterliche Tradition literarisch nachgeschaffen, das hussitische Erbe belebt, und 1848 wird klar, daß das Ansinnen der Paulskirche, Böhmen in einen großdeutschen Nationalstaat einzugliedern, am Widerstand der Tschechen scheitern wird. Die Idee der Freiheit geht mit der nationalen Emanzipation überein – bis zum Ersten Weltkrieg noch im Rahmen der Habsburger Monarchie. Doch kräftiger als in Ungarn, gar in Polen, bildet sich in jener Zeit ein modernes tschechisches Parteiwesen aus, das Fundament für die Staatsgründung von 1918. Die junge Republik, die Böhmen, Mähren und die magyarisch beherrschten Slowaken einbezieht, und drei Millionen Deutsche dazu, entsteht als parlamentarische Demokratie. Symbol der neuen Freiheit ist Thomas Masaryk, ein gelehrter Philosoph im Präsidentenamt, Hüter des Gedankens der Humanität, der bürgerliche Gegentyp zu den autoritären Staatsführern, die in Ungarn und in Polen herrschen. In der Tat ist die Tschechoslowakei der einzige junge Staat, in dem zwischen den beiden großen Kriegen eine Zivilgesellschaft westlichen Zuschnitts Halt gewann – trotz der sozialen und nationalen Friktionen, mit denen die Republik zu kämpfen hatte.

Zerbrochen ist diese Demokratie erst dann, als Hitler den tschechoslowakischen Staat zerschlug. Der Freiheitsbegriff, der in den Okkupations- und Teilungsjahren weiterlebt, kehrte sich unvermeidlich gegen die deutsche Zwangsgewalt und ließ die Vertreibung der Deutschen nach 1945 als kategorischen Imperativ erscheinen. Daß der demokratische Neuaufbau des Landes 1948 abbrach und die kommunistische Volksdemokratie sich durchsetzte, hat mit den weltpolitischen Fronten im Kalten Krieg viel zu tun. Zwanzig Jahre später zeigte dann der Prager Frühling, daß der Freiheitswille unter der sowjetischen Hegemonie regenerierungsfähig geblieben war. An das Erbe von 1968 hat in der Folgezeit die tschechische Bürgerrechtsbewegung angeknüpft, und sie hat dieses Erbe doch zugleich verwandelt. Heute wird Freiheit nicht mehr in einem »Sozialismus mit menschlichem Antlitz« gesucht, sondern in einer pluralistischen Demokratie, die anknüpfen kann an die demokratischen Traditionen der eigenen Geschichte.

4. Ein vierter und letzter Abschnitt gilt dem Problem der Freiheit in der russischen Geschichte; es ist das schwierigste und strittigste Problem, das hier vorzuführen ist. Die Geschichte Rußlands scheint, wie keine andere in Europa, von der Kontinuität der Unfreiheit geprägt zu sein. Der alte Zweifel, ob dieses weit nach Asien ausgreifende Reich, geschichtlich gesehen, überhaupt zu Europa gehöre, ist auch heute noch wach – nicht nur unter uns, die wir vom Westen her nach Rußland sehen, sondern, mehr noch, in Rußland, in der Perestrojka selber. Nur einige Faktoren, auf die sich diese Zweifel stützen, seien hier genannt: Die Autokratie, die Selbstherrschaft der Moskauer Zaren, steht in byzantinischer Tradition; den Dualismus zwischen weltlicher und geistlicher Gewalt hat sie nicht gekannt. Diese Herrschaftsform entsteht in der Zeit, da das alte Rußland unter mongolisch-tatarischer Herrschaft lebt, und sie nimmt von dort Elemente des Orientalischen Despotismus in sich auf. Adelsständische oder stadtbürgerliche Freiheiten bleiben unbekannt. Was im Heiligen Moskau Gesellschaft heißen kann, ist Produkt der Despotie, lebt nicht aus sich selber, nicht aus eigenem Recht,

sondern lebt von der Gnade des Herrschers. Fundament dieser Dienstklassenordnung ist die bäuerliche Leibeigenschaft. Sie ernährt den Adel und trägt die Herrschaft des Zaren bis in die letzten Bärenwinkel. Als Peter der Große Rußland zur europäischen Großmacht erhebt, wird das Moskauer System der Unfreiheit nicht umgestoßen, sondern nach den Mustern der deutschen Polizei- und Kameralwissenschaften rationalisiert. Die »Europäisierung« bleibt eine Oberflächenerscheinung. Nirgends wird dies deutlicher als in dem Tatbestand, daß Europäisierung und Versklavung in Rußland eng zusammengehen, daß die Leibeigenschaft gerade im aufgeklärten Jahrhundert ihre schärfste Ausprägung erreicht. Katharina die Zweite, »die gekrönte Tochter der Aufklärung«, hat für dieses Übel zwar bewegende Worte gefunden, aber sie hat doch die Unfreiheit in Rußland für ein weiteres Jahrhundert festgemacht. Erst 1861, nach der Niederlage Rußlands im Krimkrieg, wird die Leibeigenschaft aufgehoben und das Bauernvolk in eine zweifelhafte Freiheit entlassen.

Wie aber konnte Freiheit in diesem Land entstehen – nicht nur als Kopfgeburt einiger gebildeter Untertanen, sondern als Ferment sozialen Lebens, als bürgerliche, gar als politische Freiheit? Das Russische kennt zwei Begriffe für Freiheit: Volja und Svoboda. Der erste Begriff, Volja, ist genuin russisch und in der Volkssprache verwurzelt; der zweite, Svoboda, klingt dagegen auch jetzt noch nach der Übersetzung der französischen Liberté. Volja hat, anders als Svoboda, mit verbürgten Rechten nichts zu tun, Volja meint Freisein von allen Fesseln, von der Zwangsgewalt der Obrigkeit, von überkommenen sozialen Bindungen, meint jene Freiheit, die das Leben in der Steppe verheißt, meint Flucht aus der gesetzten Ordnung und Aufruhr gegen das, was Geltung hat. Im Volkslied wird Volja durch Kosaken, Aufrührer und Räuber verkörpert, durch Rebellen mit eigener moralischer Ökonomie, eigener Wahrheit und Gerechtigkeit. Volja realisiert sich im Massenaufstand, seine Helden sind Stenka Rasin und Emeljan Pugatschow. In ihnen und anderen Sozialrebellen sieht das Volk seine Träume von Freiheit ausgedrückt.

Noch heute, in der Zeit der Perestrojka, wird in hitzigen Debatten eine Erklärung für die Kontinuität der russischen Despotie und Sklaverei gesucht (bis hin zu Stalins Archipel Gulag), wird auch die fortwirkende Tradition des elementaren Massenaufruhrs, des »russkij bunt«, beschworen – als vermeintliches Merkmal des Nationalcharakters, als Ausdruck ewiger Unterdrückung, als Ausbruch aus der Sklaverei in die Anarchie, auf die dann neue Unterdrückung folgen wird. »Die Eigenarten der russischen Seele«, so der Schriftsteller Wasilij Grossman (in einem Text, der vor mehr als zwanzig Jahren entstand und im vergangenen Jahr endlich auch in Moskau erschien) – »wurden nicht von der Freiheit geboren«. Einem tragischen Irrtum seien die großen Dichter und Philosophen Rußlands erlegen, die von der Tiefe, Reinheit und christlichen Demut der russischen Seele Kunde gaben; sie hätten übersehen, »daß die russische Seele eine tausendjährige Sklavin ist«. Auch in der Revolution, sagt Grossman (und sagen mit ihm viele, die an ihrer Geschichte verzweifeln) – auch in der Revolution von 1917, die die moderne Idee der Freiheit in Rußland aufgerichtet hat, habe sich die russische Seele, »die große Sklavin«, für den entschieden, der die tausendjährige Kette der Unterdrückung nicht zerbrach, sondern der sie abermals zusammenzog: für Lenin, für einen Mann, dessen Intoleranz, Besessenheit und Freiheitsverachtung »eine urwüchsige russische Erscheinung« sei. Lenin aus dieser Sicht ist genuines Produkt russischer Geschichte, und Stalin gar: die grausame Summe, die Quintessenz aus tausend Jahren Unfreiheit und Barbarei.

Das sind Deutungen, die man bestreiten kann, aber sie sind doch eine Realität für sich. Sie kommen aus der Verzweiflung, aus der immer wieder neugestellten Frage, warum sich Freiheit, Svoboda, Freiheit im Sinn der Menschen- und Bürgerrechte, in Rußland nicht entfaltet hat. In der Tat hat Rußland die europäische Idee der Freiheit nicht aus sich selbst hervorgetrieben. Doch wäre es absurd zu sagen, daß sie dort überhaupt nicht aufgekommen sei. Die Geschichte der modernen Freiheitsidee in Rußland erklärt sich aus der wachsenden Verflechtung des Imperiums mit der westlichen Staatengesellschaft seit dem achtzehnten Jahrhundert. Diese Verflechtung wirkte in doppelter Weise: Zum ersten wirkte sie auf die Staatsmacht selber zurück, denn aus dem Interesse der Autokratie, Rußland im europäischen Mächtesystem konkurrenzfähig zu halten, ergab sich ein Anpassungs- und Modernisierungsdruck, der das russische Staatswesen in den alten Verhältnissen nicht weiterleben ließ. Den zweiten Wirkungsstrang, der aus der Verflechtung mit Europa kommt, zeigt die russische Literatur und zeigt vor allem die Geschichte der russischen Intelligenz. Diese Gesinnungsgemeinschaft aufgeklärter Köpfe formiert sich im neunzehnten Jahrhundert gegen die Autokratie, gegen die Gesellschaft, gegen die Kontinuität der Unfreiheit, und sie hat die europäischen Ideen der Emanzipation, liberale, demokratische und sozialistische, nicht nur wahrgenommen, sondern hat sie, in der Theorie wie in revolutionärer Praxis, auf die russische Wirklichkeit bezogen, auf das Bauernvolk und später, als der Marxismus nach Rußland kam, auch auf die junge Arbeiterklasse. Die russische revolutionäre Bewegung, die zu einem guten Teil Freiheitsbewegung war, erklärt sich aus diesem Sachverhalt. Ihre Geschichte kann hier nicht beschrieben werden.

Bei der Verwandlung Rußlands unter dem Zwang zur Reform, ging, wie gesagt, der Staat voran. Noch im achtzehnten Jahrhundert wurden Elemente ständischer Freiheit in die russische Adelsklasse hineingetragen. Mit der westlichen Welt konfrontiert, nahm die Autokratie auch Normen neuzeitlichen Rechtsdenkens auf. In der hohen Beamtenschaft faßten liberale Gedanken Fuß; ein gouvernementaler Liberalismus bildete sich aus (ähnlich wie in Preußen nach 1806), der in Rußland nach 1860 ein ganzes Bündel einschneidender Reformen zuwege brachte: das Ende der Leibeigenschaft, den Aufbau eines unabhängigen Gerichtssystems und lokaler Selbstverwaltungsorgane und die Einführung der Allgemeinen Wehrpflicht. Ziel war nicht die konstitutionelle Monarchie, sondern die Konservierung der Selbstherrschaft, war die Erneuerung des Staates, die Modernisierung der Wirtschaft, damit das Imperium nicht aufs Niveau des Osmanischen oder gar des Chinesischen Reiches gerate, sondern eine Großmacht ersten Ranges bleibe. Diese Reformen kamen einer »Revolution von oben« gleich. Die Autokratie, stets furchtsam vor der eigenen Courage, gab nolens volens den Weg zur Entstehung bürgerlicher Gesellschaft frei, einer Gesellschaft, die sich, so schwach sie blieb, in einem langen, quälenden Prozeß aus der Verklammerung mit dem Zarismus allmählich zu lösen begann. Die neue Öffentlichkeit nahm die Idee der Freiheit auf, und zu Anfang unseres Jahrhunderts, in der Revolution von 1905, schlug diese Idee als politische Kraft dann schon auf das Regime zurück. Damals, als »das Volk«, die Arbeiter zuerst, dann auch die Bauern, in Aufruhr waren, schien sich für Rußland eine neue Perspektive aufzutun: für die Liberalen ein konstitutioneller Rechtsstaat, für die Revolutionäre eine demokratische Republik mit offener Zukunft zum Sozialismus hin. Daß weder das eine, noch das andere zustande kam, sondern bloß ein »Scheinkonstitutionalismus« (wie Max Weber das nannte), ein dürftiger Kompromiß zwischen Staatsmacht und privilegierter Gesellschaft, zusammengehalten durch eine nationalistische Großmachtideologie – das (und manches andere) hat diese Revolution zu einem bloßen Vorspiel von 1917 gemacht. Aber auch 1917, nach dem Sturz des Zaren im Februar, ist die Freiheit, die Vision eines demokratischen Rußlands, rasch verlorengegangen – binnen weniger Monate verloren an ein Regime, das in seinen Anfängen von Freiheit, von Demokratie und Sozialismus sprach, und das doch, wie sich zeigte, nichts aufzubieten hatte, was den Absturz in die Tyrannei verhindert hätte.

Der Untergang der Freiheit in der bolschewistischen Revolution gehört zu den großen Themen der Perestrojka-Debatte. Alles steht in Frage: nicht nur Stalin, der Henker in der Litewka, der, pfeiferauchend auf dem Mausoleum in weichen Stiefeln über dem toten Führer auf- und abspaziert; nicht nur Lenin, der, ein Kätzchen im Arm, die Appassionata hörend, sagt, dies sei nicht die Zeit, um Köpfe zu streicheln, sondern um sie einzuschlagen – nein: nicht bloß Lenin und Stalin, nicht nur der Marxismus-Leninismus: die ganze Geschichte Rußlands steht zur Disposition.

Kto vinovat'? Wer ist schuld? nicht wir – sagen die einen: nicht wir, die Russen, sind schuld an der Tragödie der Revolution, die Blut und Tränen über Rußland brachte und die Seele des Volkes vernichtet hat. Schuld sind andere: Juden (wie Trotzkij), Freimaurer (wie Kerenskij), volksfremde Intellektuelle (wie Bucharin), auch Stalin war Jude, was sonst. Dies sind Stimmen aus dem Milieu der Pamjat'-Bewegung, von der äußersten Peripherie eines neuen Nationalismus, der im Zeichen von Glasnost' und Perestrojka nicht nur groß, sondern inzwischen auch hoffähig geworden ist. Schuld an Rußlands Unglück, so hört man ehrbare Leute sagen, auch Mitglieder im Präsidialrat Gorbatschows (wie den Schriftsteller Walentin Rasputin): Schuld ist die schreckliche Utopie des Fortschritts, die aus dem kalten, seelenlosen Westen kam und die Intelligenz verwirrte; schuld ist der Kult der Maschine, der Technik, die Moderne überhaupt, eine Fortschrittsidee, aus der eine Politik entstand, die das Volk verachtet, die Bauern liquidiert, den Kosmos russischen Lebens zerstört hat. Schuld ist die westliche Zivilisation, die heute unsere Jugend vergiftet mit Hard Rock, mit Drogen, Aids und Prostitution. Was ist das für eine Freiheit, die die russische Seele, die russische Natur, die russischen Werte vernichtet? Wir brauchen sie nicht! Rußland braucht, um zu überleben, nicht Freiheit, sondern eine »starke Hand«.

Und was sagt die liberale, die demokratische Öffentlichkeit, die in der Perestrojka sich regt und dem europäischen Begriff der Freiheit, der Menschenrechte und der Menschenwürde Raum in Rußland schaffen will? Auch die demokratische Öffentlichkeit spricht von der Tragödie der Revolution und befragt die Geschichte, fragt nach den historischen Wurzeln des Stalinismus und nach der Verantwortung der russischen Intelligenz. In der Intelligenzia, zumal der revolutionären, habe sich das Verhängnis vorbereitet, und das Sündenregister ist lang: Die russische Intelligenz – mit ihrem Hang zum Extremismus, ihrem praxisfernen Utopismus, ihrer Unfähigkeit zum Kompromiß, ihrer doktrinären Besessenheit und Selbstgefälligkeit (Eigenschaften, die der Bolschewismus dann am konzentriertesten zum

Ausdruck brachte) – diese Intelligenz hatte keine Kraft zum Widerstand, als es darauf angekommen wäre, die Ideen der Freiheit, der Humanität, des Rechtsstaats hochzuhalten, Werte und Traditionen, die es in Rußland auch gegeben hat, freilich verachtet zumeist von denen, die sich der Revolution verschrieben hatten.

Was kann geschehen, so wird in zahllosen Küchengesprächen und öffentlichen Debatten wieder und wieder gefragt: Was kann heute, in der Perestrojka, geschehen, um Rußland, nach den entsetzlichen Erfahrungen des Stalinismus, endlich auf den Weg nach Europa zu bringen? Die Antworten, die wir in der demokratischen Öffentlichkeit dazu hören, gehen im einzelnen weit auseinander, aber sie klingen im Prinzipiellen doch immer wieder zusammen: Das Bekenntnis zur Menschenwürde steht allem anderen voran – Menschenwürde und Freiheit nicht nur für uns, die Russen, sondern auch für die anderen Völker, mit denen wir zusammenleben. Was not tut, heißt es, ist Wahrheit, rückhaltlose Wahrheit und Aufklärung über das, was war; ist Ehrfurcht vor den Opfern, ist Reue und Bekenntnis der Schuld, sind Tugenden der Güte, Nächstenliebe und Barmherzigkeit, christliche Werte, die, wie man hofft, zu allgemeinmenschlichen Werten geworden sind.

Niemand kann sagen, wie stark die demokratischen Kräfte sind, die in so scharfer Gewissenserforschung so hohe Maßstäbe für die Perestrojka aufgerichtet haben. Niemand weiß, ob sie sich durchsetzen werden und ob sie die gewaltigen Probleme lösen werden, mit denen sie zu kämpfen haben und die noch vor ihnen liegen auf dem Weg ins »Gemeinsame europäische Haus«. Und niemand weiß, ob die demokratischen Bewegungen im Osten Kraft finden werden, der Versuchung zu widerstehen, die so naheliegt: der Versuchung, die Last der Aufgaben in einem emotionalen Nationalismus aufzuheben, der die Völker Osteuropas nicht zusammenführt, sondern sie in neuen und alten Fronten gegeneinander stellt. Die Hoffnungen, daß dem nicht so sei, sind groß, aber die Ängste auch.

Klaus von Beyme

Politischer Systemwandel in Osteuropa – Übergang zur Demokratie?

1. Voraussetzungen der Demokratie in Osteuropa

Bis Mitte der siebziger Jahre überwog in der makrosoziologischen For-schung die Fragestellung, warum Demokratien in den dreißiger Jahren zusammenbrachen. Mit dem Kollaps der drei südeuropäischen Diktaturen in Portugal, Griechenland und Spanien kam Ende der siebziger Jahre ein neuer Forschungszweig auf, der den Übergang zur Demokratie (*Transition to democracy*) untersuchte (von Beyme, 1985).

Im Zeitalter funktionalistischer Erklärungsansätze wurde nach den *funktionalen Voraussetzungen der Demokratie* gesucht. Ein Minimum an Gleichheit der sozialen und ökonomischen Bedingungen, welche die subjektiven Bedingungen von Demokratie verstärken, standen dabei als »Requisiten« im Zentrum der Debatte. Für die sozialistischen Länder in ihrem Systemwandel erscheint ein solcher Ansatz wenig brauchbar, weil einige Grundannahmen des funktionalistischen Ansatzes hier wenig erklären:

- Durch forcierte soziale und psychische *Gleichschaltung der Gesellschaft* schien die Varianz der Bedingungen im realen Sozialismus geringer als in den Entwicklungsländern, für die der Ansatz einst entwickelt worden war.
- *Typologien des Entwicklungsstandes* standen nur in einer schwachen Beziehung zur Repression in diesen Systemen. Das Armenhaus des Balkans, Rumänien, aber auch die hochentwickelten Länder wie ČSSR und DDR lagen in der Repression an der Spitze.
- Selbst *historische Erfahrungen* mit der Demokratie erklärten offenbar nicht den Zeitpunkt der Rebellion gegen den bürokratischen Sozialismus. Die ČSR galt zwischen den Weltkriegen als demokratischer denn die Weimarer Republik. Dennoch kam der »heiße Herbst« 1989 in Prag erst, nachdem die DDR-Opposition die Demokratisierung schon erzwungen hatte. Die Tschechen hatten dann freilich den Ehrgeiz – wie ein Student vor westlichen Kameras erklärte – in das Guinness-Buch der Rekorde

einzugehen und in einer Woche durchzukämpfen, was in der DDR zwei Monate in Anspruch nahm.

Wenn der politische Entwicklungsgrad in Unterdimensionen aufgeschlüsselt wurde, wie *Subsystem-Autonomie* und *funktionale Differenzierung* (Triska/ Johnson 1975: 250), so war dies angesichts der enormen Größendifferenzen und der Unterschiede zwischen ethnisch relativ homogenen Systemen wie der DDR schon immer als Maßstab ungerecht.

Sehr komplexe Typologien, wie sie William Welsh 1975 vorschlug, in denen politische und sozio-ökonomische Variablenbündel in Beziehung gesetzt wurden, führten zu Clusters, die nicht immer prima vista einleuchteten: Bulgarien, die DDR und die Sowjetunion bildeten eine Gruppe, die ČSSR fiel heraus und wurde als »out of pattern« eingeordnet (Welsh 1975: 74ff). Einleuchtender ist das relativ homogene Cluster der Balkanstaaten Rumänien, Albanien und Jugoslawien. Auch Ungarn und Polen als eine Gruppe entspricht dem historischen Common-Sense-Verständnis.

Einige Generalisierungen sind aufgrund der Daten möglich. In vieler Hinsicht hat die ČSSR die international in sie gesetzten Erwartungen auf der Grundlage einer guten Ausgangsposition als der industrialisierteste Teil des alten Österreich-Ungarn nicht erfüllt. Zunehmend wird die Frage diskutiert, ob der Sozialismus nicht allenfalls ein brauchbares Modell für Agrarsysteme sei. Bulgarien ist das Musterland einer gelungenen Entwicklung. Rumänien zeigt hingegen eher die Entartungserscheinungen eines normalen lateinischen Entwicklungslandes.

Daß die Gruppe der sozialistischen Länder als Ganzes wenig Abweichungen gestattete, ließ sich durch das Übergewicht der Blockvormacht, die gemeinsame Ideologie und die Kohäsion in gemeinsamen Institutionen wie dem Rat für gegenwärtige Wirtschaftshilfe (RGW) und dem Warschauer Pakt erklären.

Zwischen ökonomischen Variablen und politischer Handlungsbereitschaft ließ sich im Ostblock kaum ein direkter Zusammenhang herstellen. Die Herbstrevolution von 1989 hat auch die bisherige Typologie von sozialistischen Ländergruppen entwertet. Zwar ging die höchstentwickelte Republik DDR im Prozeß der akzelerierten Erosion des Sozialismus voran, und Rumänien als das am schwächsten entwickelte Land bildete das blutige Schlußlicht. Aber angesichts der riesigen Entwicklungsunterschiede bleibt es ein Wunder, daß alle Länder von *einer Welle* erfaßt wurden. Bloßer Nachahmungs- und Diffusionsprozeß kann diesen tiefgreifenden Wandel kaum erklären.

Neben dem funktionalen Ansatz wurde die *genetische Erklärung* der Demokratisierungsprozesse üblich. Rüstows Ansatz (1970: 356) in der amerikanischen Entwicklungsländerforschung hatte den Vorteil, den politischen Prozessen wieder stärkere Aufmerksamkeit zu schenken und nicht alles aus der Korrelation von Politik und Ökonomie oder Gesellschaft zu erklären. Kausalketten ließen sich für Rostow auch nicht behavioralistisch erklären in der Sequenz: Einstellung, Attitüden, Aktionen. Die genetische Erklärung endete jedoch häufig in einem zeitlichen Stadienmodell – in der Tradition von Crane Brintons »Anatomie der Revolution«. Man mußte stark individualisieren, und es blieb kaum eine theoretische Gemeinsamkeit übrig.

Angesichts der starken Angleichungstendenzen in den sozialistischen Ländern war es nicht verwunderlich, daß sich bei der Demokratisierung starke Gemeinsamkeiten herausbildeten. Oppositionen entstehen nicht im luftleeren Raum, sondern sind durch den Gegner geprägt. Hans Mommsen hat dies selbst für den deutschen Widerstand gezeigt, ich selbst habe es für Spanien einmal versucht. Semper aliquid haeret. Ähnliches läßt sich ebenso für den Zerfall der sozialistischen Regime zeigen. Schon allein die zahlreichen *Träume vom Dritten Weg*, die noch etwas von den alten sozialistischen Idealen zu retten versuchten, sprechen für diese Annahme, daß der zerfallende Gegner nicht ohne Einfluß auf die siegreiche Opposition in der ersten Phase ist. (von Beyme 1971: 83ff.)

Ein *Akteurs- und Organisationsbezogener Ansatz* dürfte für die Erklärung der Demokratisierung von Systemen – nicht nur im ehemaligen Ostblock – die besten Chancen auf Einsichten eröffnen. Diese Forschungsrichtung deckt sich nicht zufällig mit der heute einflußreichsten Variante zur Erklärung sozialer Bewegungen. Die Sozialwissenschaften sind der Blackbox-Annahmen müde geworden, daß ein meßbarer Wertewandel sich irgendwo in soziale Bewegung umsetzt, ohne daß man erklären kann, warum bei geringeren Anteilen von Postmaterialismus in Deutschland gleichwohl mehr grün-alternatives Potential wirksam wird als in Skandinavien.

Wie konnten demonstrierende Massen ein System, das sich selbst für ultrastabil hielt und von außen – auch für westliche Geheimdienste – nicht in seiner Labilität erkennbar war, über Nacht zusammenbrechen? Theoretiker des Ancien régime, wie Jürgen Kuczynski, die der Umwälzung offenbar noch wenig abgewinnen können, sprachen von der »*konservativen Revolution*«, vermutlich um nicht das alte ominöse Wort »Konterrevolution« zu gebrauchen. Die Bewegung der »konservativen Revolution« in der Weimarer Republik suggeriert jedoch faschistoide Konnotationen (Ende 1989: 1). Die friedlich demonstrierenden Oppositionen schienen angesichts der bis an die Zähne bewaffneten Staatssicherheitsdienste als Akteure zu schwach, um den Erfolg dieser (mit Ausnahme von Rumänien) unblutigen Revolutionen zu erklären. Daher werden weitere Voraussetzungen eines erfolgreichen Transformationsprozesses gesucht. Die wichtigste Voraussetzung war das klare Signal aus Moskau, daß den schwankenden Verbündeten nicht mit Waffengewalt beigestanden würde. Aber auch dann blieb zu fragen, warum die Eliten und ca. 10–15 Prozent des Volkes, die von dem Regime profitierten, sich gegen unbewaffnete Demonstranten nicht durchsetzen konnten. Es ist nicht leicht, aus der vergleichenden Systemlehre Erklärungsmuster zu finden, die auch auf diesen Fall passen. Adam Przeworski (1986: 50) hat vier Erklärungen des Zerfalls autoritärer Regime aufgelistet:

(1) Das Regime hat seinen Zweck erfüllt und zerfällt;
(2) Das Regime verlor seine Legitimität;
(3) Konflikte im herrschenden System zwangen eine Gruppe der Führung, die Massen zu mobilisieren;
(4) Ausländische Einflüsse haben den Regimewandel beschleunigt.

Diese vier Punkte können an den sozialistischen Ländern nunmehr recht gut getestet werden.

(1) Ein sozialistisches Regime hat keine *Funktion* wie so manche Militärdiktatur – sei es die Franco-Diktatur zur Verhinderung einer Linksentwicklung der zweiten Spanischen Republik, oder die Militärdiktatur Pinochets als Antwort auf einen Versuch der sozialistischen Transformation in Chile. Wenn solche Gefahren vorüber sind, wird von der Mehrheit die Repression als überflüssig angesehen. Dies könnte den Fall des griechischen Obristenregimes erklären. Hier gibt es keine Parallelen zu den sozialistischen Ländern. Diese Regime hätten keine mittel- oder langfristigen Funktionen. Sie waren *auf Dauer angelegt* und glaubten anfangs noch, einen *eschatologischen Endzustand Kommunismus* realisieren zu können.

Von der These der erfüllten Funktion kann man nur dann ausgehen, wenn der bürokratische Sozialismus – in einer einflußreichen Tradition seit Barrington Moore – als eine Art *Entwicklungsdiktatur* angesehen wird, die nur für unterentwickelte Länder taugt. Es zeigte sich, daß gerade die Entwicklungsländer allenfalls die repressiven Seiten verwirklichten (vgl. Äthiopien), und daß die Steuerungselemente erst ab einem gewissen Stand der Entwicklung voll greifen, wenn die Gesellschaft aufgehört hat, überwiegend agrarisch und lokal fragmentiert zu sein (von Beyme 1975: 348). Im Rückblick ist eher die These gerechtfertigt, daß sozialistische Länder für ein *mittleres Entwicklungsniveau* – etwa wie Bulgarien – günstig sein konnten.

Die Einschränkung ist nötig, weil Rumänien nach anfänglichen Erfolgen des Regimes Ceauşescu wieder auf despotische Abwege geriet. Mit zunehmender Komplexität wurde der Sozialismus zum Hemmschuh. (von Beyme 1988: 384)

Noch Mitte der siebziger Jahre bin ich unter dem Eindruck der Reformen Chruschtschow und am Anfang der Ära Breschnew davon ausgegangen, daß der Sozialismus in der Krisenbewältigung über eine *Regenerationsfähigkeit der Ideologie* verfüge (von Beyme 1975: 348). Diese Aussage muß ich heute revidieren. Bürgerliche Systeme haben diese Fähigkeit durch Anleihen beim sozialistischen Gedankengut (Sozialsstaatlichkeit, Basisdemokratisierung, Systemplanung) geschafft. Der reale Sozialismus hat die notwendigen Anpassungen an die Errungenschaften der bürgerlichen Demokratie nicht aus eigener Kraft zu leisten vermocht. Wo es versucht wurde – wie beim Prager Frühling – wurde dieses unterdrückt. In der sowjetischen Perestrojka war es am Anfang »zu wenig und zu spät«. Erst durch den Kollaps der mittel- und osteuropäischen Verbündeten wurde Gorbatschow gezwungen, entschiedenere Anleihen beim westlichen Demokratiemodell zu machen. Die wichtigste Weichenstellung war die Aufgabe der führenden Rolle der Partei im Februar 1990 als Wegbereitung des Mehrparteiensystems, das von Gorbatschow als de facto bereits existierend erkannt wurde. Gorbatschow (1990: 8) brachte den Umschlag des Verlustes der Führungsrolle in ideologischer Wendigkeit mit der Rohstoffkrise in Verbindung. Die kapitalistischen Länder, die von ihr am meisten betroffen waren, haben die Herausforderung stärker verarbeitet, während sich der Sozialismus wegen eigener Ressourcen zu erschwinglichen Preisen noch anderthalb Jahrzehnte in Selbstgerechtigkeit übte.

(2) Eine zweite These geht davon aus, daß autoritäre Regime zusammenbrechen, wenn sie ihre *Legitimität* verlieren. Die Legitimierung moderner politischer Systeme vollzog sich über vier Prozesse, die schließlich zu einer festen Institution wurden:

– Rechtsstaatlichkeit,
– Nationalstaat,
– Demokratisierung,
– Wohlfahrtsstaatlichkeit.

(a) Der *Rechtsstaat* war außer der Nationalstaatlichkeit die einzige Institution, die in einigen der osteuropäischen Länder verwirklicht worden ist. Diese Länder hatten nie eine volle Demokratie und schon gar keinen, für alle einen Minimalstandard garantierenden Sozialstaat gekannt. »*Die revolu-*

tionäre Gesetzlichkeit«, die reine Willkür der neuen Machthaber war, wurde bald in etwas mehr Erwartungssicherheit transformiert. Aber auch die *sozialistische Gesetzlichkeit* – ohne Gewaltenteilung, ohne unabhängige Justiz, mit einer Staatsanwaltschaft, die weit über die Anklagefunktionen des westlichen Rechtsstaats hinaus Befugnisse besaß, und mit einem allgegenwärtigen Geheimdienst – wurde zunehmend von der Mehrheit der Bevölkerung als Unterdrückung empfunden. Der *KSZE-Prozeß*, der von der Blockvormacht Sowjetunion ursprünglich als Propagandaforum inszeniert wurde, hatte paradoxe Folgen: die Sowjetunion und die sozialistischen Länder gerieten mehr und mehr auf die Anklagebank wegen Verletzung der Menschenrechte. Die Menschenrechtskampagne des amerikanischen Präsidenten Carter mit ständiger propagandistischer Einmischung wurde auch von vielen westlichen Politikern eher als zu ideologisch empfunden. Aber ohne Langzeitwirkung ist diese Politik nicht geblieben. Die mangelnde Rechtsstaatlichkeit wurde zu einem entscheidenden Legitimationsdefizit.

(b) Der *Nationalstaat* war in einigen Fällen, wie Bulgarien, einst mit Hilfe Rußlands verwirklicht worden. Aber in den meisten Fällen hatten die Verbündeten der Sowjetunion nach 1945 Gebietsverluste ihrer ehemaligen Nationalstaaten zu schlucken (Polen, ČSSR, DDR, Rumänien – Ungarn eher gegenüber anderen Nachbarn, aber doch kausal durch sowjetische Einwirkung). Zudem wurde die Gleichschaltung in den Blockorganisationen zunehmend als Verletzung der nationalen Souveränität empfunden. Die *Breschnew-Doktrin* der begrenzten Souveränität mit dem Interventionsrecht, das mehrfach wahrgenommen wurde (DDR 1953, Ungarn 1956, ČSSR 1968) erinnerte täglich an die Grenzen der Nationalstaatlichkeit. Vor allem in Polen wurde die Demonstration nationaler Symbole und Besonderheiten zu einer Art Volkssport, der Führung und Geführte umfaßte.

Einen Sonderfall nationaler Unterlegitimation stellte die DDR dar. Henry Kissinger hat die Bundesrepublik spöttisch eine »Wirtschaft auf der Suche nach einem Daseinszweck« genannt. Für die DDR galt eher das umgekehrte. Ohne Sozialismus verlor der Teilstaat DDR seinen Daseinszweck. »*Wir sind das Volk*« wurde folgerichtig schnell zum Slogan »*Wir sind ein Volk*«. Die Bundesrepublik hatte im Begriff der *Kulturnation* zäh am Einheitsgedanken festgehalten. Aber auch die *Klassennation*, welche die DDR lanciert hatte, enthielt viele objektivistische Züge, die von objektiven sozialen Kriterien auf den Willen des Volkes schloß. Ein freier demokratischer Nationsbegriff Westeuropas hingegen hat nur den *subjektiven Nationsbegriff* zugelassen. Als die Deutschen diesen zu reklamieren begannen, bröckelte von Frankreich bis zur Sowjetunion der Widerstand überraschend schnell ab, den Besiegten

von 1945 als einzigem Volk eine andere Interpretation der Nation aufzu-
zwingen. Ein deutscher Nationalstaat schien mehr Stabilität zu garantieren
als zwei, von denen der eine in voller Erosion ausblutete. Erwägungen der
präventiven Rechtsradikalismus-Bekämpfung kamen bei Pragmatikern auf.
Ein französisch-jüdischer Intellektueller formulierte überspitzt: »Jede Generation in Europa bekommt die Deutschen, die sie verdient.«

(c) *Demokratisierung* wurde der eigentliche Auslöser der Krise, als die Vor-
macht selbst diesen Prozeß einläutete. Die Erfahrung der Diktaturforschung
lehrt, daß beträchtliche Demokratiedefizite kompensiert werden können,
solange keine *kohärente Alternative* organisiert werden kann (Przeworski
1986: 52). Im *Blocksystem* der sozialistischen Länder sind solche Alternativen
nicht entstanden, obwohl ein *Minimalpluralismus* theoretisch dort Ansätze zu
haben schien. Die Blockparteien bezahlen ihr Versäumnis jetzt mit einem
gewaltigen Vertrauensschwund, da nutzte es einem Gerlach nichts, im
Honecker-Regime in letzter Minute mäßigend gewirkt zu haben.

Entscheidend für die Novemberrevolution war die langsame Entstehung
von *Substitutdemokratisierung*. Die katholische Kirche in Polen und Litauen
hat demonstriert, wie man sich Freiräume erhalten kann. Selbst die kommunistischen Führer Litauens haben in der Stille und ohne offene Opposition vor 1988 ihre Sonderrolle konsequent ausgebaut (von Beyme 1988: 170).
Das erinnert eher an Teile der einstigen katholischen Semi-Opposition, die
via Opus-Dei schon vor Francos Tod im Establishment den Modernisierungsprozeß einleitete (von Beyme 1971: 143). Wo das *Einparteiensystem*
erhalten blieb, wie in der Sowjetunion, kam es eher zu einer *Mexikanisierung*
des Parteienstaats (von Beyme 1974: 119). Mexikanisierung – anhand von
Erfahrungen der Staatspartei – bezeichnet ein Ausfransen des Parteienmono-
pols an den Rändern, die Entstehung von Nebenorganisationen, die sich zu
einem faktischen Zweiparteiensystem entwickeln, wie die Unterstützungs-
vereine für die Perestrojka und die Volksfronten in einzelnen Unionsrepubliken. Als Gorbatschow sich im Februar 1990 für den Verzicht auf Art. 6
und die führende Rolle der Partei einsetzte, begründete er dies den Zögern-
den unter anderem mit der Bemerkung, daß man de facto schon ein
Mehrparteiensystem habe.

Selbst in der DDR enstand in der Lutherischen Kirche – die in ihrer
Betonung von Römer 13 wenig revolutionäre Traditionen vorweisen konnte
– eine Basisdemokratisierungs-Organisation, die geduldig und gewaltfrei
den Widerstand einübte, Freiräume zur Diskussion und zur Versammlung
zur Verfügung stellte und mäßigend in Augenblicken wirkte, da die Bewegung in Violenz umzuschlagen drohte (etwa bei der Besetzung von Stasi-

Gebäuden). Das Neue an der friedlichen Herbstrevolution 1989 erscheint, daß kirchliche Eliten nur *Hilfestellung für die Opposition* boten, wie der Erzbischof von Prag, *nicht aber selbst Machtpositionen ausbauten*, wie das Opus-Dei in Spanien. Die Kirche präsentierte sich nicht selbst als Alternative – nur in Polen war sie vor dieser Versuchung nicht ganz gefeit – sondern gab der Alternative Halt und Einübung in gewaltfreiem Handeln.

Die Kirchen, die eine Katalysatorfunktion wahrnehmen in einer Zeit, da die alternativen politischen Kräfte noch nicht handlungsfähig schienen, hatten einen realistischen Sinn dafür, daß sie selbst sich möglichst schnell aus der politischen Arena zurückziehen müßten.

Paradoxerweise hielt sich das Militär (außer in Rumänien) zurück. Nicht nur, weil es eine dienende Rolle gegenüber der Partei hatte, sondern auch eine untergeordnete Funktion gegenüber der Roten Armee. Die Breschnew-Doktrin hat auf die Dauer das Gegenteil ihrer Funktion bewirkt. Sie sollte den Sozialismus stärken, und schwächte ihn, weil man sich auf den Großen Bruder verließ. Als dieser signalisierte, daß er nicht eingreifen werde, kam es zu Paralyse-Erscheinungen. In Rumänien hat man die Breschnew-Doktrin nicht anerkannt und im Fall des Prager Frühlings nicht mitexerziert. Folgerichtig sorgte man für die eigene innere Sicherheit, mit blutigen Konsequenzen. Ceaușescu *hat glücklicherweise den Fehler gemacht, mit der Securitate eine Gegenarmee aufzubauen, die von der Armee beargwöhnt wurde und diese einlud, in einem kritischen Moment sich auf die Seite der Revolution zu schlagen.*

(d) Wohlfahrtsstaatlichkeit war die letzte Stufe der Legitimierung bürgerlicher Demokratien, als diese wegen sozialer Konflikte in die Krise gerieten. Sozialistische Staaten haben den Fehler gemacht – vielleicht mit Ausnahme der DDR, die im Systemwettbewerb mit der Bundesrepublik auf beiden Seiten forcierte Sozialstaatlichkeit zur Legitimierung eines Teilstaates einsetzte – sich per se für sozial zu halten und »sozialistisch« mit »sozial« zu identifizieren (von Beyme 1988: 17f.). Daher wurde eine spezielle Sozial- und Wohlfahrtspolitik allzu spät entwickelt. Als sie sich schließlich durchsetzte, auch in den Ländern, die nicht wie die DDR oder die ČSSR schon aus bürgerlichen Zeiten eine gewisse Sozialstaatlichkeit geerbt hatten, war dies zu wenig und zu spät. Die zunehmenden Kontakte der Bevölkerung mit dem Westen demonstrierten, daß selbst der Glaube nicht haltbar war, daß die soziale Sicherung im realen Sozialismus dem Kapitalismus überlegen sei, wenn auch die wirtschaftliche Entwicklung zurückbleibe.

(3) Der Zusammenbruch der Diktatur wurde vielfach beschleunigt, weil angesichts der ideologischen Erosion des Systems die *Elitegruppen unterein-*

ander zunehmend uneinig wurden. In Spanien war dieser Prozeß am auffällig-sten (von Beyme 1971: 123 ff.). In Portugal übernahm das Militär selbst die Rolle der Massenmobilisierung für die Perestrojka des Systems. Ein solcher Weg war versperrt, wo das Militär selbst den Unrechtsstaat verwaltet hatte wie in Griechenland. In den sozialistischen Systemen wurde die Armee von der Partei in einer Rolle des dienenden Werkzeugs gehalten und durch Politoffiziere überwacht. Außer im Polen Jaruzelskis gab es kaum eine Führungspersönlichkeit, die diese Modernisierungs- und Öffnungsrolle hätte übernehmen können. In Rußland hatte die Armee schon vor der Revolution keine selbständige Rolle gespielt. Wo diese behauptet wurde, wie bei der Antipartei-Opposition des Marschalls Schukow, war sie eher ein Vorwand als eine reale Gefahr.

In den spätfaschistischen Systemen wie Spanien und Portugal kam die alte Parteiorganisation nicht als Modernisierungsinstrument in Frage. Sie war durch Mexikanisierung eines Riesenapparates mit sektoralen Unter-abteilungen erstarrt. Die *Ideologie* hatte ihre *Integrationskraft* verloren, seit die Alternative der sozialistischen Entwicklung nicht mehr zu drohen schien. In den *spätsozialistischen Systemen* haben die Parteien diese Modernisierungs-rolle verschlafen. Nur Dubčeks Prager Frühling hätte die Erneuerung von oben einläuten können. Er scheiterte am internationalen Kontext. Erstaunlich gering war die Rolle, die die Leute des Prager Frühlings im Herbst 1989 spielten. Havels Großzügigkeit, nicht der Wille der Opposition, brachte Dubček in die Rolle eines ehrenvollen, wenn auch nicht machtentscheiden-den Parlamentspräsidenten. Emigranten wie Ota Šik oder Zdenek Mlynař kehrten vorübergehend zurück und predigten wieder den Dritten Weg. Diesmal hörte in Prag jedoch niemand recht zu.

Die Kommunistischen Parteien wurden von der Macht verjagt. Ihre Regenerationsfähigkeit erwies sich als unterschiedlich:

– Sie zogen die Konsequenzen und »*sozialdemokratisierten*« sich (Polen, Un-garn – nach langem Taktieren auch die PDS in der DDR). In Polen sta-gnierte die Sozialdemokratische Union von Tadeusz Fiszbach im Februar bei 5000 Mitgliedern. Nur 30 der einst ca. 170 Abgeordneten der Ver-einigten Arbeiterpartei (PVAP) traten in die neue Partei ein. In Ungarn bekam die neugebildete Sozialistische Partei immerhin 50 000 Mitglieder bis Anfang 1990. Aber auch in diesem Land, in dem die Demokratisie-rung von Anfang an den verläßlichsten Eindruck machte, gab es eine Gruppe von Kommunisten, die unter dem ehemaligen Parteichef Grósz die Nichtwendehälse und die ersten Enttäuschten vom neuen Regime zu sammeln begannen.

- Sie versuchten, den *Prozeß von oben zu steuern*, und wurden gespalten (Bulgarien).
- Sie versuchten, über neue Gremien wie die »Front zur Nationalen Rettung« *wieder einzusickern.* Der Fall Rumänien ist noch voller Unsicherheiten. Präsident Illiescu soll gesagt haben: »Das Mehrparteiensystem ist ein überholtes Modell der Demokratie«, und die Erfahrungen unserer Nachbarn, die sich im Umbruch befinden, »sagen uns nicht zu«. (zit. Der Spiegel, 5, 1990, – S. 131)

Die Stärke der Kommunisten ist meist proportional zur Schwäche ihrer Gegner. Die *Oppositionen* sind *unerfahren,* je weiter südlich sie agieren, umso geringer sind die demokratischen Traditionen. Vor allem in Rumänien konnte nicht einmal die Kirche Kristallationspunkt der Opposition werden. Auch in Gewerkschaften und Parteien gab es keine ernstzunehmende Semi-Opposition.

In einer Zeit des Umbruchs begannen die *kulturellen Eliten* eine wichtige Rolle zu spielen, da wenige Personen im Lande waren, die nicht der Kollaboration verdächtigt wurden; das gilt für Kurt Masur in Leipzig, wie für den Dichter Vaclav Havel in der Tschechoslowakei oder den Philosophen Andrei Plesu und den Dichter Mircea Dinescu in Rumänien. Es spricht für den pragmatischen Blick, daß sie alle ihre Rolle als Übergangslösung sahen. Plesu erklärte nach seiner Ernennung zum Kulturminister: »Ein solches Amt ändert einen Menschen«, und verändern wolle er sich nicht. (FAZ 15.02.1990, S. 33)

Gegenüber der neuen lauteren Elite von Schöngeistern haben die professionellen Politiker gute Chancen. Selbst Havel bekam das zu spüren, als er scharf kritisiert wurde, weil er sich gegenüber Deutschland zu tief verbeugt hatte, mit dem Bekenntnis, daß es Vertreibungsgreuel an Sudetendeutschen gegeben hat. *Gesinnungspolitik* ist auch in westlichen Demokratien nicht sehr erfolgreich. Aus endlosen Diskussionsanarchien sind die Apparatschiki der Macht noch immer als Sieger hervorgegangen, – auch in den heißen Zeiten in Westeuropa 1967–1969.

Nur bei Gorbatschow schien anfangs die *gelenkte Revolution von oben durch die Partei* zu gelingen, da er den Zeitpunkt nicht verpaßt hatte, und andere wie Honecker darüber belehren konnte, daß die Geschichte den bestrafe, der zu spät komme. Seine Taktik war geschickt: traditionelle Machtpolitik durch Füllung der Gremien mit seinen Leuten plus Gewährenlassen der Opposition.

Er hat die radikalere Opposition wie die Gruppen um Jelzin oder Gavril Popov von den Machtzentren ferngehalten, aber sie gewähren lassen. Ihre ideologische Schubkraft hat er benutzt und sich dem Ligatschow-Flügel als das kleinere Übel angedient. Als auf dem Roten Platz im Februar 1990 die Opposition gegen den Führungsanspruch der Partei demonstrierte und Popov seine Brandreden hielt, hat das Volk das ganze ZK zum Teufel gewünscht, aber Gorbatschow von dem Verdikt ausgenommen. Gorbatschow scheint begriffen zu haben, daß er als Staatspräsident gaullistischen Zuschnitts auch im Mehrparteiensystem überleben kann. Es ist nicht ausgeschlossen, daß er in einem solchen System sogar Erleichterung des Drucks von der eigenen Gruppe verspürt.

Aber Gorbatschow geriet in Schwierigkeiten durch die unvorhergesehenen Folgen seiner Reform. Noch ist nicht abzusehen, ob er die jeweils letzten Schritte schon ex tunc geplant hat, oder ob sie jeweils nur ein geschickter Schachzug zur Flucht nach vorn waren.

(4) *Ausländische Einflüsse* haben in vielen Transformationsprozessen den Umbruch begünstigt. Funktionalistische Entwicklungsstufentheorien können die siebziger Jahre als wahrscheinlichen Zeitpunkt des Umbruchs der südeuropäischen Diktaturen berechnen, aber weder die Reihenfolge (warum ging das arme Portugal voran?), noch den genauen Zeitpunkt konnten sie plausibel machen. Ohne die Kolonialismusproblematik ist die Beschleunigung der Transformation in Portugal nicht denkbar gewesen. Afghanistan hat für die Perestrojka in der Sowjetunion eine schwächere, aber durchaus spürbare Rolle gespielt.

Die aufstrebenden Ökonomien Südeuropas strebten in die EG und mußten funktionale Demokratie-Requisiten vorweisen. Nur in diesem verballhornten Sinn ist die Requisitentheorie sinnvoll. Eine differenzierte Marktwirtschaft machte es möglich, die postfaschistische politische Verkrustung wie eine hohle Schale abzuwerfen. Hier liegt die Differenz zu den sozialistischen Ländern. Nur Ungarn hatte im Industriebereich (Polen seit jeher in der Landwirtschaft) mit einem nennenswerten Anteil privater wirtschaftlicher Initiative experimentiert – keineswegs immer mit überzeugendem Erfolg. Insofern war auch hier keine entwickelte Marktökonomie entstanden, die den bürokratischen politischen Überbau abschüttelte, wie eine reife Frucht die Schale platzen läßt.

Für die Erneuerung einer demokratisierten und pluralisierten sozialistischen Ökonomie ging Ungarn den Sozialisten der ehemaligen Volksdemokratien schon zu weit. Die »Vereinigte Linke« der DDR hat im Winter 1989 in einem Manifest Ungarn wegen seiner »konzeptionslosen Anleihen aus dem Arsenal marktwirtschaftlicher Regulative« angeprangert, die wiederum soziale Konflikte produzieren müßten. Auch der polnische Weg wurde mißbilligt. Es wurde befürchtet, daß beide Modelle in einer »Flucht nach vorn« enden könnten: entweder »im Ausverkauf an den Kapitalismus« oder in einer »Militärdiktatur mit neostalinistischer Option«.

Die Ideologie des *Dritten Weges* sollte die Transformation der sozialistischen Länder gegen zuviel ausländische Einflüsse abschirmen. Aber wie die Polemik gegen die Nachbarn schon vermuten läßt, ist ein solcher Dritter Weg auf einem Teilgebiet des ehemaligen Lagers nicht denkbar, wenn einerseits die Nachbarländer Polen, ČSSR und Ungarn einen Weg zur Marktwirtschaft beschreiten und andererseits die DDR ihre Demokratiephase als penetriertes System beginnt, tief durchsetzt von Kapital und Knowhow der wirtschaftlich erfolgreicheren Bundesrepublik.

Der *RGW* schien in Sofia im Januar 1990 noch Ansatzpunkt zu einer neuen Sammlung der sozialistischen Kräfte werden zu können. Auf der 46. Ratssitzung wurde die Umstellung der Zusammenarbeit auf Marktmechanismen beschlossen. Die Debatten zeigten freilich, daß es keine einheitliche Position gab, und daß die am höchsten entwickelten Länder wie die ČSSR und die DDR (wegen ihrer Sonderrechte in der EG) abweichende Haltungen einnahmen. Kurz darauf trafen sich die Finanzminister der zehn RGW-Länder, um sich über die beschleunigte Umstellung der Verrechnung von Transferrubel auf konvertible Währung (Dollar oder ECU) zu einigen. Es zeigte sich, daß vor allem die Sowjetunion durch den Druck der entwickelteren sozialistischen Länder in Schwierigkeiten kommt, weil sie den Entwicklungsländern im RGW (Mongolei, Kuba, Vietnam) eine Umstellung auf konvertible Verrechnung kaum zumuten konnte. Wenig Solidarität wurde unter den RGW-Ländern sichtbar. Es zeigte sich, daß der RGW jedenfalls nicht die gleiche Katalysatorfunktion spielen konnte, wie einst die EG in den südeuropäischen Exdiktaturen.

2. Perestrojka – welche Form der Demokratie?

Auch sowjetische Wissenschaftler sind in ihrem Überschwang für Perestrojka und Glasnost nicht mehr ganz so deterministisch wie in ihrer dogmatischen Zeit, obwohl sie manchmal den Einsatz für die Prinzipien Gorbatschows so normativ und unanalytisch vertreten, wie den Breschnewismus. Vier Optionen sehen sowjetische Wissenschaftler (Gordon/Nazimova 1990: 28)

1) Sozialistische Erneuerung,
2) Oberflächliche Erneuerung,
3) Law-and-order-Strategie,
4) Autoritäre Modernisierung.

(1) Selbst in der Sowjetunion ist die *erste Alternative* nicht mehr so wahrscheinlich. Noch wird der Slogan »Zurück zu Lenin« benutzt (Gorbatschow 1990: 1). Aber es mehren sich die Stimmen, die Lenin aus dem Mausoleum holen und ihn gemäß dem Wunsch, den er einmal geäußert hat, an der Seite seiner Mutter begraben möchten. Immerhin wurde diese Frage schon Gegenstand von Debatten im Obersten Sowjet. Käme der Vorschlag durch, so würden der letzte Mythos und das letzte Relikt des Personenkults zur verdienten letzten Ruhe gebettet. Der schon beschrittene Weg des Mehrparteiensystems schließt eine bloße leninistische Renaissance aus. Es wird auch schwer fallen, Lenin als Vorläufer der angestrebten pluralistischen Demokratie darzustellen. Man kann ihn als Minimalkonsens in seinem Mausoleum nur belassen – ähnlich wie alle türkischen Parteien außer den Fundamentalisten es mit Atatürk in Ankara halten – wenn man sich nicht allzu detailliert auf ihn beruft.

(2) Die *Scheindemokratisierung* hätte ihre russischen Vorläufer. Ohne wirkliche Reformen in der Wirtschaft kann das System nicht mehr legitimiert werden. Für alle anderen sozialistischen Systeme scheidet diese Variante aus.

(3) Die *Law-and-order-Strategie* ist denkbar, wenn Glasnost weiter die Perestrojka zu ersticken droht, weil die Folgeprobleme von Glasnost (Nationalitätenkonflikte, Streiks, Demonstrationen, Konflikte immer neuer aufkommender Gruppen) nicht mehr kontrolliert werden können. Aber der Zerfall der Union kann durch Konföderalisierung noch immer unterlaufen werden. Mit der Einleitung der Pluralisierung des Parteiensystems und dem Abbau der Hegemonie der KPdSU ist diese Entwicklung nicht mehr so wahrscheinlich, wie sie noch 1989 schien.

(4) Die *autoritäre Modernisierung* ist die wahrscheinlichste Alternative. China ist diesen Weg gegangen. Zehn Jahre schien es damit besser zu fahren als Gorbatschow in seiner Anfangsphase. »Perestrojka ohne Glasnost« könnte man diese Strategie plakativ überschreiben. Sie schuf jedoch durch die Liberalisierung der Wirtschaft so starke soziale Differenzen, daß früher tragende Elemente des Regimes, wie Arbeiter und Studenten, in Statusängste gerieten und revoltierten. Seit dem Massaker von Peking erscheint

Gorbatschow besser beraten, Glasnost und Perestrojka sowie die politische und wirtschaftliche Öffnung im Gleichschritt zu halten. In gewisser Weise scheint Gorbatschow die Möglichkeit verpaßt zu haben, erst einmal wirtschaftlich zwangszumodernisieren wie die Meiji-Restauration oder die Vorstellungen der Jungtürken von einst.

Die Parallelen zu autoritären Modernisierungsprozessen in einstigen Monarchien sind freilich schief. Ein sozialistisches System ist schon ideologisch unter der Prämisse angetreten, daß die Massen Partizipationsrecht haben, wie manipulativ diese Möglichkeit auch immer gehalten wurde. Peter der Große konnte modernisieren und seinen ganzen Adel verprellen. Es mochten Mordkomplotts gegen die Person eines solchen Modernisierers geschmiedet werden, aber seine Legitimation zu tun, was er für richtig hält, war unbestritten. Das ist im realen Sozialismus anders, der zwar Entartungen des Personenkults kannte, aber – außer im Stalinismus – de jure immer noch die Debatte autoritärer Strategien zuließ. Im Zeitalter weltweiter Massenkommunikation sind die Massen nicht mehr so einfach still zu stellen. Die Kühnheit der Litauischen Partei, ihre Bande zur KPdSU zu kappen, ist kaum ohne die Ereignisse in Ostmitteleuropa zu denken.

Wenn die Alternativen weitgehend unwahrscheinlich sind, wie steht es mit den *Aussichten auf Erfolg der Transformationsprozesse*? Die vergleichende Forschung hat bisher nur in Südeuropa und Lateinamerika vergleichen können. Ich bin sicher, wir werden demnächst einen Boom der Transformationsliteratur für Osteuropa bekommen, nachdem Südeuropa reichlich abgegrast ist, und dieser Boom wird allenfalls durch die mangelnde Sprachkenntnis ein wenig im Zaum gehalten werden. (Die quantitativen Forscher, die Korrelationen zwischen Indikatoren und den Requisiten der Demokratie suchen, brauchen sich nicht einmal von Sprachbarrieren abschrecken zu lassen. Jede Form eines reformierten RGW wird seine Statistiken endlich nicht nur mit russischen Überschriften versehen müssen.)

Für Lateinamerika wurden weniger große Erfolgsaussichten herausgestellt als für Südeuropa, wie O'Donnell und Schmitter festgestellt haben:

– Die *Region* Lateinamerika ist *sozial und ökonomisch heterogener*.
– Das *Militär* spielt in Europa eine vergleichbar geringere Rolle.
– Die *internationale Unterstützung für die Demokratie*, vor allem die amerikanische, war in Europa konsequent und engagiert, während sie in Lateinamerika halbherzig und taktisch zweideutig war. Die südeuropäischen Länder waren in ein Netzwerk von internationalen Organisationen eingebunden, welche dem Demokratisierungsprozeß Sicherheit verlieh. (Schmitter 1986: 5 ff.)

– Selbst die *Übernahme der Institutionen* unterschied die Fallgruppen. In Südamerika hat die Tradition des Präsidentialismus den Rückfall in autoritäre Herrschaft begünstigt, während in Südeuropa das semipräsidentielle französische und parlamentarische System mehr Stabilität für die politische Entwicklung gebracht hat.

Alle vier Argumente würden dafür sprechen, daß Osteuropa gute Aussichten hat, einen stabilen Weg zur Demokratie zu beschreiten:

(1) Die *Region* und vor allem die *einzelnen Länder* sind durch rigorose Angleichungspolitik des Sozialismus *nicht so disparat wie Südamerika*. Eine Ausnahme stellt die Sowjetunion dar. Aber selbst dort war die Vernachlässigung der Entwicklungsgebiete eher kostensparender Bequemlichkeit entsprungen als bewußter systematischer Ausbeutungspolitik. Soweit es einen *ökonomischen Imperialismus* der Russen in der Perzeption der anderen ethnischen Gruppen gab, waren sie geneigt anzuerkennen, daß dieser durch eine Art *Wohlfahrtsimperialismus* auch positive Seiten hatte (von Beyme 1988: 107 ff.). Andererseits sind die sozialistischen Länder durch die jahrzehntelange Egalitätspropaganda sensibler für sich entwickelnde Unterschiede. Selbst Jugoslawien kämpft mit den Absonderungstendenzen der besser entwickelten Gebiete wie Slowenien und Kroatien. Die Bevölkerung hat nach Jahrzehnten der Egalisierungspropaganda rasch allergisch reagiert, wie etwa in dem Haß gegen gutverdienende Kooperative in der Sowjetunion. In Mittel- und Osteuropa dürfte es jedoch ungleich leichter sein, die Reminiszenzen an die nicht-egalitäre Marktwirtschaft wiederzubeleben, vor allem wenn der Nutzenzuwachs auch der weniger Privilegierten groß ist. Am einfachsten wird dies wohl in der DDR werden, wo ein Arbeitsloser mit westdeutschem Unterstützungsniveau nicht schlechter lebt als ein wenig qualifizierter Arbeiter in der Ära Honecker.

Selbst wenn man in sozialistischen Ländern eine gewisse Gleichheit der Lebensverhältnisse vorfindet, ist der funktionalistische Ansatz, der nach sozialen Voraussetzungen der Demokratie sucht, noch so einflußreich, daß man sich kaum mit Rousseaus Hoffnung abfinden kann, *Frugalität* sei die beste Grundlage einer Demokratie. In der Debatte über das »Ende des Kommunismus« hat der ungarische Botschafter János Hajdu wiedergegeben, daß es unter 6000 Dollar pro Kopf an Inlandsprodukt keine krisenfeste Demokratie geben könne. Dann wären die Aussichten für den südlichen Teil der RGW-Länder schlecht, und die Grenze der Stabilität wäre die Südgrenze Ungarns. So schematisch wird freilich niemand die Requisitentheorie der

Demokratie übernehmen. Nationale und internationale politische Faktoren spielen in dieser Frage eine große Rolle.

(2) Die *Rolle des Militärs* in Polen und Rumänien stellt eine Gefahr dar – wie in Südamerika. In den authentischeren sozialistischen Ländern gab es hingegen keine Tradition der Selbständigkeit des Militärs gegenüber der Partei, und im Zuge der Abrüstung bekommt das Militär kaum Anreize, eine solche selbständige Rolle zu entwickeln. Das europäische Sicherheitssystem legt den nationalen Militärs Schranken auf. Das war in Südeuropa so, wie sich in Portugal bei den Linkskräften zeigte. Das wird vermutlich auch in Osteuropa so sein, weil die nationalen Militärs auch nach dem Disengagement der Blöcke nicht im luftleeren Raum operieren können. Eine hundertprozentige Sicherheit freilich gibt es nicht. In Griechenland hat die NATO-Mitgliedschaft das Militär kaum gezügelt. Über die Zukunft des Militärs und seine Rolle kann man heute nur spekulieren. Die wichtigste Frage wird sein, ob die osteuropäischen Staaten noch in ihrem Paktsystem bleiben werden oder nicht, und wie eng die Kooperation mit der sowjetischen Armee sein wird, falls der Warschauer Pakt erhalten bleibt.

(3) Die *Institutionen*, die im osteuropäischen Demokratisierungsprozeß übernommen werden, sind wie in Südeuropa *semipräsidentiell* (Polen, Sowjetunion) *oder parlamentarisch* (DDR, ČSSR, Ungarn). Über Bulgarien und Rumänien lassen sich noch keine verläßlichen Prognosen machen. Spanien wurde durch die Monarchie auf ein voll parlamentarisches System mit Anleihen aus der Bundesrepublik gebracht (konstruktives Mißtrauensvotum). Das wird freilich nicht Grund genug sein, um die monarchischen Prätendenten zu erhören, die sich von Ungarn bis Bulgarien und Albanien neuerdings wieder zu Worte melden. Die moderne Entwicklung hat zudem Einrichtungen, die früher als typisch amerikanisch angesehen und mit dem Präsidentialismus verbunden gedacht wurden, dem parlamentarischen System angepaßt. (Lijphart 1990: 80 ff.) Der Schutz der Verfassung und demokratischer Rechte durch judicial review, Verwaltungsgerichtsbarkeit und Ombudsmann begann sich im Sozialismus auszubreiten, noch ehe sie sich demokratisierten (Polen, Ungarn, Jugoslawien).

Demokratie heißt vor allem Akzeptanz von inhaltlicher Unbestimmtheit. Der Kompromiß kann sich nur auf Legitimation durch Verfahren beziehen, nicht auf Inhalte. Die Fortwirkung der alten ideologischen Politik ist jedoch nicht sofort auszuschalten. Immer wieder werden höchst dogmatische Grundsatzforderungen von der ökologischen Wirtschaft bis zu einem demokratisch-sozialistischen Gemeinwohl thematisiert, an der die »Runden

Tische« zerbrechen, weil sie in Kompromißfähigkeit nicht geübt sind und die Ausklammerung essentialistischer Forderungen nicht gelernt haben.

Im Proceduralen sind langwierige Lernprozesse zu bewältigen. Die Anfänge des sowjetischen Parlamentarismus sind mühsam. Gorbatschow – trotz seines guten Willens – hat Mühe seine *Rolle zu partialisieren*. Er fungierte beim zweiten Kongreß der Sowjetdeputierten im September 1989 als Parlamentspräsident, der die Prozedur überwachte, als Regierungschef, der glaubte alle Fragen sofort beantworten zu müssen, und als Staatsoberhaupt, der staatsmännische Weisheit nach Bedarf einsetzte. Die Überforderung durch alle diese Rollen war ihm mit Schweißperlen auf die Stirn geschrieben.

Der *Gesetzgebungsprozeß* im entstehenden sowjetischen Parlamentarismus bleibt hektisch und in allen Konturen fließend. Die alte Ukaz-Praxis ist noch nicht abgeschafft, die Tendenz des Präsidiums, als Ersatzgesetzgeber zu fungieren, angesichts des großen Reglungsbedarfs nicht von heute auf morgen zu stoppen. (Brunner 1989: 173) Eine Parlamentarisierung der Regierungsverantwortung ist nicht in Sicht. Sie wäre selbst bei Entstehen eines gaullistischen semi-präsidentiellen Systems nicht überflüssig oder gar unmöglich. Politisch wahrscheinlich ist sie jedoch erst, wenn die Parteienlandschaft klar strukturiert wird, und das ist erst mit der vollen Anerkennung eines Mehrparteiensystems möglich.

Nicht nur Gorbatschow als Hauptakteur hat Rollenschwierigkeiten. Auch die Parlamentarier zeigen diese. Es kann keine Erwartungssicherheit geben, wenn die Opposition sich sowohl aus Parteilosen wie aus Mitgliedern der hegemonialen Staatspartei zusammensetzt. (Schneider 1989: 53) Die Bewahrung eines Daches der Einheitspartei hat schon in Spanien vor Francos Zeit gezeigt, daß die Ausfransung der Semi-Oppositionen im herrschenden Lager gefährlicher sein kann als die Bildung organisierter und überschaubarer Oppositionsgruppen. Vielleicht war dies ein weiterer Grund, der Gorbatschow bewogen hat, den faktischen Parteienpluralismus langsam zu legalisieren.

(4) Die *internationale Unterstützung für die Demokratie* ist im Gegensatz zu Lateinamerika unabhängig von amerikanischen taktischen Erwägungen. Die europäischen Organisationen sind auf klare Solidarität eingestellt, und haben trotz einer unglaublichen Vielfalt von Erscheinungsformen *ein Modell* der parlamentarischen Demokratie anzubieten, das an viele Situationen angepaßt werden kann. Sie haben darüber hinaus durch die Bereitschaft der EG, einzelne Länder aufzunehmen (zuerst die DDR, als nächste wohl den

nördlichen Balkon der jetzigen Noch-RGW-Länder) auch materielle Anreize für die Beibehaltung des demokratischen Kurses anzubieten.

Literatur

von Beyme, Klaus: Vom Faschismus zur Entwicklungsdiktatur. Machtelite und Opposition in Spanien. München, Piper, 1971.

ders.: Authoritarien Regimes – Developing open Societies? in: Dante Germino u. idem (Hrsg.) The Open Society in Theory and Practise. Den Haag, Nijhoff, 1974, S. 109–120.

ders.: Ökonomie und Politik im Sozialismus. Ein Vergleich der Entwicklung in den sozialistischen Ländern. München, Piper, 1975, 1977.

ders.: Politische Parteien und die Konsolidierung der neuen Demokratie in Südeuropa. Journal für die Sozialforschung. 1985, Nr. 1, S. 27–37.

ders.: Analyse von Politikfeldern in sozialistischen Ländern. in: Manfred G. Schmidt (Hrsg.): Staatstätigkeit. International vergleichende Analysen. Politische Vierteljahresschrift Sonderheft 19, 1988, S. 360–388.

ders.: Reformpolitik und sozialer Wandel in der Sowjetunion 1970–1988. Baden-Baden: Nomos 1988a.

ders.: Political Mobilization and Participation. in: Meinolf Dierkes (Hrsg.): Social Sciences in Western Europe. London 1991.

Brunner, Georg: Ansätze zu einem ›sozialistischen Parlamentarismus‹ im sowjetischen Hegemonialbereich. in: Ralf Rytlowski (Hrsg.): Politik und Gesellschaft in sozialistischen Ländern, PVS, Sonderheft, 20, 1989, S. 151–176.

Croan, M.: Is Mexico the Future of East Europe? in: S.P. Huntington/C.H. Moore (Hrsg.): Authoritarian Politics in Modern Society. New York 1970, S. 452–483.

Craig, Gordon: Zu groß für Europa. Der Spiegel 4/1990, S. 183–187.

Ende des Kommunismus – was nun? Zeit-Symposium. Die Zeit 92, 9. Dez. 1989, S. 183–187.

Keine Ahnung von Tarifen. Die DDR-Gewerkschaften sind nach der Wende in ihrem Land ohne Orientierung. Der Spiegel 4/1990, S. 101–104.

Gorbatschow, Michail S.: Die sozialistische Idee und die revolutionäre Umgestaltung. Beilage zu »Der Spiegel«, Jan. 1990.

Gordon, L./Nazimova, A.: Perestroika in Historical Perspective. Possible Scenarios. Government and Opposition, 1990, S. 16–29.

Lijphart, Arend: The Southern European Examples of Democratization. Six Lessons for Latin America. Government and Opposition, 1990, S. 68–84.

Przeworski, Adam: Some Problems in the Study of the Transition to Democracy. in: Guillermo O'Donnell u.a. (Hrsg.): Transitions from Authoritarian Rule. Prospects for Democracy. Baltimore, John Hopkins, 1986, Bd. 3, S. 47–63.

Rustow, Dankwart A.: Transition to Democracy. Comp Politics, 1970, S. 337–363.

Schmitter, Philippe: An Introduction to Southern European Transitions. in: Guillermo O'Donnell u.a. (Hrsg.): a.a.O. S. 3–10.

Schneider, Eberhard: Auf dem Weg zum Parlamentarismus. Die erste Etappe der Reform des sowjetischen politischen Systems. BioST, 56, 1989.

Schüddekopf, Charles (Hrsg.): Wir sind ein Volk. Flugschriften, Aufrufe und Texte einer deutschen Revolution. Reinbek, Rowohlt, 1990.

Triska, Jan/Johnson, P.M.: Political Development and Political Change. in: C. Mesa-Lago/C. Beck (Hrsg.): Comparative Socialist Systems. Pittsburgh UP, 1975, S. 249-285.

Vogel, Heinrich (Hrsg.): Umbruch in Osteuropa. Interdependenzen und Konsequenzen. Köln, BioSt, 1990.

Welsh, William A.: Toward an Empirical Typology of Socialist Systems. in: Mesa-Lago/Beck, a.a.O., S. 52–91.

Norbert Kloten

Das größere Europa in ökonomischer Sicht

1. Das Thema meines Beitrages zur Ringvorlesung wurde mir vorgegeben. Selbst gewählt hätte ich es nicht, doch ich habe es akzeptiert. Die Gründe für den Vorbehalt sind offensichtlich: Beziehen soll ich mich auf etwas, was sich allenfalls in noch unklaren Konturen abzuzeichnen beginnt – das größere Europa; urteilen soll ich über zugehörige wirtschaftliche Implikationen, die bestenfalls zu ahnen sind; und der Blick in die Zukunft hat eine nach oben offene zeitliche Dimension. Also laufe ich Gefahr, die Grenzen zwischen wissenschaftlich begründbaren Aussagen und spekulativen Urteilen zu überschreiten, mich von Visionen dort bestimmen zu lassen, wo es an überschaubaren Zusammenhängen mangelt. Mag sich auch die Geschichtswissenschaft als rückwärts gewandte Prophetie verstehen, Ökonomen lassen Prophetie nicht gelten, wohl aber Vorausschätzungen, doch nur dann, wenn sie Prozesse betreffen, die in der Gegenwart angelegt und mittels eines analytischen Apparates begründbar sind. Also bedarf es zunächst einer verläßlichen Diagnose dessen, was ist. Wird unterstellt, daß sich in der Zukunft nur vollzieht, was unter den gegebenen Verhältnissen zu erwarten ist, so wird unter status quo-Bedingungen prognostiziert. Anders verhält es sich, wenn bewußt mit sich auswirkenden exogenen Kräften gerechnet wird, dann ändert sich der einer Prognose zugrundeliegende Satz von Annahmen. In jedem Falle sind es aber bedingte Vorausschätzungen, mit denen der Ökonom arbeitet, um derart aus der großen Fülle möglicher Entwicklungen diejenigen herauszufiltern, die – theoretisch oder wirtschaftspolitisch – besonders interessieren[1]. Je kürzer dabei die Zeitspanne ist, auf die sich die Vorhersage bezieht, desto kleiner ist das Risiko, Prognoseirrtümern zu unterliegen.

Doch geht es – wie bei meinem Thema – darum, die wirtschaftlichen Folgen fundamentaler Änderungen einer Wirtschaftsordnung, also eines Systemwandels aufzuzeigen, so ist stets mit langen Zeitspannen und mit

---

1 Aber auch dann sind in der Regel mehrere Varianten zukünftigen Geschehens denkbar, deren Eintritt jedoch nicht gleich wahrscheinlich sein wird. Und die Entwicklung, die im Vergleich mit anderen möglichen Entwicklungen am wahrscheinlichsten ist, muß deshalb nicht einen hohen Wahrscheinlichkeitsgrad für sich verbuchen können.

einer Sequenz exogener Einflüsse zu rechnen. Denn dann geht es um die komplexen Beziehungen zwischen einer Neustrukturierung des ordnungspolitischen Datenrahmens einer Volkswirtschaft und den Strukturen von Produktion, Absatz und Faktorallokation, den Verhaltensweisen der Beteiligten, den mikroökonomischen Koordinierungsmechanismen und den makroökonomoischen Steuerungstechniken. Der Zeithorizont muß dem Zeitbedarf transformationsbedingter Anpassungsprozesse entsprechen. Das Resultat sind dann Vorhersagen, die weit in die Zukunft ausgreifen und schon deshalb mit einer solchen Fülle an Verzweigungen in der denkbaren Entwicklung zu rechnen haben, daß es kaum noch möglich erscheint, sich ohne arbiträre Festlegungen für eine Entwicklung als die eindeutig wahrscheinlichste zu entscheiden. Das gilt vor allem, wenn Theoriedefizite zu verzeichnen sind. Gewiß, es gibt viele und auch wichtige analytische Einsichten in den Zusammenhang zwischen Wirtschaftsordnung und zugehörigen Prozeßabläufen, doch bis zur Stunde fehlt es an einer umfassenden Theorie der Transformation wirtschaftlicher Systeme[2]. Also ist mit plausiblen Szenarien zu arbeiten, die divergente Entwicklungen abbilden. Sie können helfen, das zukünftige Geschehen der Tendenz nach zu bestimmen, wenn möglich auch Wendepunkte frühzeitig zu erkennen.

Ein Beispiel ist das Geschehen im östlichen Deutschland. Dort sind die Voraussetzungen für einen Erfolg des Systemwandels günstig, die Integration in die westlichen marktwirtschaftlichen Ordnungen ist vorgezeichnet, die Bedingungen für die Verwirklichung einer sozialen Marktwirtschaft sind weitgehend erfüllt. Zwar werden die Anpassungsprozesse hart sein und der Bevölkerung sehr viel abverlangen, doch so wie die Dinge liegen, ist die Bundesrepublik zum Erfolg verpflichtet, und dies schon auf kurze Sicht. Dennoch ist auch hier das Spektrum denkbarer Entwicklungen im einzelnen groß, bezogen auf Beschäftigung und Arbeitslosigkeit, auf Produktion und Wirtschaftswachstum, auf Einkommensverteilung und Vermögenspolitik, auf Defizite im Staatshaushalt und auf das Ausmaß ökologischer Schäden usf. Politisch bedingt dies ein Sich-Einstellen auf Eventualitäten; analytisch ist es ein Beleg für den Tatbestand, daß die Mechanismen einer Koordinierung des Wollens und Handelns von Millionen Menschen über die Märkte Entdeckungsverfahren beinhalten.

Was im Falle eines einzelnen Landes zu beachten ist, gilt um so mehr, wenn wir den Blick auf eine Gemengelage an Ländern mit ihren Besonderheiten richten. Zeitläufe sind zu bedenken, die weit in die Zukunft hinein-

2 Vgl. Kloten, N., Zur Transformation von Wirtschaftsordnungen, ORDO, Bd. 40 (1989), S. 99–127.

reichen und Prozesse, die ihre Wurzeln irgendwo in der Vergangenheit haben. Umso wichtiger ist es freilich, das Fundament zu sichern, von dem aus argumentiert wird, zudem sich klar zu sein über die Struktur der Probleme, die sich stellen, und auf Thesen zu verzichten, die weder durch das Wissen über Fakten noch durch Einsichten in die Zusammenhänge zu begründen sind.

2. Mein Thema bezieht sich auf das »größere« Europa. Gedacht ist offenbar an das westliche Europa, bestehend aus den Staaten, die sich in den Europäischen Gemeinschaften zusammengeschlossen haben und den Mitgliedsstaaten der Europäischen Freihandelszone (EFTA), ergänzt und eben dadurch zu einem größeren Europa erweitert um das Europa der bisherigen Volksdemokratien. Das schließt die UdSSR ein mit allerdings weiten Gebieten, die ursprünglich und noch heute anderen Kulturkreisen als dem europäischen zuzumessen sind. Ich werde vereinfacht vom westlichen und vom östlichen Europa sprechen, obwohl dieses weit nach Zentraleuropa ausgreift.

Die beiden Europa befinden sich in einer Phase des Umbruchs. Der Wandel trägt jeweils spezifische Züge. Er vollzog sich hüben wie drüben zunächst weitgehend unabhängig voneinander. Das eine war nicht die Bedingung des anderen, obwohl es Beziehungen gibt:

– Die Transformation der Systeme im östlichen Europa gibt Anlaß zu einer Beschleunigung des Wandels im westlichen Teil;
– das Geschehen jenseits der Markierungslinie der politischen Blöcke orientiert sich an westlichen Gegebenheiten, bedarf der westlichen Rückendeckung und erweitert das strategische Spektrum der Überlegungen zur Neuordnung Europas insgesamt.

Im westlichen Europa geht es um Integration, um das Zusammenwachsen zu einer Einheit. Viele Jahre einer integrationspolitischen Stagnation endeten 1985 mit dem Weißbuch der EG-Kommission und der »Einheitlichen Europäischen Akte« vom Februar 1986. Der Europäische Rat bekräftigte im Juni (27./28.) 1988 das Endziel einer Wirtschafts- und Währungsunion und beauftragte eine Expertengruppe, zu diesem Ziel führende »konkrete Schritte« vorzuschlagen. Gemäß dem Madrider Gipfel der Staats- und Regierungschefs im Juli 1989 wurde – wie im Delors-Bericht angeregt – Mitte 1990 eine erste, zeitlich nicht befristete Stufe zur Wirtschafts- und Währungsunion in Kraft gesetzt. Nach den Beschlüssen von Straßburg im Dezember 1989 wird eine Regierungskonferenz im Dezember 1990 beginnen, die Novellierung der Römischen Verträge als Bedingung für den Eintritt in die nächste Stufe vorzubereiten. Konturen gewinnen das »System der Europäischen Zentralbanken« in Form einer »Euro-Fed« und die Entwicklung der ECU zu einer einheitlichen Währung in der Gemeinschaft, parallel zur Schaffung eines gemeinsamen Binnenmarktes bis Ende 1992 als eines Raumes »ohne Binnengrenzen, in dem der freie Verkehr von Waren, Personen, Dienstleistungen und Kapital gewährleistet ist«. Nach dem Willen der zwölf EG-Staats- und Regierungschefs (Dubliner Gipfeltreffen am 25./ 26.6.1990) wird zudem auf dem nächsten Gipfel Mitte Dezember 1990 in Rom eine zweite Regierungskonferenz beginnen, vertragliche Grundlagen für die Weiterentwicklung der Gemeinschaft zu einer politischen Union auszuarbeiten. Stimulierend wirkt hier die deutsch-deutsche Vereinigung, die tiefsitzende Ängste weckt und dem Verlangen, das »größere Deutschland« in ein europäisches Umfeld einzufangen, Vorschub leistet.

Im östlichen Europa geht es um anderes, nämlich um den radikalen Umbruch des Bestehenden. Handelte es sich zuvor bei den Reformbewegungen in den sozialistischen Planwirtschaften vorrangig um Neuformationen einzelner konstituierender Merkmale der sozialistischen Wirtschaftsordnung, also um systeminterne Reformen, so werden nunmehr die bestehenden politischen und wirtschaftlichen Systeme selbst infrage gestellt und entsprechend die gegebenen ordnungskonstituierenden Elemente in Politik und Wirtschaft durch andere ersetzt. Was ansteht, sind im eigentlichen Sinne des Wortes systemübergreifende Veränderungen, also Transformationen; und was sich vollzieht, ist eine »schöpferische Zerstörung«, der eine grundlegende Restrukturierung der jeweiligen Ordnungen von Wirtschaft, Gesellschaft, Staat und Politik folgen soll. Demokratisierungsprozesse im politischen und gesellschaftlichen Umfeld werden von Maßnahmen zur Einführung eines freiheitlichen Rechtsstaates begleitet. Im ökonomischen Umfeld handelt es sich allenthalben um den Übergang von sozialistischen Planwirtschaften zu vornehmlich marktwirtschaftlich koordinierten und in die internationale Arbeitsteilung integrierten Wirtschaftsordnungen. Die Länder des Ostblocks bekennen sich mittlerweile zu einem marktwirtschaftlichen Kurs und zumeist expressis verbis zu einer Sozialen Marktwirtschaft als eigentlichem Ziel des Systemwandels, auch wenn noch hier und da die Neigung besteht, vermeintliche soziale Errungenschaften der Zentralverwaltungswirtschaften in das neue System hinüberzuretten.

Das Verlangen nach einer radikalen Erneuerung ist im Grunde – wenn auch nicht allein – Reflex des buchstäblichen Bankrotts der planerischen Allmacht staatlicher Bürokratien und des demokratischen Zentralismus. Chruschtschows Herausforderung an die westliche Welt, bis 1980 das kapitalistische System zu überholen, war illusionäre Hybris und nichts sonst; davon ist schon lange nicht mehr die Rede. Die modernen Techniken der Mikroelektronik, der Computerisierung, der Telekommunikation, der Biochemie usw. korrespondieren mit den Strukturmerkmalen der Marktwirtschaften, ja sie bedingen die sensiblen Formen einer Abstimmung über Marktdaten. Die administrativen Lenkungsverfahren der sozialistischen Volkswirtschaften hatten dem nichts entgegenzusetzen. Ihr Versagen wie andere systemimmanente Fakten ließen die Volksdemokratien gegenüber dem Westen immer weiter zurückfallen und das Sozialprodukt je Kopf, zumindest den realen Lebensstandard, schließlich auch absolut sinken. Das ist heute mit Statistiken zu belegen; sie waren noch weit mehr geschönt, als dies schon immer vermutet worden ist; die Nabelschau im östlichen Deutschland beweist es. Das Niveau der Versorgung entsprach in einigen Volksdemokratien dem eines Entwicklungslandes. Politik und Militär hatten die Forschungskapazitäten, die technischen wie die innovativen Kräfte auf ihre Belange hin ausgerichtet. Das Durchschnittsalter des Anlagevermögens bemißt sich heute nach Jahrzehnten; Ersatzinvestitionen sind weitgehend unterblieben; die Logistik ist in jeder Hinsicht überholt und ineffizient; die Infrastrukturen sind miserabel und stagnieren; die Umweltschäden sind schlicht unübersehbar und gefährden elementare Lebensbedingungen der Menschen[3]. Versuche, sich über Kreditaufnahmen Luft zu verschaffen, stießen schon bald auf enge, systembedingte Grenzen. Der Verschuldung standen kaum sinnvolle investive Verwendungen gegenüber.

3. Bei allem Gemeinsamen in den Motiven für einen Systemwandel und in den Zielen, die Details lassen jedes Land als einen Fall für sich erscheinen. Das gilt für das östliche Deutschland mehr noch als sonst. Der hier eingeschlagene Weg ist nicht zu kopieren, weil ihn nur eine historisch einmalige Konstellation möglich gemacht hat. Alle übrigen Länder sind auf das Verfahren angewiesen, das sich zunächst auch für die DDR anzubieten schien: eine fundamentale Reform in eigener Regie und vollzogen über selbst bestimmte Stufen je nach den systemändernden ordnungspolitischen Entscheidungen.

---

3 Vgl. ausführlich The Institute of International Finance (Hrsg.), Building Free Market Economies in Central and Eastern Europe: Challenges and Realities, Washington, D.C., April 1990.

Bei den Transformationsstrategien bieten sich als Alternativen an:

1 Die Strategie der großen Schritte, also einer radikalen und schnellen Umstellung der eine Wirtschaftsordnung konstituierenden Merkmale. Der Systemwandel soll sich hier möglichst ohne zeitlichen Verzug und umfassend vollziehen.

2 Die Strategie der kleinen Schritte, also eines iterativen Vorgehens mittels dosierter systemändernder Maßnahmen, die sich auf Teilordnungen richten. Der Systemwandel soll derart gestreckt werden und in strukturierten Phasen verlaufen. Dabei kann beabsichtigt sein, an zentralen Rahmenbedingungen des bisherigen Wirtschaftssystems festzuhalten, so eine irgendwie geartete Kombination von Strukturelementen beider Systeme, also der sozialistischen wie der marktwirtschaftlichen, zu realisieren, oder auf Dauer eine definitive Systemtransformation zu bewirken.

3 Die Strategie einer Verbindung vorbereitender kleiner Schritte mit dem Vollzug größerer Schritte, wenn es – bildhaft gesprochen – an der Zeit ist.

Die Entscheidung zugunsten einer der alternativen Strategien wird sich vornehmlich an einem Nutzen-Kosten-Kalkül (in der Sicht der jeweils dominierenden politischen Elite) orientieren: Das Anliegen ist es, die Nettoverluste an gesamtwirtschaftlicher Wohlfahrt zu minimieren; zu fragen ist also, mittels welcher operativer Schritte das jeweilige Transformationsziel unter dieser Bedingung bei gegebener Lage verwirklicht werden kann. Somit geht es um die optimale Gestaltung der transitorischen Stadien, vor allem der mit einem Systemwandel verbundenen fundamentalen Umstrukturierungen einer Volkswirtschaft als das Durchlaufen einer Durststrecke – wohlgemerkt im Sinne eines Gesundungsprozesses. Der am Ende des Tunnels erreichte Zustand verspricht dann allemal einen höheren Wohlstand im Vergleich mit dem Zustand zuvor. Das Vorteilhafte der Systemänderung steht also nicht zur Debatte; es geht allein um den Vollzug des Übergangs von einem System zum anderen. Dieser Übergang umschließt eine realwirtschaftliche Restrukturierung, zumeist aber auch noch die Sanierung eines zerrütteten Finanzwesens[4], gekennzeichnet durch hohe Inflationsraten und ausgeprägte Staatsdefizite. Beiden Aufgaben schon je für

---

4 Zu Reformen im finanziellen Sektor siehe insbesondere Sokil, C./King, T., Financial Reform in Socialist Economies: Workshop Overview, in: Financial Reform in Socialist Economies, eds: Christine Kessides et al., Economic Development Institute of the World Bank and European University Institute Florence, Washington, D.C., 1989, pp. 1–27.

sich zu entsprechen, ist schwierig genug; das gilt mehr noch, wenn sie im Verbund zu lösen sind. Denn das eine, die Restrukturierung, bedingt schon schmerzliche Formen einer Freisetzung und Umsetzung von Arbeitskräften, von Korrekturen in der Formation von Realkapital, verbunden mit Entwertungen des bisherigen Kapitalstocks und persönlichen Härten. Jede Sanierung der Finanzen geht einher mit einem spezifischen Druck auf Produktion und Beschäftigung. Anders ist das Ummünzen von Inflationserwartungen in Stabilitätserwartungen und eines Mißtrauens in die Staatsfinanzen in Vertrauen nicht zu vollziehen. Die zugehörigen Abstriche an den gewohnten, wenn auch sehr bescheidenen Versorgungsstandards wollen durchgestanden sein. Je frühzeitiger sich die Beteiligten auf Transformation und Stabilisierung einstellen, desto besser sind die Erfolgsaussichten und desto geringer die Nettoeinbußen an gesellschaftlicher Wohlfahrt. Das setzt Glaubwürdigkeit und konsequentes Handeln voraus, spricht also für eine Politik der großen Schritte[5], für den Sprung ins kalte Wasser, was nicht identisch ist mit einem »leap in the dark«. Die Maßnahmen haben im Stile generalstabsmäßig vorbereiteter Operationen zu erfolgen. Klassisches Beispiel ist die Währungsreform vom 20.6.1948. Die Reform des Geldwesens war Sache der Besatzungsmächte, die weitgehende Freigabe der Preise wenige Tage später beruhte auf einer Entscheidung Ludwig Erhards, der seine Befugnisse aus der Sicht der Alliierten eigenmächtig überschritten hatte. Beide Geschehnisse beinhalteten ordnungspolitische Basisentscheidungen, die im Verein mit einem zuvor etablierten unabhängigen Zentralbanksystem systemkonstituierend wirkten. Solange Reformprogramme auf kleine Schritte setzen, bleibt es bei »hybriden« Lösungen, also Mischformen: zentrale Lenkung und marktwirtschaftliche Steuerungselemente existieren nebeneinander. Das Ergebnis sind zwangsläufig Ungleichgewichte, immanente Inkonsistenzen in der Abstimmung zwischen den am Wirtschaftsprozeß Beteiligten, Fehlentwicklungen und Konfliktherde auf allen Ebenen. Es bleibt weitgehend bei den für sozialistische Systeme charakteristischen Anreiz- und Kontrolldefiziten. Je länger dieser Zustand der Halbherzigkeiten währt, desto mehr sieht sich der Prozeß des Wandels selbst gefährdet. Gleiches gilt, wenn – was zum Beispiel seit 1985 in China zu beobachten ist – die Fähigkeit, die gesamtwirtschaftlichen Prozesse durch die Geld- und die Finanzpolitik zu

---

5 Auf einer Tagung des Bretton Woods Committees Ende Mai 1990 in Washington waren sich auch der IMF-Chef Camdessus und der Weltbankpräsident Conable darüber einig, daß die Reformen – eingebettet in einen gesunden makroökonomischen Rahmen – umfassend und schnell umgesetzt werden müßten. Der alte Weltbankpräsident Clausen plädierte vor der Schweizerisch-Amerikanischen Handelskammer in Zürich Anfang Mai 1990 ebenfalls für einschneidende und harte Reformen, um den Erfolg zu sichern.

steuern, nicht mit der Dynamik auf mikroökonomischer Ebene Schritt hält, ja schlichtweg versagt[6]. Eine Illusion ist es schließlich zu glauben, man könne ein Tertium schaffen, das die vermuteten Vorteile beider Systeme in sich vereinigt. Was nicht miteinander kompatibel ist, blockiert sich gegenseitig. Das belegt nichts so sehr wie die jüngere Geschichte der Staatshandelsländer.

Wenn dennoch eine Mehrheit von Ländern die Reform in wohl abgewogenen Stufen vollziehen will[7], so geschieht das vornehmlich aus Rücksicht auf den politischen Konsens, der erst einmal gesucht wird und gefestigt werden soll, sodann aus Sorge, die Härten der Anpassungsprozesse könnten mit unnötig starken Einbußen bei Produktion und Beschäftigung verbunden sein. Das Kalkül kann allerdings nur aufgehen, wenn man sich bewußt ist, daß die Zeit der großen Schritte unausweichlich kommen wird, und zwar schon relativ bald. Zumeist wird aber dieser Zeitpunkt immer wieder hinausgeschoben, weil die Bedingungen für den endgültigen Vollzug des Systemwandels noch nicht erfüllt zu sein scheinen. Und sie können es auch nicht – der systemimmanenten Widersprüche wegen. Erst wenn es unausweichlich geworden ist, wird konsequent gehandelt, doch dann womöglich in ungünstigerer Lage und eher eklektisch. Statt der erhofften Erfolge stellen sich Rückschläge ein.

Für welche Strategie sich ein Land auch immer entscheiden wird und wo auch immer die Hebel angesetzt werden, die die gewollten Transformationen bewirken sollen, ob im Agrarsektor wie in China, dem bisherigen Gefüge politischer und wirtschaftlicher Macht wie in der UdSSR, der Stabilisierung der monetären und finanziellen Verhältnisse wie in Polen usw.[8], stets bedarf es zunächst adäquater ordnungspolitischer Weichenstellung. Und adäquat heißt hier, daß das ordnungspolitische Handeln stark genug sein muß, um eine kritische Masse zu generieren, die dem Prozeß des Wandels ein hinreichendes Maß an Eigendynamik verleiht.

---

6 Vgl. Kloten, N., Monetäre Steuerung in den transitorischen Stadien eines Wirtschaftssystems: Der Fall China, in: Hans-Jürgen Wagener (Hrsg.), Monetäre Steuerung und ihre Probleme in unterschiedlichen Wirtschaftssystemen. Schriften des Vereins für Socialpolitik, NF Bd. 191, Berlin 1990, S. 157–183.

7 Zum Stand der Reformen wie der verfolgten Strategie in den einzelnen Ländern siehe auch den Bericht »The Economic Systems of the East European Countries at the Start of the Nineties, Intereconomics, March/April 1990, pp. 97–106.

8 Zu möglichen Reformstrategien siehe u.a. Hinds, M., Issues in the Introduction of Market Forces in Eastern European Socialist Economies, Paper presented at a EDI-World Bank Seminar on March 12–13, 1990 in Warsaw und Nuti, D., Stabilization and Sequencing in the Reform of Socialist Economies, Paper presented at the same seminar.

Das Paradebeispiel für einen gewollt schnellen Vollzug eines tiefgreifenden Systemwandels in eigener Regie liefert heute Polen. Mit der Neuorientierung im politischen Bereich unter Regierungschef Mazowiecki setzte sich die Einsicht durch, daß Reformen, die dauerhaften Erfolg versprechen, einer konsistenten Konzeption und einer Verwirklichung auf breiter Front ohne zeitlichen Verzug bedürfen. Mit einem Schlag wurden am 1. Januar 1990 die Preise für Produktions- und Konsumgüter freigegeben; aus der zurückgestauten Inflation wurde eine offene mit dreistelligen Raten; doch dann erfolgte wie im Lehrbuch das Anziehen der Zügel durch eine restriktive Geldpolitik und eine auf Konsolidierung ausgerichtete Finanzpolitik. Die Inflationsrate sank von Monat zu Monat bis auf 5% im Mai, verbunden mit der Erwartung einer weiteren Verlangsamung des Preisauftriebs. Zugleich wurde der Außenhandel weitgehend liberalisiert. Der Zloty ist nunmehr für Inländer partiell konvertibel; für alle laufenden Transaktionen gilt ein einheitlicher Wechselkurs. Der Export in Hartwährungsländer erholte sich; die Geschäfte sind wieder voller Waren; die Märkte erweisen sich als funktionsfähig. Die unausweichliche Kehrseite war indes ein enormer Druck auf Produktion und Beschäftigung wie auf die Realeinkommen der polnischen Arbeiter. Der Anstieg der Löhne wurde und wird durch eine stark progressive Lohnsteuer bewußt unter der Inflationsrate gehalten. Nach dieser ersten, auf finanzielle Gesundung ausgerichteten Phase geht es nun um das Generieren wirtschaftlicher Dynamik, damit auch um höhere Löhne in Übereinstimmung mit einer wieder wachsenden Arbeitsproduktivität. Vorgesehen sind noch im laufenden Jahr umfangreiche Privatisierungsmaßnahmen in der staatlichen Wirtschaft; das Bankensystem soll neu geordnet, ein Insolvenzgesetz verabschiedet und das Steuersystem reformiert werden. Beabsichtigt ist, bis Ende 1990 das für die Hyperinflation verantwortliche Haushaltsdefizit weitgehend abzubauen[9]. Das alles sollte optimistisch stimmen; gleichwohl scheint sich Pessimismus breit zu machen. Die Akzeptanz des Reformprogrammes – erklärtermaßen eine Roßkur und Schocktherapie – durch die Bevölkerung steht auf dem Spiel; die Angst um den Arbeitsplatz wird größer; Ende Mai 1990 waren mit 443.222 rund 3,3 v.H. aller Personen im erwerbsfähigen Alter als arbeitslos registriert – die für die nahe Zukunft geschätzte Zahl der Arbeitslosen bewegt sich zwischen

---

9 Zum polnischen Reformprogramm vgl. auch Machowski, H., Wirtschaftliche Lage und Reformprogramm in Polen, Deutsches Institut für Wirtschaftsforschung (Hrsg.), Wochenbericht, Jg. 57, H. 9,1. März 1990, S. 114–118 und die Beiträge in: Economic Transformation in Hungary and Poland, European Economy, No. 43, March 1990, pp. 125–202.

2 und 3 Mio.; Streiks breiten sich aus; die Solidarność kritisiert zunehmend den Regierungskurs, vor allem Warschaus rigoroses Privatisierungsprogramm, und gefährdet mit ihrem Prestige die Reformpolitik, die bislang in sich stimmig war. Das Beispiel Polens belegt mit aller Klarheit, wie schwer es ist, eine auf stabilen Geldwert und solide Staatsfinanzen ausgerichtete und schon für sich alle Beteiligten enorm fordernde Politik mit der Erneuerung aller realwirtschaftlichen Strukturen als weiterer Transformationsbedingung zu verbinden. Die Geburt fiele leichter, wenn an frühere marktwirtschaftliche Verhältnisse angeknüpft werden könnte und die Struktur der Wirtschaft einigermaßen ausbalanciert wäre. Also dürfte das Vertrauen in die neue demokratisch legitimierte Regierung auf eine harte Probe gestellt werden.

Auch Jugoslawien befindet sich in einem Prozeß des Überganges zu marktwirtschaftlichen Mechanismen, um das durch ein permanent inkonsequentes Handeln wirtschaftlich zerrüttete Land zu sanieren. Der weitgehenden Freigabe von Preisen, einer Liberalisierung von Importen und Exporten, der Errichtung eines Kapital- und Arbeitsmarktes wie der Mitte Dezember 1989 eingeleiteten kompromißlosen Austerity-Politik (u.a. Währungsschnitt und eine halbjährige Wechselkursfixierung) zur Eindämmung der inflationären Entwicklung soll eine Reform der Eigentumsordnung folgen. Ziel des von Markovic verfolgten »neuen Systems« ist es, verstärkt privatrechtliche Unternehmensformen zuzulassen und auch das sogenannte »gesellschaftliche Eigentum« – das Markenzeichen des so wenig erfolgreichen jugoslawischen Selbstverwaltungsmodells – dem Marktwettbewerb auszusetzen[10]. Überschattet werden die Reformanstrengungen durch Zerfallserscheinungen in der kommunistischen Partei und der jugoslawischen Staatsordnung, überhaupt durch nationale Spannungen im Vielvölkerstaat. Die erneuerte, allerdings stark geschrumpfte KP sprach sich nach Abschluß des 14. außerordentlichen Parteikongresses in Belgrad am 26.5.1990 für ein Mehrparteiensystem, für die Marktwirtschaft und für ein demokratisches, föderatives und soziales Jugoslawien aus. Offen blieb indes, ob und wie sich die ordnungspolitischen Reformen mit der Schocktherapie[11] bei möglichst geringen Einbußen an Wohlfahrt für die Bevölkerung verbinden lassen, sollen soziale Unruhen vermieden und das gesamte Reformwerk nicht gefährdet werden.

---

10 Vgl. NZZ v. 24. März 1990, Jugoslawien zwischen Stabilisierungspolitik und Systemreform – Ein Gespräch mit Ministerpräsident Ante Markovic.
11 Sie ist vom Berater verschiedener Regierungen in Südamerika, neuerdings auch der polnischen Regierung, Jeffrey Sachs, konzipiert worden.

Von ganz anderer Art ist das Reformmodell der UdSSR. Die Schlüssel-figur, Gorbatschow, hatte schon bald nach seinem Amtsantritt im März 1985 erkannt, daß der Osten im »Wettbewerb der Systeme« dem Westen unter-legen war, und daß die Sowjetunion bei wachsendem Gegensatz zwischen Anspruch und Wirklichkeit und einem offensichtlicher werdenden Zurück-bleiben zu den Lebensbedingungen in den westlichen Industrienationen ihrer Rolle als Weltmacht – wirtschaftlich wie politisch – nicht länger ge-recht werden konnte. Also bedurfte es einer Erneuerung und einer Revitali-sierung des Sozialismus durch eine »radikale Umgestaltung« der real exi-stierenden Strukturen – der wirtschaftlichen wie der politischen. Bewirkt werden sollte dies durch eine »Demokratisierung« der staatssozialistischen Machtstrukturen und der politischen Prozesse im Innern sowie durch ein »neues Denken« in der Außen- und Sicherheitspolitik[12]. Doch Vorrang hatten für Gorbatschow zunächst Ausbau und Sicherung der persönlichen Machtbasis. Zugleich wurde am zentralen Anliegen einer gründlichen Sanierung der Wirtschaft dem Grundsatz nach unbeirrt festgehalten, wenn-gleich wenig Konkretes und schon gar nicht Bahnbrechendes geschah[13]. Nach dem Plan der Regierung Ryschkow vom 23.5.1990 soll nun innerhalb eines Zeitraums von 5 Jahren der kontrollierte Übergang (zügiges, aber doch schrittweises und sozial abgefedertes Vorgehen) zur »regulierten Marktwirt-schaft« vollzogen werden[14]. Als erste Schritte sind eine allmähliche, den-noch drastische Erhöhung der Nahrungsmittelpreise ab 1991 – begleitet von einem umfangreichen System von Ausgleichszahlungen und auch von Lohnerhöhungen –, die Einführung eines zweistufigen Bankensystems und die Reform des Steuersystems vorgesehen; dann sollen gesetzliche Regelun-gen für das Privateigentum und auch Maßnahmen zur Entflechtung von Monopolen folgen. Angestrebt wird eine Kombination von marktwirtschaft-lichen Elementen und staatlichen Kontrollen in kleinen Schritten. Wesent-

---

12 Sie sollte es der UdSSR ermöglichen, in den internationalen Beziehungen als gleichbe-rechtigte, zu einem hohen Maß an Verantwortung verpflichtete Macht eine an Dialog-bereitschaft wie kooperativer Konfliktlösung orientierte Rolle zu übernehmen. Und die Integration in die Weltwirtschaft sollte ihr »eine mit dem ökonomischen Potential und politischem Status vergleichbare Position im internationalen Handel« verschaffen.

13 Vgl. Bradke, S. ..., Die Sowjetunion im Aufbruch zum 21. Jahrhundert, Außenwirtschaft, 44. Jg., Heft III/IV, Dezember 1989, S. 19–32 und Bundesinstitut für ostwissenschaftli-che und internationale Studien (Hrsg.), Sowjetunion 1988/89 – Perestrojka in der Krise?, München/Wien 1989. Nach Reinhard Peterhoff (NZZ vom 29./30. Oktober 1989, Fernausgabe Nr. 251) ist ein »leistungsförderndes Schwungrad durch die Wirt-schaftsordnung selbst in der Perestrojka nicht angelegt«.

14 Gorbatschow verglich kürzlich die Bedeutung des angestrebten Überganges zur Marktwirtschaft mit der Oktoberrevolution von 1917.

liche regulative Vorkehrungen wie eine durchgreifende Neuordnung der Eigentumsrechte und eine Privatisierung von Staatsunternehmen fehlen. Hier setzt das 500-Tage-Programm der Schatalin-Kommission an; doch dürfte es nicht ohne Abstriche verwirklicht werden.

Ungarn ist geradezu ein Beleg dafür, daß Zwitterlösungen stets zu Inkonsistenzen führen. Jahrzehntelang galt Ungarn als das Reformland par excellence. Und in der Tat hat es immer wieder versucht, sich den Bedingungen einer Marktwirtschaft und den weltwirtschaftlichen Gegebenheiten anzunähern, sich also von Bedingungen freizumachen, wie sie aus dem sowjetischen Modell der direkten Planung und aus Vorgaben über den COMECON resultierten. Doch die heterogenen Elemente, die sich aus dem Festhalten an einer im Grundsatz sozialistischen Wirtschaftsordnung ergaben, ließen letztlich wenig Raum für den erhofften Erfolg des »Neuen Ökonomischen Mechanismus«; in den 80er Jahren stagnierte die wirtschaftliche Entwicklung bei zweistelligen Inflationsraten und rückläufigen Reallöhnen. In dem Reformprogramm der neuen Regierung werden wiederum graduelle Schritte, wenngleich mit anderer Zielrichtung, bevorzugt; durchgreifende Reformen sollen das mühsam Erreichte nicht gefährden, der Systemwandel sich also in Stufen vollziehen. Beabsichtigt ist, bis 1992 die das Staatsbudget stark belastenden Subventionen abzubauen, doch Tempo und Ausmaß werden von Preisbewegungen, den Lohnabschlüssen und der Einführung eines sozialen Sicherungssystems abhängig gemacht. Die Sanierung der Großindustrie, die hiermit verbundene Entflechtung von Monopolunternehmen wie die Schließung insolventer Staatsbetriebe und die Liberalisierung des Außenhandels lassen auf sich warten[15], während nach dem Regierungsentwurf das Handelsnetz noch im laufenden Jahr weitgehend privatisiert werden soll. Für die Privatisierung der staatlichen Industriebetriebe wird eine Zeitspanne von 5 bis 6 Jahren genannt und auch dann sollen etwa 30 vH der gesamtwirtschaftlichen Produktion in staatlicher Hand bleiben. »Kontinuität« in der Wirtschaftspolitik soll helfen, gesellschaftspolitische Konflikte zu vermeiden.

Auch in der Tschechoslowakei war zunächst die Bereitschaft zu raschen, tiefgreifenden Änderungen gering – begünstigt durch eine im Vergleich zu den anderen Ländern des früheren Ostblocks relative Stabilität der Volkswirtschaft. Um die Jahreswende 1987/88 eingeleitete Maßnahmen in Richtung auf eine Marktwirtschaft wurden nach dem politischen Umbruch im

---

15 Zum Reformprogramm und den Implikationen vgl. die Beiträge in: Economic Transformation in Hungary and Poland, European Economy, No. 43, March 1990, pp. 19–124.

November 1989 vorsichtig fortgeführt. Das Parlament hat das »Gesetz über die volkswirtschaftliche Planung« abgeschafft, doch sich lange nicht auf eine umfassende und konsistente Reformkonzeption für das weitere Vorgehen einigen können. Umstritten war vor allem die Reformstrategie: Während die eine Fraktion mit dem Finanzminister Václav Klaus als Wortführer für schnelle und radikale Systemreformen plädierte, fürchtete die andere – geschart um den Vize-Ministerpräsident Valtr Komárek – für den Fall einer wirtschaftlichen Roßkur chaotische gesellschaftliche Verhältnisse, die niemand in der herrschenden Situation verantworten könne. Das Heil wurde so in der »Gratwanderung zwischen einer schlagartigen Schocktherapie und einer graduell gestaffelten Reformstrategie«[16] gesucht. Nach dem neuen Regierungsprogramm sollen die vorgesehenen Reformschritte: die Preis- und Importliberalisierung, die innere Konvertibilität der Währung, verstärkte Förderung des Privatsektors, die Steuerreform und der Übergang zu einer restriktiven Geldmengenpolitik, schnell und radikal vollzogen werden; doch Tempo und Ausmaß der Privatisierung als dem Kernstück der Reformen bleiben umstritten.

In Rumänien und Bulgarien schließlich sind die Vorstellungen über den einzuschlagenden Reformkurs noch kaum präzisiert. In Bulgarien haben sie auch nach den ersten freien Wahlen im Juni des Jahres keine konkrete Gestalt angenommen. In Rumänien läßt die bislang amtierende und in den allgemeinen Wahlen vom 20. Mai 1990 als Sieger hervorgegangene Regierung Iliescu eine Präferenz zugunsten einer graduellen Reformstrategie in Richtung auf eine Marktwirtschaft vermuten. Einige richtungsweisende Gesetze, die das Land auf die Wettbewerbswirtschaft vorbereiten sollen, sind bereits verabschiedet worden, so etwa jenes zur Förderung der Landwirte, das Dekretgesetz bezüglich der Tätigkeit von Privatunternehmen, das Gesetz zur Eröffnung von Valutakonten und ein Rahmengesetz für die Gründung und Tätigkeit gemischter Unternehmen. Gemäß dem Plan einer Regierungskommission sollen weitere Maßnahmen in zwei Phasen – von drei und fünf Jahren – erfolgen. Als erste Schritte werden eine kontrollierte Freigabe der Preise, der schrittweise Übergang zu einer konvertiblen Währung und der Aufbau eines geordneten Finanz- und Geldwesens genannt. Auch ist die Zulassung von ausländischen Banken beabsichtigt[17]. Im Vollzug einer »schrittweisen und kontrollierten Liberalisierung« der Wirtschaft

---

16 Kosta, J., Tschechoslowakei: Beschwerliche Etappen zur Marktwirtschaft, Orientierungen zur Wirtschafts- und Gesellschaftspolitik 43 (1/1990), S. 66.
17 Vgl. Oltean, I., Zaghafte rumänische Wirtschaftsreformen, NZZ vom 19. Mai 1990.

sollen größere Privatisierungsaktionen wie überhaupt tiefgreifende institutionelle Reformen ansatzweise und in Etappen vorgenommen werden.

4. Das Geschehen im westlichen wie im östlichen Europa legt es nahe, eine erste Bilanz zu ziehen. Was besagt das gegenwärtig zu Beobachtende in ökonomischer Sicht? Das Ergebnis ist vorteilhaft für den Westen, zwiespältig für den Osten; es ist also gekennzeichnet durch Asymmetrie.

Der westliche Teil Europas steht heute – auch im Weltmaßstab gesehen – schlicht blendend da. Noch immer, nach nunmehr acht Jahren, hält die günstige wirtschaftliche Entwicklung an. Die integrationspolitische Dynamik seit Mitte der achtziger Jahre hat ihr neue und kräftige Impulse verliehen. Nach dem Cecchini-Bericht werden durch das Binnenmarktprogramm das reale BIP der Gemeinschaft um 4 1/2 vH angehoben, der Preisauftrieb um 6 vH gedämpft, 1,8 Mio neue Arbeitsplätze geschaffen und die öffentlichen Haushalte um gut 2 vH des BIP entlastet. Mit begleitenden ordnungspolitischen Maßnahmen errechnet der Bericht sogar ein zusätzliches Wachstum des BIP um real 7 vH und eine Mehrbeschäftigung von 5 Mio Personen in der Gemeinschaft[18]. Neben den Einmaleffekten sind es vor allem die dynamischen Wachstumsimpulse, die von Deregulierungen auf die Innovationskraft der Wirtschaft ausstrahlen und so zu einem steileren Wachstumspfad führen. Wie solche Impulse auch immer veranschlagt werden, die Europäischen Gemeinschaften haben sich schon in den letzten Jahren zunehmend zum politisch wie wirtschaftlich motorischen Zentrum Europas entwickelt. In ihrem Sog befinden sich heute die EFTA-Länder und andere Staaten, die sich um Mitgliedschaft oder Formen einer Assoziierung bemühen. Unter dem Schlagwort »Festung Europa« kamen Ängste auf, die Gemeinschaft könne sich gegenüber Drittstaaten abschotten. Vor diesem Hintergrund regte Delors im Januar 1989 eine »strukturierte Partnerschaft« zwischen EG und EFTA an. Der politische Wille dazu wurde beiderseits dokumentiert. So wurde in einer Auslegungsordnung festgestellt, wie ein »Europäischer Wirtschaftsraum« aussehen und nach welchen Regeln er funktionieren könnte. In weiteren Verhandlungen sollen die Fragen der institutionellen Stärkung der EFTA wie jene nach der Wahrung der EG-Entscheidungsautonomie und der Definition des »EG-Bestands«, d.h. der von den EFTA-Ländern zu übernehmenden Vorschriften, erörtert werden.

Das Potential der Gemeinschaften wirkt auch schon deutlich erkennbar ins östliche Europa hinein. Im Juni 1988 wurde eine »Gemeinsame Erklärung für die Aufnahme offizieller Beziehungen und wirtschaftlicher Zu-

---

18 Cecchini, P., Europe '92 – Der Vorteil des Binnenmarktes, Baden-Baden 1988.

sammenarbeit zwischen der EG und dem RGW« verabschiedet. Diese Vereinbarung stellt die Grundlage für bilaterale Handels- und Kooperationsverträge zwischen der EG und einzelnen RGW-Staaten dar, wie Ungarns (September 1988), Polens (September 1989), der CSFR (April 1989) und der UdSSR (Dezember 1989). Die EG-Kommission übernahm es ferner, die Hilfsmaßnahmen (Nahrungsmittelhilfe, Förderung der beruflichen Bildung, Investitionsförderung, Kooperationen beim Umweltschutz), der »Gruppe der 24« für Ungarn und Polen zu koordinieren[19], und Anfang Februar 1990 bot sie mit Billigung der Außenminister der EG-Staaten den osteuropäischen Reformstaaten enge politische und wirtschaftliche Beziehungen an, die unterhalb einer förmlichen Mitgliedschaft möglich sind. Dabei läßt das Angebot ausdrücklich offen, ob ein Assoziierungsverhältnis zur Vollmitgliedschaft weiterentwickelt werden kann[20]. Vertragliche Bindungen und Fühlungnahmen dieser Art sind Schrittmacher eines größeren Europas in ökonomischer Sicht, wenn auch ihr in Zahlen sich ausdrückender Niederschlag noch gering ist.

Im östlichen Europa dominieren nach wie vor die Relikte aus der Zeit des realen Sozialismus, überlagert von den Folgen früherer und heutiger Reformansätze. Das Spektrum des allen Gemeinsamen und das von Land zu Land Differenzierende habe ich bereits beschrieben. Im Grunde handelt es sich allenthalben um Facetten des beginnenden oder sich schon vollziehenden Systemwandels, begleitet von Neuorientierungen und Restrukturierungen, von Hoffnungen und von Ängsten. Den auf beschleunigte Reformen drängenden Kräften stehen andere gegenüber, die davor warnen, sich all zu schnell marktwirtschaftlichen Lösungen anzuvertrauen. Das neue wettbewerbliche System mit seinen Formen einer weitgehend anonymen Koordinierung wirtschaftlicher Dispositionen über die Märkte wird noch zu wenig verstanden. Der sich erweiternde Blick auf die Dynamik der westlichen Welt vertieft die Zweifel, den Anschluß zu schaffen oder auch nur die Mittel zur Selbstheilung zu finden. Eine von Unsicherheit geprägte Haltung der Bevölkerung wird zum schwer kalkulierbaren Risikofaktor. Dabei gibt es keinen Königsweg, der an den realwirtschaftlichen Neuformationen vorbeiführt, gleich ob diese schnell oder zeitlich gestreckt erreicht werden sollen. Die Durststrecke ist so oder so zu bestehen. All das besagt,

---

19 Nach einem Vorschlag der EG-Kommission ist auf der Anfang Juli anberaumten Außenministerkonferenz der 24 westlichen Industriestaaten (G–24) und sieben Ostblockländern das Hilfsprogramm noch auf die Reformländer Bulgarien, die DDR, die CSFR, Rumänien und Jugoslawien ausgedehnt worden.

20 Vgl. Hrbek, R., Die EG und die Veränderungen in Mittel- und Osteuropa, HWWA (Hrsg.), Wirtschaftsdienst 1990/V, S. 247–255.

daß die ehemaligen Staatshandelsländer in europäischer Sicht vorerst auf der Seite der Nehmenden, nicht der Gebenden stehen werden. Statistisch gesehen werden sie das europäische Gesamtbild, etwa gemessen an Wachstum und Beschäftigung, noch lange belasten. Doch das schließt nicht aus, daß schon bald, wie der Fall Polens zeigt, auch durchaus Erfreuliches in einer konsolidierten Bilanz Europas zu vermerken sein kann.

Von Rumänien und Bulgarien abgesehen, ist es vor allem die UdSSR, die gegenwärtig noch kaum Licht im Tunnel erkennen läßt: Skeptisch stimmen die sieben Jahrzehnte während Einübung in staatlicher Planung, die kopflastige und verkrustete Nomenklatura in Politik und Wirtschaft, die Reform von oben nach traditionellem Muster bei ausgeprägter Lethargie der Bevölkerung, die Nationalitätenfrage, die fehlenden Hebel für eine Reform in Landwirtschaft und Industrie, die sich erst langsam lockernden Schranken zwischen dem hochtechnisierten militärischen Bereich und den allgemeinen wirtschaftlichen Aktivitäten, die riesigen Distanzen usf.[21]

Die Staaten des östlichen Europas bleiben so fürs erste angewiesen auf solidarische Hilfe aus dem Westen, auf Forderungsverzichte ihrer Gläubiger wie auf Investitionen und Realtransfer von Gütern und Leistungen. Der Rat für Gegenseitige Wirtschaftshilfe befindet sich in einer Phase der Neuorientierung, wenn nicht der Auflösung[22]. Auf der Ratstagung in Prag kam man nicht über den »Minimalkonsens« hinaus, den RGW in eine wirksame Organisation auf marktwirtschaftlicher Grundlage umzugestalten. Die Mitgliedsstaaten bekannten sich im Schlußdokument der »Bonner Konferenz« über wirtschaftliche Zusammenarbeit in Europa am 11.4.1990 zu Parteienpluralismus, Rechtsstaatlichkeit, Marktwirtschaft, Privateigentum und Konvertierbarkeit der Währungen und anerkannten die Bedingungen des GATT. Das war es denn auch. Dabei erwartet jeder, daß mit dem Übergang zu einer Abrechnung in konvertiblen Währungen am 1.1.1991 alles in Bewegung kommt: die Bezugs- und Lieferungsmodalitäten, die Mengen und die Preise. Manche meinen, der RGW sei im Grunde schon tot. So wird über andere regionale Bündnisse spekuliert. In Polen, Ungarn und der Tschechoslowakei spricht man davon, eine eigene Freihandelszone zu

---

21 Vgl. zu den einzelnen Problemfeldern auch Bundesinstitut für ostwissenschaftliche und internationale Studien (Hrsg.), Sowjetunion 1988/89, a.a.O.

22 Vgl. Thanner, B., Was wird aus dem RGW?, Ifo-Institut für Wirtschaftsforschung (Hrsg.), Ifo-Schnelldienst 10/11, 43. Jg., 12. April 1990, S. 11–15 und Machowski, H., Rückwirkungen der sowjetischen Reformpolitik auf die Zusammenarbeit im »Rat für Gegenseitige Wirtschaftshilfe« RGW, Außenwirtschaft, 44. Jg., Heft III/IV, Dezember 1989, S. 93–110.

bilden[23] und dafür Österreich zu gewinnen. Andere wiederum können sich das Bündnis »als eine Art Koordinationsbüro vorstellen, das die Bemühungen einzelner Staaten um Kontakte zu den internationalen Organisationen ... bündelt«[24]. Von westeuropäischer Seite wurde angeregt, eine Osteuropäische Zahlungsunion nach dem Muster der EZU Anfang der 50er Jahre zu bilden[25].

5. Die gegenwärtigen wirtschaftlichen Verhältnisse im östlichen Europa sagen nun nichts, zumindest nur sehr wenig über das aus, was im Grundsatz in ihnen angelegt ist, vor allem, welches Ausmaß an internationaler Arbeitsteilung als Quelle einer nur so zu erschließenden Mehrung des allgemeinen Wohlstandes möglich ist, sofern nur der Systemwandel glückt. Also empfiehlt sich, in einem gedachten Szenarium die Lage heute mit dem unter optimalen Bedingungen Erreichbaren zu vergleichen. Damit wird ein Zustand simuliert, der für die östlichen Volkswirtschaften Verhältnisse widerspiegelt, wie sie im westlichen Europa existieren: mit einem gleichen Maß an wirtschaftlicher Freiheit auf allen Märkten, einem gleichen Niveau in Forschung und Technologie wie in der Ausstattung mit Realkapital, auch mit in etwa gleichen Strukturen in der Verwendung des Sozialproduktes. Das Referenzsystem liefert so der Westen; für den Osten wird unterstellt, daß die unabdingbaren Anpassungsprozesse vollzogen sind. Bis aber Gleichartigkeit der Bedingungen in beiden Teilen Europas hergestellt ist, geht die wirtschaftliche Entwicklung weiter. Der nach einem Aufschließen des Ostens erreichte Stand der wirtschaftlichen Entwicklung in ganz Europa dürfte so weit höher liegen als der gegenwärtig im Westen verwirklichte. Das beruht aber eben nicht allein auf den auch zukünftig zu erwartenden Fortschritten in Forschung und Technologie, sondern nicht minder – wenn auch in einem nicht prognostizierbaren Ausmaß – auf den bislang ungenutzten Vorteilen der Arbeitsteilung zwischen Ost und West. Beide Regionen waren systembedingt, genauer durch die immanente Geschlossenheit eines Systems der direkten Planung im Osten, weitgehend voneinander abgeschottet. Außenhandel ist für zentral geleitete Volkswirtschaften nichts weiter als eine Komponente im System geplanter Größen. Von Betrieben im

---

23 Vgl. auch Nötzold, J., Die Stellung Osteuropas im europäischen Wirtschaftsraum, Orientierungen zur Wirtschafts- und Gesellschaftspolitik 43 (1/1990), S. 30–36.

24 BHF-Bank, Wirtschaftsdienst, Nr. 1602, 2. Juni 1990, RGW: »Dinosaurier« mit Zukunft?, S. 3.

25 Zu weiteren Reformvorschlägen vgl. auch Brabent, J.M.van, Economic Reform and Monetary Cooperation in the CMEA, Paper presented at the Conference on Financial Reform in Socialist Economies, in San Domenico, Oktober 12–16, 1987.

eigenen Ermessen ausgehandelte Lieferungen und Bezüge über die Grenzen hinweg wirken wie Störelemente; grenzüberschreitende Transaktionen haben in erster Linie eine »Lückenbüßerfunktion«. Die Systeme wie ihre jeweiligen konstituierenden Merkmale sind eben nicht miteinander kompatibel. Das kann auch nicht durch Kompensations- oder Koordinationsgeschäfte wie Joint Ventures überspielt werden. Folglich bleibt eine der wesentlichen Quellen der Wohlstandsmehrung ungenutzt. Arbeitsteilung im klassischen Sinne bis hin zu einem fein verästelten Geflecht intraregionaler und intrasektoraler grenzüberschreitender Beziehungen findet nicht statt.

Genau das bestimmte jahrzehntelang das Verhältnis der Staatshandelsländer zu den Marktwirtschaften, aber auch das Geschehen innerhalb des RGW. Das Sagen hatten die Planer – in hierarchischer Rangordnung versteht sich; der weltweit unbestrittene Grundsatz, die Austauschbeziehungen an den sich in Marktpreisen und Wechselkursen manifestierenden komperativen Vorteilen bzw. Nachteilen zu orientieren, wurde behandelt, als gäbe es ihn nicht. Obwohl industrialisiert und auch mit Humankapital wie natürlichen Ressourcen reichlich ausgestattet, partizipierten so die osteuropäischen Staaten nur am Rande vom System der internationalen Arbeitsteilung: vornehmlich als Anbieter von Rohstoffen und – vergleichsweise – einfachen arbeitsintensiven Halb- und Fertigwaren. Das Spezialisierungsmuster im Ost-Westhandel wie innerhalb des Osthandels blieb über Jahrzehnte hinweg ziemlich unverändert. Die EG-Staaten exportierten 1989 rund 27 vH ihres BSP in dritte Länder, das waren gut 38 vH des Weltexports, die EG-interne Exportquote lag gar bei 59 vH. Die Exporte der Staatshandelsländer machten dagegen nur 8 vH der Weltausfuhr aus[26]; die RGW-interne Handelsverflechtung belief sich auf fast zwei Drittel der Gesamtexporte. Lediglich 3 vH des Exportes der EG-Staaten gingen in den RGW; deren Anteil an den Importen der EG betrug knapp 4 vH.

Gleich welche Statistiken herangezogen werden, alles, auch ein Vergleich zwischen den Kontinentalstaaten USA und UdSSR, belegt die Isolierung der RGW-Staaten[27]. Der Befund erweist das Systemversagen, läßt aber auch ahnen, welche Wachstums- und Beschäftigungsreserven im Falle eines konsequenten Systemwandels zu erschließen sind. Es ist schlechterdings nicht einzusehen, warum im östlichen Europa nicht grundsätzlich gleiches erreichbar sein sollte wie sonstwo in der wirtschaftlich entwickelten Welt. Die Menschen hier sind keineswegs weniger fähig und auch in gleicher Weise zu motivieren. Die modernen Techniken und Organisationsformen

---

26 Zum Vergleich: Auch der Anteil der »vier kleinen Tiger« in Ostasien am Welthandel belief sich auf eine ähnliche Größenordnung.

stehen im Grundsatz, wenn auch immer noch durch eine schon weniger stringente Cocom-Liste gefiltert, auf Abruf bereit, von den östlichen Volkswirtschaften genutzt zu werden. Gleiches gilt für investitionsbereites Kapital. Aber das Gleichziehen bedingt einen Aufholprozeß, der viele Jahre, ja Jahrzehnte dauern kann. Ein Beispiel: Für das östliche Deutschland mit den günstigsten Voraussetzungen wird je nach Ausgangslage (Pro-Kopf-Sozialprodukt des westlichen Deutschlands) zwischen 33% und 50% und unterstellter Wachstumsrate in den nächsten Jahren (10% bzw. 25% im ersten Jahr und 20, 15, 10, 9, 8 und 7% in den folgenden Jahren) für den Aufholprozeß von einem Zeitraum ausgegangen, der 10 bis 14 Jahre umfaßt. Gleichwohl ist festzuhalten: Das Wachstumspotential, das für die bisherigen Staatshandelsländer, aber auch für ihre westlichen Partner im Systemwandel begründet liegt, ist neben der Entwicklung Ost-, Südost- und Südasiens, hoffentlich bald auch wieder ganz Lateinamerikas, der größte »Hoffnungsposten« für die Weltwirtschaft insgesamt. Daß Europa durch einen Prozeß des Aufholens nur an Weltgeltung gewinnen kann, versteht sich von selbst, insbesondere wenn es zu Lösungen unter einem Dach kommen sollte.

6. Doch was bietet die Gewähr dafür, daß es so kommt, wie es kommen könnte? Die Gewährsträger für eine günstige Entwicklung sind zunächst und vor allem die Länder selbst, die den Systemwandel wollen, sodann insbesondere die westeuropäische Staatengemeinschaft.

---

27 Vgl. die untenstehende Tabelle

Merchandise Trade of Eastern Europe, the U.S.S.R.,
and the World's Leading Trading Nations
(Values in billion dollars; shares in percentages)

	Value in 1988		Share of World Exports	
	Exports	Imports	1988	1980
Eastern Europe	116	107	4.0	4.1
U.S.S.R.	111	107	3.8	3.8
Eastern Europe and U.S.S.R.	226	214	7.8	7.9
United States	322	460	11.2	11.1
West Germany	323	251	11.2	9.5
Japan	265	187	9.2	6.4

Note: Eastern Europe does not include Yugoslavia.
Source: Exports for 1980 for the U.S., Japan, and West Germany are from *International Financial Statistics Yearbook* (Washington, D.C.: IMF, 1989). Other data are from General Agreement on Tariffs and Trade, *International Trade 88–89*. vol. II (Geneva: 1989): Tables I.3, III.37, and A1.

Was den Beitrag der Länder im Umbruch angeht, so kommt es entscheidend an auf

– das Wollen der herrschenden politischen Kräfte,
– die Wahl der Transformationsstrategie,
– die Akzeptanz des Reformprogrammes durch die Bevölkerung, und
– die gegebenen sachlichen Möglichkeiten, den Wandel zu realisieren.

Vieles deutet darauf hin, daß die in den ehemaligen Planwirtschaften in Gang gekommenen Prozesse an Eigendynamik gewinnen und sich zugleich gegenseitig verstärken werden. Eine Rückkehr zum Status quo ante ist für mich definitiv auszuschließen. Doch kann es hier und dort durchaus zu vorübergehenden Stockungen und Rückschlägen kommen wie auch zu einer bewußten Drosselung des Reformtempos. Einige Länder könnten eine Vorreiterrolle übernehmen, während andere sich an ihnen und ihren Erfahrungen orientieren.

Das Geschehen im östlichen Europa fordert in jedem Fall den Westen. Gefragt sind zunächst Geduld, ohne Grundsatzpositionen aufzugeben, sodann die Bereitschaft, Beistand zu gewähren, der geeignet ist, den Systemwandel zu fördern. Gefragt sind differenzierte institutionelle Lösungsansätze im europäischen Kontext. Neben Reformländern wie etwa Polen, Ungarn und die Tschechoslowakei, die bereits an den EG-Integrationsprozeß angekoppelt sind[28], stehen andere wie Rumänien, Bulgarien oder Jugoslawien, die noch auf enge politische und wirtschaftliche Beziehungen mit dem Westen warten – ganz abgesehen von dem »Problemfall« UdSSR, für den sich gegenwärtig noch wenig an Lösung abzeichnet. Gefragt sind sodann Hilfeleistungen organisatorischer, politischer, wirtschaftlicher und finanzieller Art – zugeschnitten auf die Ausgangsbedingungen und die Notwendigkeiten der einzelnen Staaten wie Beiträge zur Minderung der Schuldenlasten, Kooperationen bei Infrastrukturinvestitionen und ökologie-politischen Vorhaben. Jüngstes Beispiel ist die Etablierung der Osteuropabank mit Sitz in London und ausgestattet mit einem Kapital von 10 Mrd. ECU. Gefragt sind aber auch offene Märkte, offen für die Produkte östlicher Volkswirtschaften, und gefragt sind schließlich angemessene politische Datensetzungen auf Weltebene, sei es durch die Vereinten Nationen oder ihr angeschlossene Institutionen wie der IMF[29] und die Weltbank oder das

---

28 Sie dürften bald auch als Vollmitglieder in den Europarat aufgenommen werden.
29 Rumänien trat 1972, Ungarn 1982, Polen 1986 und die CSFR im September 1990 dem
   IWF bei; Bulgarien dürfte in den kommenden Wochen aufgenommen werden.

GATT[30], durch einzelne Länder oder Staatengruppen. Gemeinsames Anliegen ist es, die östlichen Volkswirtschaften als parteienstaatliche Demokratien und als Marktwirtschaften in die Gemeinschaft freier Staaten zu integrieren. Das Resultat wird allemal Spiegelbild menschlichen Denkens und Handelns in Ost und West sein.

---

30 Die Sowjetunion erhielt kürzlich den Beobachter-Status beim GATT; damit wird langfristig der Weg für die Zugehörigkeit frei.

Rudolf Hrbek

Die Europäische Gemeinschaft und das »gemeinsame Haus«

1. Einleitung

Die Bezeichnung »gemeinsames europäisches Haus«, die im Anschluß an Äußerungen Gorbatschovs verwendet wird, ist inhaltlich unbestimmt; sie sagt noch nichts über die Ausgestaltung dieser Konstruktion im einzelnen aus. Die Bezeichnung verweist jedoch – und hier ist sie eindeutig – auf eine Situation in Europa, die gekennzeichnet ist vom Ende der Polarisierung und antagonistischer Blockpolitik sowie von verschiedensten Überlegungen zur dauerhaften Überwindung der Teilung Europas und zur Errichtung einer stabilen neuen Ordnung des Kontinents. Das gemeinsame europäische Haus wird als Gestaltungsaufgabe und erstrebenswertes Ziel verstanden; das zeigen sowohl Äußerungen von Politikern in Ost und West – wobei Ost und West mehr und mehr im geographischen Sinn verstanden werden können –, als auch die in demoskopischen Befragungen ermittelten Auffassungen der europäischen Völker in Ost und West.

Was heute »gemeinsames europäisches Haus« genannt wird, ist eine aktuelle Losung, aber hinsichtlich ihrer Intention keineswegs neu. Die in der Europäischen Bewegung zusammengeschlossenen Personen und Gruppen unterschiedlichster politischer Provenienz – Konservative, Liberale, Christliche Demokraten und Demokratische Sozialisten – verfolgten nach 1945 als gemeinsames Ziel, die europäischen Staaten und Nationen in einer internationalen Gemeinschaft unter dem Vorzeichen des Föderalismus zusammenzufassen[1]. Sie entstammten zu einem wesentlichen Teil dem Widerstand in vielen Teilen Europas[2] und verstanden ihr Ziel als Antwort auf die Katastrophe des Zweiten Weltkriegs und das Wirken totalitärer politischer Regime. Es war ihr Anliegen, ganz Europa in eine nach föderalistischen

---

1 Vgl. dazu die umfangreiche Studie von Walter Lipgens: Die Anfänge der europäischen Einigungspolitik 1945–1950. 1. Teil: 1945–1947, Stuttgart 1977.
2 Walter Lipgens: Europa-Föderationspläne der Widerstandsbewegungen 1940–1945. Eine Dokumentation. München 1968.

Prinzipien aufgebaute europäische Gemeinschaft umzuwandeln. Der gleich nach 1945 einsetzende Kalte Krieg verhinderte bekanntlich die Verwirklichung solcher Konzepte.

Auf ihrem Kongreß in Montreux Ende August 1947 berieten die in der Europäischen Bewegung zusammengeschlossenen Föderalisten über die aus der Konstellation der Ost-West-Polarisierung zu ziehenden Schlußfolgerungen. Sie folgten dem von zwei ihrer führenden Repräsentanten – H. Brugmans und A. Spinelli – vorgetragenen Konzept, den europäischen Zusammenschluß im Westen zu beginnen. Sie verstanden eine solche Konstruktion als Kristallisationskern des europäischen Zusammenschlusses und betonten – unter Berufung auf die Politik der Sowjetunion, den in ihrem Machtbereich befindlichen Staaten die Teilnahme am europäischen Gemeinschaftswerk zu untersagen–: »Ohne den Osten, aber um keinen Preis gegen den Osten[3]«. Diese, dann im übrigen auch noch ausdrücklich bekräftigte Absage an »Blockpolitik« konnte indessen nicht verhindern, daß die dann in Angriff genommenen und zum Teil realisierten westeuropäischen Integrationsprojekte auch – wenn auch keineswegs ausschließlich oder gar vorrangig – unter den Vorzeichen des Ost-West-Konflikts gesehen und bewertet wurden. Die beiden folgenden Hinweise zeigen deutlich, daß blockpolitische Überlegungen für die Begründung von Integration häufig nur eine marginale Rolle gespielt haben.

– So wird für die Frühphase der europäischen Einigungspolitik von Zeithistorikern auf die Priorität spezifischer nationaler Ziele, vorrangig ökonomischer Art, verwiesen[4].
– Die oppositionelle SPD hat in ihren Überlegungen in den 50er Jahren, wie vielleicht doch ein die Wiedervereinigung Deutschlands ermöglichendes Arrangement mit der Sowjetunion erreicht werden könnte, stets nur die militärische Westbindung zur Disposition stellen wollen – genauer: durch ein sogenanntes System kollektiver Sicherheit in Europa ersetzen wollen –, die Beteiligung an ökonomischen Integrationsprojekten in diesem Zusammenhang jedoch nicht in Frage gestellt[5]. In der Bundestagsdebatte über die Ratifizierung der Römischen Verträge hat der Sprecher der SPD-Fraktion 1957 die mit diesen Verträgen eingeschlagene Entwick-

---

3 Siehe Lipgens (vgl. Anm. 1), S. 514–531, insbesondere S. 525–528.
4 So insbesondere Alan Milward: The Reconstruction of Western Europe, London 1985.
5 Vgl. dazu Rudolf Hrbek: Die SPD, Deutschland und Europa. Die Haltung der Sozialdemokratie zum Verhältnis von Deutschland-Politik und West-Integration (1945–1957), Bonn 1972.

lung geradezu enthusiastisch als »ein Stück europäischer Verfassungs-
geschichte« bezeichnet und für seine Partei gutgeheißen und begrüßt[6].

Integrationspolitik beschränkte sich unter den Bedingungen des Kalten
Krieges seit 1947/48 auf Maßnahmen in Westeuropa. Die Politik des europäischen Zusammenschlusses im Westen des Kontinents führte zunächst zur
Errichtung des Europarates, einer letzlich intergouvernementalen Organisation, die allerdings in Gestalt der Beratenden Versammlung über eine
parlamentarische Komponente verfügte, was ein Novum darstellte. Die im
Rahmen des Europarates kontrovers geführte Debatte um weitere und
weitergehende Schritte und Projekte auf dem Weg zu europäischem Zusammenschluß führte zunächst zur Errichtung der Montanunion (Europäische Gemeinschaft für Kohle und Stahl, EGKS) durch lediglich sechs Staaten. Sie enthielt deutlich supranationale Elemente und stellte insofern eine
internationale Organisation neuer Qualität dar. Aus ihr entwickelte sich,
nach dem Scheitern überaus ehrgeiziger Pläne – hier sind die Projekte
Europäische Verteidigungsgemeinschaft (EVG) und Europäische Politische
Gemeinschaft (EPG) als bundesstaatliche Konstruktionen zu nennen – mit
den Römischen Verträgen von 1957 über die Europäische Wirtschaftsgemeinschaft (EWG) und die Atomgemeinschaft EURATOM das, was wir
heute die Europäische Gemeinschaft (EG) nennen.

Andere westeuropäische Staaten, die sich diesem Sechser-Europa nicht
anschließen wollten, weil ihnen seine Konstruktionsprinzipien sowie vor
allem die Perspektive einer politischen Finalität des hier eingeschlagenen
Integrationsprozesses nicht akzeptabel schienen, gründeten die kleine
Freihandelszone EFTA. Die damals von manchen befürchtete dauerhafte
Spaltung Westeuropas mit insbesondere ökonomisch und sozial negativen
Folgen für alle beteiligten Staaten, erwies sich als unbegründete Sorge. Ein
ganzes Netz von Abkommen zwischen beiden »Gemeinschaften« hat wesentlich dazu beigetragen, daß sich die Wirtschaftsbeziehungen positiv
entwickelten und negative Abschottungseffekte ausblieben. Hinzu kam, daß
einzelne EFTA-Staaten sich schon sehr früh an einer Mitgliedschaft in der
EG interessiert zeigten, die sich – wie die in Etappen erfolgte Erweiterung
von sechs auf schließlich zwölf Mitglieder bestätigt – als Kristallisationskern
westeuropäischer Gemeinschaftsentwicklung erwies. Die Architektur des
westeuropäischen Gebäudes – oder bescheidener: Gebäudeteils – zeigte
klare Konturen. Seine Entwicklung wird – wie die 80er Jahre zeigen – von
der EG, also den hier zusammengeschlossenen zwölf Staaten bestimmt.

---

6 So formulierte der Abgeordnete Deist am 21.3.1957 (2. BT-Protokoll, S. 11334).

Das von den EG-Staaten proklamierte Ziel des Binnenmarktes, ergänzt durch das Projekt einer Wirtschafts- und Währungsunion (WWU), stellt für die EFTA-Staaten eine neue Herausforderung dar: Was bedeutet es für sie, bzw. jeden einzelnen von ihnen, wenn sie außerhalb eines einheitlichen Wirtschaftsraumes bleiben, der sich, auch in ihrer Einschätzung, als überaus dynamisch zeigen dürfte, aber für Nichtmitglieder diskriminierend und sie in ihren Wettbewerbschancen benachteiligend wirken würde[7]?

Seit dem Ministertreffen der EG- und EFTA-Staaten im April 1984 in Luxemburg steht das Projekt eines sogenannten Europäischen Wirtschaftsraumes (EWR) auf der Tagesordnung. Ging es zunächst nur um eine Intensivierung der Zusammenarbeit, insbesondere in den Bereichen Forschung und Entwicklung sowie industrielle Kooperation, geht es mit Blick auf die Errichtung des EG-Binnenmarktes neuerdings um die Frage, ob und wenn ja, wie sich die EFTA-Staaten an diesen Wirtschaftsraum der Zwölf ankoppeln können. In diesem Sinn hat im Frühjahr 1990 die EFTA-Ministerkonferenz auf einer Tagung in Göteborg die Aufnahme von Verhandlungen mit Brüssel beschlossen und die EG hat dem zugestimmt. Es ist sehr unwahrscheinlich, daß die EFTA-Staaten ihr Verhandlungsziel werden realisieren können, über die Ausgestaltung des EWR – und damit über Standards, Normen und Regeln des EG-Binnenmarkts – mitentscheiden zu können. Die EG hat deutlich signalisiert, daß sie Nichtmitgliedern ein solches Mitentscheidungsrecht nicht einräumen wolle; den EFTA-Staaten bliebe also lediglich der Nachvollzug, also die Übernahme von Regeln des EG-Binnenmarktes. Für das EFTA-Mitglied Österreich hat die möglichst baldige Vollmitgliedschaft in der EG ohnehin Priorität[8]. Der Vorgang zeigt, daß mit Blick auf größere Einheiten in Europa die EG als dynamischere und prägende Gemeinschaft anzusehen ist.

Parallel zu diesen Vorgängen in Westeuropa erfolgten und erfolgen tiefgreifende Veränderungen in Mittel- und Osteuropa, einschließlich der Sowjetunion. Der Wandel in diesem Raum beendet die Konfrontation und die Spaltung Europas. Er ist darüber hinaus begleitet von der ganz zielgerichteten Orientierung der Staaten Mittel- und Osteuropas auf Westeuropa hin; konkret: auf den Europarat, vor allem aber auf die EG. So erklärte Ferenz Bartha, Präsident der Ungarischen Nationalbank, im April 1990: »Der

---

7 Reinhard Rack (Hrsg.): 30 Jahre danach: Neue Perspektiven für die Beziehungen der EFTA-Staaten zur Europäischen Gemeinschaft, Baden-Baden 1987; sowie Helen Wallace/Wolfgang Wessels: Toward a new Partnership: The EC and EFTA in the wider Western Europe, London 1989 (RIIA occasional paper 28).
8 Vgl. dazu Heinrich Schneider. Alleingang nach Brüssel. Österreichs EG-Politik, Bonn 1990.

Beitritt zur EG wird bei jedem osteuropäischen Staat früher oder später auf die Tagesordnung kommen[9]«. Diese Aussage weist unmittelbar auf das Thema dieses Beitrags.

Nach diesen einleitenden Bemerkungen soll das Thema unter verschiedenen Gesichtspunkten behandelt werden. Zunächst wird ein Rückblick auf die Beziehungen zwischen EG und mittel- und osteuropäischen Staaten, die dem Rat für Gegenseitige Wirtschaftshilfe (RGW) angehören, gegeben (II.); danach wird die Ausgestaltung der Beziehungen zwischen der EG und mittel- und osteuropäischen Staaten seit dem Abkommen zwischen EG und RGW vom Juni 1988 dargestellt (III.). Sodann soll erörtert werden, welche Bedeutung die EG und die Beziehungen zur EG für die Staaten Mittel- und Osteuropas haben (IV.) und was der tiefgreifende Wandel in diesem Raum sowie die Hinwendung der Staaten dieses Raumes nach Westeuropa für die EG und den Integrationsprozeß bedeutet (V.). Abschließend wird dann noch die Frage gestreift, welche Perspektiven sich für die künftige Architektur Europas ergeben (VI.).

2. Die Beziehungen zwischen EG und RGW bis 1988

Mit dem 1949 gegründeten Rat für Gegenseitige Wirtschaftshilfe verfolgte die Sowjetunion das Ziel, ihre Bündnispartner in Mittel- und Osteuropa ökonomisch eng an sich zu binden. Der RGW-Verbund diente als Rahmen für Kooperation, Koordination und gegenseitige Abstimmung. Im Unterschied zur EG hatte der RGW keine Kompetenz auf einzelnen Politikbereichen; seine rechtliche Qualität unterschied sich damit von der der EG. Die Beziehungen zur EG waren zunächst von feindseliger Ablehnung und scharfer Kritik geprägt; sie entwickelten sich in der Phase der Entspannungspolitik zu einem pragmatischen Nebeneinander; es dauerte aber bis zum Juni 1988, bevor die Beziehungen auf eine vertragliche Grundlage gestellt wurden. Die Geschichte der Beziehungen zwischen EG und RGW wird gemeinhin in drei Phasen eingeteilt[10].

---

9 Handelsblatt 3./4.4.1990.
10 Vgl. dazu den knappen aber sehr kenntnisreichen und zuverlässigen Überblick von Bernhard May: Normalisierung der Beziehungen zwischen der EG und dem RGW, in: Aus Politik und Zeitgeschichte B 3/89, S. 44–54.

Ideologisch begründete Abgrenzung und Distanzierung gegenüber der EG

Westeuropäische Integrationsbestrebungen bis zur Mitte der 50er Jahre wurden von kommunistischer Seite unter dem Einfluß der Sowjetunion pauschal-doktrinär verurteilt: »Alle westeuropäischen Integrationsformen, ob intergouvernementale Kooperation (OEEC), parlamentarische Konsultation (Europa-Rat), politisch-militärische Föderation (EVG, EPG) oder Sektorintegration (EGKS) wurden als Werkzeuge der aggressiven amerikanischen Kapitalisten und ihrer europäischen (vornehmlich Bonner) ›Handlanger‹ bezeichnet. Die Erfolge der Integration erschienen als Kriegsvorbereitung gegen das sozialistische Lager, ihre Fehlschläge als Beweise für die Theorie der unversöhnlichen Widersprüche der Kapitalisten.«[11] So sah die Sowjetunion in der Montanunion ein Abkommen der Regierungen, die von den Monopolen beherrscht wurden und ein Mittel amerikanischer Kolonisierung Europas. Europäische Eigeninitiative wurde bestritten, das ganze Unternehmen auf Befehle Washingtons zurückgeführt. Im einzelnen konzentrierte sich die Kritik Moskaus auf »die zu erwartenden kurz- und mittelfristigen Umstellungen bzw. Nachteile, die sich aus dem erhöhten Wettbewerb, dem Schrumpfungsprozeß sowie der Modernisierung der Montanwirtschaft für die Arbeiter ergeben würden und paßte sie der langfristig konzipierten Konzentrations- und Verelendungstheorie an. Sie prophezeite demnach den Zerfall nationaler Industrien, Stillegung von Grenzbetrieben und das unvermeidliche Wachstum des internationalen Monopolkapitalismus[12].«

Die Beratungen der sechs EGKS-Staaten, die dann zu den Römischen Verträgen 1957 führten, riefen intensive Initiativen der Sowjetunion hervor. »Die sowjetische Anti-Stellung gegen die EURATOM-Gemeinschaft war von Anfang sehr viel entschiedener als gegen die EWG[13].« Schon bald hatte aber die Sowjetunion erkannt, daß EURATOM nur von marginaler Bedeutung sein würde. In der Folge setzte man sich daher nur noch mit dem Gemeinsamen Markt auseinander. In einer ersten partei-offiziellen Stellungnahme der KPdSU, den vom Institut für Weltwirtschaft und Internationale Beziehungen verfaßten »17 Thesen über den Gemeinsamen Markt« vom Januar 1957, wurde die EWG als reaktionäres Unternehmen charakterisiert[14]. Die

---

11 Gerda Zellentin: Die Kommunisten und die Einigung Europas, Frankfurt/Bonn 1964, S. 71.
12 Zellentin (vgl. Anm. 11), S. 51/53.
13 Zellentin (vgl. Anm. 11), S. 72.
14 Eine Zusammenfassung dieser Thesen findet sich bei Rolf Sannwald: Die Sowjetunion und die westeuropäische Integrationspolitik. In: Erik Boettcher (Hrsg.): Ostblock, EWG und Entwicklungsländer, Stuttgart 1964, S. 80–114, hier S. 87–93; vgl. auch Eberhard Schulz: Moskau und die Europäische Integration, München/Wien 1975, S. 76.

mit dem Staat verflochtenen Monopole seien Urheber der Verträge, mit denen, als Reaktion auf das Erstarken des sozialistischen Lagers, eine geschlossene kapitalistische Gruppierung als Waffe im Kampf gegen den Kommunismus, als kriegswirtschaftliche Grundlage der NATO, angestrebt werde. Der Gemeinsame Markt bedeute die Majorisierung der kleinen Staaten, die Beschränkung insbesondere ihrer nationalen Souveränität, eine Verschärfung der Marktprobleme mit der Folge einer Konzentration zu Lasten kleiner Unternehmen; er sei gegen die Interessen der Arbeiter gerichtet und werde zu erhöhter Arbeitslosigkeit sowie zu ungleichmäßiger Entwicklung führen; er werde auch die Abhängigkeit von den USA und der Bundesrepublik Deutschland erhöhen. Supranationale Organe würden eine Beschneidung politischer Rechte und demokratischer Freiheiten der Arbeiterklasse bedeuten. Nach außen werde Protektionismus und gegenüber den Übersee-Staaten Neokolonialismus praktiziert werden. Insgesamt würden die Widersprüche innerhalb dieser kapitalistischen Gruppierung wachsen.

Bereits fünf Jahre später wurden diese Aussagen zu Gunsten einer pragmatischeren Einschätzung modifiziert. In nunmehr 32 Thesen über den Gemeinsamen Markt wurden der EWG im August 1962 bemerkenswerte Lebensfähigkeit und rasches wirtschaftliches Wachstum bescheinigt; ergänzend wurde allerdings zugleich das Aufbrechen neuer Widersprüche konstatiert[15]. Für diese revidierte und insgesamt realistischere Betrachtungsweise waren nicht zuletzt die italienischen Kommunisten verantwortlich, die auch in dieser Frage ihr »euro-kommunistisches« Profil zeigten[16].

Erste erfolglose Bemühungen um ein vertragliches Arrangement

Im Zusammenhang mit der Entspannungspolitik, bei der es auch um die gegenseitige Anerkennung des Status quo, also der sogenannten Realitäten in Europa, ging, erfolgten Versuche der Sowjetunion, die Beziehungen zur EG auf eine neue Grundlage zu stellen. Eine auf die EG bezogene entsprechende Aussage Breschnews aus dem Jahre 1972 konnte als »Anerkennung« der EG gewertet werden. Der RGW bemühte sich seit 1973 um Kontakte nach Brüssel und ein Schreiben an den Präsidenten der EG-Kommission aus dem Jahr 1974 wurde als Anerkennung der EG als politische Realität gewer-

---

15 Vgl. dazu Zellentin (Anm. 11), S. 74; Sannwald (Anm. 14), S. 97–104; sowie Schulz (anm. 14), S. 78/79.
16 Vgl. dazu Rudolf Hrbek: Euro-Kommunismus und EG. Einstellung und Politik euro-kommunistischer Parteien zur europäischen Integration, in: Hans-Georg Wehling/Peter Pawelka (Hrsg.): Euro-Kommunismus und die Zukunft des Westens, Heidelberg/- Hamburg 1979, S. 167–195.

tet. 1975 trafen sich erstmals Delegationen von EG und RGW in Moskau und 1976 wurden von beiden Seiten Entwürfe für vertragliche Vereinbarungen über Grundlagen der gegenseitigen Beziehungen formuliert. Die 1977 begonnenen Verhandlungen darüber blieben allerdings wegen tiefgreifender Divergenzen ergebnislos:

– Während der RGW ein umfassendes Grundlagenabkommen mit der EG anstrebte, lehnte dies die EG mit der Begründung ab, dem RGW fehle die für ein solches Abkommen erforderliche »supranationale« Qualität. Dem RGW wurde also die völkerrechtliche Gleichwertigkeit bestritten.
– Demgegenüber wollte die EG mit dem RGW lediglich ein lockeres Rahmenabkommen schließen, konkrete Vereinbarungen über Handelsbeziehungen und wirtschaftliche Kooperation hingegen mit jedem einzelnen RGW-Mitgliedsstaat gesondert aushandeln und dabei auf die jeweiligen spezifischen Bedürfnisse eingehen. Das Bestreben der EG war unverkennbar, die wirtschaftliche und politische Eigenständigkeit der kleineren mittel- und osteuropäischen Staaten gegenüber der Sowjetunion zu stärken.
– Die Frage der Einbeziehung Westberlins in vertragliche Vereinbarungen zwischen EG und RGW stellte ein weiteres Hindernis dar.

Nach dem Einmarsch sowjetrussischer Truppen in Afghanistan wurden die Verhandlungen über ein mögliches Abkommen abgebrochen.

Auf dem Weg zum Luxemburger Abkommen vom Juni 1988

Die Initiative zur Wiederaufnahme der Kontakte ging von der Sowjetunion aus. Im Mai 1985, also bald nach Übernahme der politischen Verantwortung in der Sowjetunion, hatte M. Gorbatschov dem italienischen Ministerpräsidenten Craxi gegenüber das Interesse seines Landes an Verhandlungen ausgedrückt und die EG dabei als »politische Einheit« qualifiziert. Abgesehen von der insgesamt veränderten politischen Großwetterlage in den Ost-West-Beziehungen, die die Wiederaufnahme von Kontakten begünstigte, sind es die sich zuspitzenden wirtschaftlichen Schwierigkeiten der Sowjetunion und im RGW insgesamt gewesen, die das Interesse an besseren und umfangreicheren Wirtschaftsbeziehungen zu den Staaten der EG erklären. Nachdem noch Anfang der 80er Jahre von »Euro-Sklerose« die Rede war, präsentierte sich die EG nunmehr als konsolidierte und dynamische Gemeinschaft und damit als besonders interessanter Wirtschaftspartner für die Staaten des RGW.

Schon zu Beginn der Verhandlungen zeichnete sich ein Einlenken des RGW in den drei Bereichen ab, die in den 70er Jahren den Abschluß einer Vereinbarung verhindert hatten. So akzeptierte der RGW, daß beide Organisationen offizielle Beziehungen »im Rahmen ihrer jeweiligen Zuständigkeiten« aufnehmen sollten. Damit verzichtete der RGW auf die Einbeziehung von Handelsfragen, für die er nach Auffassung der EG keine Kompetenzen hatte. Dem Anliegen der EG, mit dem RGW nur ein allgemeines Rahmenabkommen zu schließen, auf dieser Grundlage danach bilaterale Abkommen mit einzelnen RGW-Mitgliedstaaten zu schließen, war damit Rechnung getragen.

Schließlich zeichnete sich auch eine Lösung in der schwierigen Frage der Einbeziehung Berlins ab; das Abkommen sollte, so lautete die Formel, für all jene Gebiete gelten, in denen der EWG-Vertrag angewandt werde. Auf dieser Grundlage wurde am 25. Juni 1988 in Luxemburg die »Gemeinsame Erklärung über die Aufnahme offizieller Beziehungen zwischen EG und RGW« verabschiedet[17]. In dem kurzen Dokument erklären beide Seiten, daß sie »offizielle Beziehungen« aufnehmen und ihre Zusammenarbeit auf »Bereiche ihrer jeweiligen Zuständigkeit erstrecken« wollten.

3. Ausgestaltung und Entwicklung der Beziehungen zwischen EG- und RGW-Staaten seit 1988

Die Luxemburger Erklärung von 1988 stellt die Grundlage für eine ganze Reihe von Einzelvereinbarungen und Maßnahmen dar, mit denen sich die Beziehungen der RGW-Staaten zur EG verdichteten und intensivierten. Ihnen kommt für die Herausbildung einer neuen Architektur in Europa besondere Bedeutung zu. Im folgenden soll ein Überblick über diese Vereinbarungen und Maßnahmen gegeben werden[18]. Sie markieren den tiefgreifenden Wandel in der Struktur des europäischen Kontinents.

---

17 Veröffentlicht in Amtsblatt der EG, Nr. L 157/35 vom 24.6.1988.
18 Teile der folgenden Ausführung stützen sich auf die folgenden beiden Beiträge des Verfassers: Die EG und die Veränderungen in Mittel- und Osteuropa, in: Wirtschaftsdienst 5/1990, S. 247–255; sowie: Die Vereinigung Deutschlands und die Integration in die Europäische Gemeinschaft. Probleme und Lösungsvorschläge, in: Probleme des (Wieder)Vereinigungsprozesses in Deutschland, Heft 2 (Juni 1990) der Zeitschrift »Der Bürger im Staat«, S. 117–122. Vgl. auch Horst G. Krenzler: Die Europäische Gemeinschaft und der Wandel in Mittel- und Osteuropa, in: Europa-Archiv 3/1990, S. 89–96.

Handels- und Kooperationsverträge

Eine erste Etappe auf dem Weg zur Etablierung enger und dauerhafter Beziehungen zwischen der EG und einzelnen RGW-Staaten stellen die Abkommen über Handel und wirtschaftliche Kooperation dar, die innerhalb kurzer Frist mit praktisch allen europäischen RGW-Staaten abgeschlossen wurden.

– Mit Rumänien, welches sich der vom RGW eingeschlagenen Linie gegenüber der EG nicht angeschlossen hatte, war bereits 1980 ein Handelsabkommen abgeschlossen worden. Die Vereinbarung sollte 1986 auf den Agrarbereich und auf wirtschaftliche Zusammenarbeit ausgeweitet werden. Wegen offenkundiger Menschenrechtsverletzungen hatte jedoch die EG die Verhandlungen 1987 suspendiert. Nach dem Ende der Herrschaft Ceauşescus wurden die Verhandlungen wieder aufgenommen; die Unterzeichnung des dann ausgearbeiteten Abkommens wurde aber im Frühjahr 1990 von der EG als Reaktion auf Herrschaftspraktiken der neuen politischen Führung in Bukarest ausgesetzt. Der Vorgang zeigt exemplarisch, daß die EG der Einhaltung der Menschenrechte und demokratischer Prinzipien bei der Ausgestaltung wirtschaftlicher und auch politischer Kontakte großes Gewicht beimißt.

– Das erste Abkommen nach der Luxemburger Vereinbarung wurde im September 1988 mit Ungarn abgeschlossen. Es sollte den beiderseitigen Handel und die wirtschaftliche Zusammenarbeit fördern und war auf zehn Jahre terminiert. Was den Handel betrifft, wurde der schrittweise Abbau von Kontingenten vereinbart; während als Schlußtermin hierfür das Jahr 1995 genannt war, hat die EG den Abbau dieser Beschränkungen nunmehr bereits Anfang 1990 vorgenommen. Die Einbeziehung Ungarns in das System der allgemeinen Zollpräferenzen der EG gibt einer Reihe seiner Produkte Zollerleichterungen, die sonst nur Entwicklungsländern gewährt werden. Was die wirtschaftliche Zusammenarbeit betrifft, wurden zunächst die Bereiche Energie, Umweltschutz, finanzielle Dienstleistungen und Berufsausbildung, Management-Training und Statistik genannt; wobei eine Ausweitung auf andere Gebiete anvisiert wurde.

– Ein Jahr später wurde ein vergleichbares Abkommen mit Polen, terminiert für einen Zeitraum von fünf Jahren, abgeschlossen. Wie im Falle Ungarns soll auch hier ein gemeinsamer Ausschuß die praktische Durchführung der Vereinbarungen beobachten und Empfehlungen für Vertragsanpassungen geben.

- Im April 1989 trat ein Abkommen mit der Tschechoslowakei über die Erleichterung für den Handel mit Industrieprodukten in Kraft; es war auf vier Jahre terminiert. Als Folge der tiefgreifenden und raschen Veränderungen in der Tschechoslowakei wurde diese erste Vereinbarung bereits im Mai 1990 durch ein auf zehn Jahre terminiertes Handels- und Kooperationsabkommen abgelöst. Kontingente sollen bis Ende 1994 abgeschafft sein.
- Mit der Sowjetunion wurde im Dezember 1989 ein Abkommen über Handel und wirtschaftliche Zusammenarbeit nach dem Muster der Verträge mit Ungarn und Polen abgeschlossen, welches zehn Jahre gelten soll. Der Abbau der Kontingente bleibt auf 1995 terminiert; hinsichtlich der Kooperation wurde die friedliche Verwendung der Atomenergie und damit der EURATOM-Vertrag einbezogen. Beide Seiten hatten ein starkes Interesse an Zusammenarbeit in Fragen der Sicherheit kerntechnischer Anlagen.
- Die im Februar 1989 mit Bulgarien aufgenommenen Verhandlungen blieben zunächst erfolglos, führten dann aber im Gefolge der Veränderungen im Land im Mai 1990 zum Abschluß eines Handels- und Kooperationsabkommens – Laufzeit zehn Jahre –, wobei der Wegfall der Kontingente auf Ende 1995 terminiert wurde.
- Das mit der DDR im Mai 1990 abgeschlossene Handels- und Kooperationsabkommen, gleichfalls für einen Zeitraum von zehn Jahren bestimmt, wird nach dem Willen der Beteiligten nur für eine kurze Übergangszeit gelten. Hier ist, wie noch zu zeigen sein wird, die volle Einbeziehung des Territoriums der DDR in den Geltungsbereich der EG-Verträge im Zusammenhang mit der Vereinigung Deutschlands vorgesehen.

Sektorale Abkommen

Für bestimmte als besonders sensibel geltende Sektoren hat die EG besondere Vereinbarungen mit mittel- und osteuropäischen Staaten abgeschlossen. So existieren Selbstbeschränkungsabkommen für Stahlprodukte mit Bulgarien, der Tschechoslowakei, Ungarn, Polen und Rumänien. Textilabkommen sind mit den gleichen Staaten sowie mit der UdSSR in Kraft. Mit der DDR wurde über den Abschluß eines solchen Textilabkommens verhandelt. Eine weitere Gruppe von Selbstbeschränkungsabkommen erstreckt sich auf landwirtschaftliche Produkte, einen Bereich, in dem das Schutzbedürfnis der EG angesichts jahrelanger Überproduktion, verbunden mit hohen Haushaltslasten, besonders ausgeprägt ist. Der Handel mit Produkten dieser drei Sektoren fällt damit nicht unter die Bestimmungen der allgemeinen Handels- und Kooperationsverträge. Ein weiterer besonders sensibler Bereich ist die Fischerei; hier verhandelt die EG mit der Sowjetunion und seit Dezember 1989 auch mit der DDR, ohne daß bislang eine Vereinbarung erreicht worden wäre. Mit Polen steht die Aufnahme von Verhandlungen bevor.

Die Existenz solcher Sonderabkommen zeigt, daß dem Entgegenkommen der EG gegenüber den Staaten Mittel- und Osteuropas angesichts spezifischer Probleme in solchen ausgewählten Sektoren Grenzen gesetzt sind. Ähnlich wie in den Verträgen über den Beitritt neuer Mitglieder zur EG für bestimmte Sektoren bzw. Produktgruppen Sonderregelungen gefunden werden mußten, z.B. längere Übergangsfristen oder Ausnahmeregeln, tragen die eben genannten sektoralen Abkommen spezifischen Problemen der EG bzw. einzelner EG-Mitgliedstaaten auch bei der Aufnahme intensiverer Wirtschaftsbeziehungen mit RGW-Staaten Rechnung.

Besondere Aktivitäten und Programme

Neben den eben genannten vertraglichen Vereinbarungen wurden von der EG eine Reihe spezieller Aktivitäten und Programme gestartet. Sie verfolgen allesamt das Ziel, den Reform- und Anpassungsprozeß in Mittel- und Osteuropa zu unterstützen und die Staaten dieses Raumes enger an die EG bzw. Westeuropa zu binden.

a) Das Programm PHARE (Poland and Hungary: Aid for Restructuring of Economies)

Die Mitglieder des Weltwirtschaftsgipfels hatten auf ihrer Sitzung im Juli 1989 in Paris beschlossen, Polen und Ungarn bei ihren Reformen zu unterstützen und diese Hilfs-Maßnahmen zu koordinieren; andere Staaten waren aufgefordert worden, sich an dem Programm zu beteiligen. Die Initiative führte zur Konstituierung der sogenannten Gruppe der 24 (G–24), die das Programm gemeinsam tragen. Der EG-Kommission wurde die Aufgabe übertragen, das Programm zu leiten und zu koordinieren. Die Aktivitäten sollten sich vor allem auf folgende fünf Bereiche erstrecken: Nahrungsmittelhilfe für Polen; Investitionsförderung und Schaffung von joint-ventures; Verbesserung des Zugangs auf westliche Märkte; Zusammenarbeit in Fragen des Umweltschutzes; Förderung der Berufsausbildung.

b) EG-Sonderprogramme im Rahmen der Aktion PHARE

Im Zuge der Realisierung der Zielsetzung in den eben genannten fünf Aufgabenbereichen entwickelte die EG einige Sonderprogramme für Polen und Ungarn. Es ist ihr besonders Merkmal, daß sie EG-internen Programmen entsprechen:

- Das Programm TEMPUS (Trans European Mobility Program for University Studies) entspricht dem ERASMUS-Programm, soll für einen Zeitraum von fünf Jahren gelten und ist am 1. Juli 1990 in Kraft getreten. Es soll die Mobilität von Lehrern, Ausbildern, Studenten und Praktikanten in Universitäten sowie Unternehmen fördern.

- Die Europäische Stiftung für Berufsausbildung (European Training Foundation), deren Einrichtung im Mai 1990 beschlossen wurde, entspricht der in Dublin plazierten EG-Stiftung für Berufsbildung. Die neue Einrichtung soll Maßnahmen der Umschulung und Fortbildung fördern, indem zunächst der Ausbildungsbedarf ermittelt, vorrangige Bereiche identifiziert und technische Hilfe vorbereitet werden.

- Die Aktion ACE (Action Communautaire de Coopération dans la Domaine de la Science Economique), im April 1990 von der EG-Kommission auf den Weg gebracht, entspricht dem EG-internen Programm SPES. Beide Programme sollen die Zusammenarbeit von Ökonomen, die in Forschung und Praxis tätig sind, fördern.

c) Ausweitung des Programms PHARE auf andere Staaten

Nachdem sich im Herbst 1989 abzeichnete, daß tiefgreifende Veränderungen nicht nur in Polen und Ungarn, sondern auch in anderen Staaten Mittel- und Osteuropas stattfinden, bestand unter den Staaten der G–24 Übereinstimmung, die Ausweitung des Programms PHARE auf andere Staaten zu prüfen. Die EG-Kommission wurde mit der Durchführung dieser Prüfung (in Form sogenannter fact finding missions) betraut; sie erfolgte im März 1990 und diente der allgemeinen Information über Gegebenheiten der in Frage kommenden Länder, insbesondere der Prüfung von Fortschritten beim Übergang zu demokratischen Regimen und marktwirtschaftlichen Systemen. Nachdem das Ergebnis der Prüfung positiv war, arbeitete die EG-Kommission einen Aktionsplan aus, der die Ausweitung des Programms PHARE auf andere Staaten Mittel- und Osteuropas vorsah und die gleichen fünf prioritären Aktionsbereiche enthielt. Die Kommission bezifferte die für die Durchführung des erweiterten Programms erforderlichen Mittel auf etwa 5 Milliarden DM für die Jahre 1990 bis 1992. Der Rat der EG hat dem

Vorschlag ebenso zugestimmt wie ein vorbereitendes Gremium der Gruppe der 24, so daß mit der endgültigen Annahme im Rahmen der G–24 zu rechnen ist.

d) Die Europäische Bank für Wiederaufbau und Entwicklung

Die Initiative zur Einrichtung einer solchen Institution hatte Präsident Mitterrand ergriffen; der Europäische Rat hatte den Vorschlag auf seiner Sitzung im Dezember 1989 unterstützt. An der Bank, deren Sitz London sein soll, beteiligen sich über 40 Staaten, die sich im April 1990 über seine Statuten einigten. 53,7% des Grundkapitals von insgesamt 10 Milliarden ECU soll bei den EG-Staaten liegen. Die Mittel der Bank, die eng mit dem Internationalen Währungsfonds und der Weltbank zusammenarbeiten wird, sollen in erster Linie für Investitionen in den Staaten Mittel- und Osteuropas verwendet werden. In diesem Zusammenhang muß noch erwähnt werden, daß auch die Europäische Investitionsbank (EIB) als Einrichtung der zwölf EG-Mitgliedstaaten die wirtschaftliche Entwicklung dieser Länder durch Gewährung von Darlehen unterstützen soll.

Das Assoziationsangebot der EG

Für die EG stellen die eben genannten Abkommen und Programme nur einen ersten Schritt auf dem Weg zu einer festen und dauerhaften Verbindung mit den Staaten Mittel- und Osteuropas dar. Der Europäische Rat faßte auf seiner Sitzung in Straßburg am 8./9. Dezember 1989 eine weitere Stufe der Verfestigung dieser Beziehungen ins Auge, als er seine Bereitschaft erklärte, die Gewährung eines Assoziationsstatus an diejenigen Staaten Mittel- und Osteuropas zu prüfen, die den eingeschlagenen Weg durchgreifender wirtschaftlicher und politischer Reformen zielstrebig und erfolgreich fortsetzen. Nach dieser Grundentscheidung legte die EG-Kommission im Februar 1990 einen konkreten Vorschlag zur Begründung solcher Assoziationsverhältnisse vor.

Die Bedeutung dieses Schritts kann man nur ermessen, wenn man sich vergegenwärtigt, daß das Angebot umfassender Beziehungen knapp unterhalb der Grenze der Vollmitgliedschaft – darum handelt es sich bei Assoziationsabkommen – Staaten wie Norwegen, Schweden, Österreich und der Schweiz nicht gemacht wurde. All diese Staaten müssen in der neuen EG-Initiative einen Schritt sehen, durch den sie selbst in ihrem Bestreben zur Begründung intensiverer Beziehungen zur EG von den mittel- und osteuropäischen Staaten überholt werden. Das gilt insbesondere für Österreich, welches bereits einen Beitrittsantrag in Brüssel eingereicht hat.

Zur Bedeutung des Angebots der EG gehört die Erfahrung, daß Assoziationsabkommen häufig nur die Vorstufe zu späterer Vollmitgliedschaft waren. Das Angebot der EG läßt zwar ausdrücklich offen, ob das Assoziationsverhältnis in diesen Fällen zur Vollmitgliedschaft weiterentwickelt werden kann; politisch zeichnet sich jedoch ab, daß sich die Gemeinschaft mittel- und langfristig auf eine nochmalige Erweiterung einzustellen beginnt.

Der Sondergipfel der zwölf EG-Staaten im April 1990 in Dublin hat dann ein Dokument zur Entwicklung der Beziehungen der EG zu den mittel- und osteuropäischen Reformstaaten gebilligt[19]. Darin werden die bereits abgeschlossenen oder kurz vor dem Abschluß stehenden Handels- und Kooperationsabkommen nur als erster Schritt einer Normalisierung bezeichnet. In dem Dokument wird ausgeführt, daß diese Staaten in der Intensivierung ihrer Beziehungen zur EG ein Mittel sehen würden, sich Europa nach der künstlichen Trennung der vergangenen Jahrzehnte wieder anzuschließen. Das Bestreben dieser Staaten, in den Prozeß der Schaffung eines großen europäischen Wirtschaftsraums einbezogen zu werden, wird von den EG-Staaten ausdrücklich positiv kommentiert. Die EG sieht zwei Möglichkeiten vor, diesen Annäherungs- und Integrationsprozeß zu fördern: Einmal multilateral im Rahmen der Gruppe der 24, deren Arbeiten von der EG-Kommission koordiniert werden; bilateral durch die Fortsetzung des mit den Handels- und Kooperationsabkommen eingeschlagenen Weges, dessen nächste Etappe eine Serie von Assoziationsabkommen sein könnte und sollte. Diesen bilateralen Aktivitäten gilt unzweifelhaft das Hauptaugenmerk der EG. Die im Vergleich zu Handels- und Kooperationsabkommen höhere Qualität eines Assoziierungsverhältnisses sieht die EG in folgenden Elementen:

– Mit solchen Abkommen ist zugleich ein institutioneller Rahmen für einen intensiven politischen Dialog gegeben; neben einem Assoziationsrat auf Regierungsebene als Beratungs- und Beschlußfassungsgremium wird ausdrücklich die institutionalisierte Zusammenarbeit zwischen dem Europäischen Parlament und den frei gewählten Volksvertretungen der assoziierten Staaten in gemeinsamen Gremien genannt.

---

19 Es handelt sich nicht um ein amtliches Dokument, sondern um eine Arbeitsgrundlage, die dem Europäischen Rat vor seiner Grundsatzentscheidung zur Verfügung stand. Dem Verfasser lag der Text der ausführlichen Ausarbeitung vor.

– Ökonomisches Hauptmerkmal eines solchen Abkommens ist der freie Warenverkehr, also nicht nur der Abbau von Kontingenten.

– Das Dokument spricht ausdrücklich von dem weitergehenden Ziel, über den freien Warenverkehr hinaus auch die Freizügigkeit der Arbeitskräfte und den freien Dienstleistungs- und Kapitalverkehr ins Auge zu fassen sowie zu prüfen, ob das Wirtschaftsrecht der assoziierten Staaten dem der EG angenähert werden kann.

– Auf dem Gebiet der wirtschaftlichen Zusammenarbeit werden nicht nur eine große Zahl spezifischer Bereiche genannt; für bestimmte Bereiche, namentlich Verkehrswesen und Telekommunikation, wird die Durchführung gemeinsamer Vorhaben in Aussicht gestellt und gefordert.

– Im Rahmen eines Assoziationsverhältnisses sollen darüber hinaus auch Programme kultureller Zusammenarbeit ausgearbeitet werden. Das Dokument verweist auf das gemeinsame kulturelle Erbe und das Ziel der kulturellen Identität des europäischen Kontinents.

– Schließlich gehört zum Assoziationsverhältnis die finanzielle Kooperation. Für die Jahre 1990 bis 1992 sieht die EG-Kommission einen Betrag von insgesamt knapp über 2 Milliarden ECU vor. Während der Rat diesem Vorschlag positiv gegenübersteht, fordert das Europäische Parlament einen noch höheren Ansatz.

Die Übersicht über die wesentlichen Punkte des Dokuments zeigt den Willen der EG, in die Ausweitung und Vertiefung der Beziehungen zu mittel- und osteuropäischen Staaten politisch wie wirtschaftlich zu investieren und diese Staaten so weit und intensiv wie möglich an den EG-Integrationsprozeß anzukoppeln. Das Dokument nennt allerdings auch ausdrücklich eine Reihe von Voraussetzungen für die Begründung von Assoziationsverhältnissen, nämlich entscheidende Schritte zur Schaffung demokratisch und marktwirtschaftlich ausgerichteter Systeme. Im einzelnen werden Rechtsstaatlichkeit, Achtung der Menschenrechte, Schaffung von Mehrparteiensystemen, freie und geheime Wahlen, sowie wirtschaftliche Liberalisierung mit Blick auf ein marktwirtschaftliches System genannt.

Der Sonderfall DDR

Was die künftigen Beziehungen der DDR zur EG betrifft, waren Ende 1989 drei Optionen in der Diskussion: Die Assoziierung mit der EG als eigener Staat, die EG-Mitgliedschaft einer eigenständigen DDR, die Einbeziehung des Territoriums der DDR in den Geltungsbereich der EG im Zuge der

Vereinigung Deutschlands. Spätestens nach den ersten freien Wahlen in der
DDR im März 1990 war indessen klar, daß die beiden ersten Optionen
obsolet waren. Die Koalitionsvereinbarung der DDR-Regierungsparteien hat
als eines ihrer vorrangigen Ziele die Vereinigung Deutschlands genannt.
Was die internationale Einbindung des vereinigten Deutschlands, und hier
die Stellung zur EG, betrifft, äußert sich die Koalitionsvereinbarung ebenfalls ganz eindeutig:

> Es liegt in deutschem Interesse, daß Deutschland fest integriert ist in die EG...

Die Verwirklichung dieses Ziels bringt eine Reihe von Problemen mit sich;
zu ihnen gehören insbesondere:

– Welche Konsequenzen ergeben sich aus der Anwendung des EG-Rechts
  für ein vereinigtes Deutschland, dessen auf dem dann früheren Territori-
  um der DDR liegenden Gebiete Strukturunterschiede aufweisen und
  erhebliche Probleme in vielen Politikbereichen haben? Ist unter diesen
  Voraussetzungen die Anwendung des EG-Rechts auf das Territorium der
  DDR in vollem Umfang möglich? Müssen gegebenenfalls Übergangs- und
  Ausnahmeregelungen gefunden werden, die mit den EG-Partnern der
  Bundesrepublik auszuhandeln wären?

– Wie verhält es sich mit außenwirtschaftlichen Verpflichtungen der DDR
  gegenüber ihren (ehemaligen) RGW-Partnern, insbesondere der Sowjetunion? Hier stellen sich besonders schwierige Probleme im Zusammenhang mit Gütern der Rüstungsindustrie oder anderer sensibler Bereiche.

– Welche Auswirkungen ergeben sich aus der Einbeziehung des Territoriums der DDR in den Geltungsbereich des EG-Rechts für das Finanzsystem der EG sowie die verschiedenen Strukturfonds? In welchem Umfang kann die DDR von diesen Fonds profitieren? Sind hier Umverteilun-
  gen zu Lasten anderer EG-Staaten möglich oder muß der neu entstehende Aufwand durch zusätzliche Mittel befriedigt werden?

Ein Teil dieser Fragen verweist bereits auf klärungsbedürftige Folgen der
Vereinigung Deutschlands und der Erstreckung des Geltungsbereich der
EG-Verträge auf das Territorium der DDR für die EG und den Fortgang des
Integrationsprozesses. So ist es durchaus verständlich, daß die EG-Institutio-
nen versucht haben, auf die neue Situation, die sie als eine große Herausforderung verstehen, angemessene Antworten zu geben. Zu diesem Zweck
richtete das Europäische Parlament einen Nichtständigen Ausschuß ein, der

sich mit den Folgen der Vereinigung für die EG befassen soll[20]. In der EG-Kommission wurden drei besondere Arbeitsgruppen gebildet, die sich unter dem Vorsitz der Kommissare Andriessen (Fragen der Außenwirtschaftsbeziehungen), Bangemann (Fragen des Binnenmarktes) und Christophersen (monetäre Aspekte) mit diesen Herausforderungen befassen.

Der Europäische Rat hat auf seiner Sitzung in Straßburg im Dezember 1989 erklärt:

> Wir streben eine Stärkung des Zustands des Friedens in Europa an, in dem das deutsche Volk in freier Selbstbestimmung seine Einheit wiedererlangt. Dieser Prozeß muß sich auf friedliche und demokratische Weise, unter Wahrung der Abkommen und Verträge sowie sämtlicher in der Schlußakte von Helsinki niedergelegten Grundsätze im Kontext des Dialogs und der Ost-West-Zusammenarbeit vollziehen. Er muß auch in die Perspektive der europäischen Integration eingebettet sein[21].

Diese Zustimmung zur Vereinigung Deutschlands muß als konditioniert interpretiert werden: Der Vereinigungsprozeß muß mit der EG-Integration vereinbar sein und das vereinigte Deutschland wird als fester Bestandteil der Gemeinschaft verstanden. Dem entsprechen zahllose Äußerungen führender Politiker der Bundesrepublik Deutschland sowie die bereits zitierte Aussage in der Koalitionsvereinbarung der DDR-Regierungsparteien.

Die EG-Kommission hat zu den praktischen Anpassungsproblemen ein umfangreiches Dokument erstellt, das auf dem Sondergipfel in Dublin Ende April 1990 ohne weitere Diskussionen gebilligt wurde, nachdem in umfangreichen Konsultationen im Vorfeld der Konferenz Konsens unter den EG-Mitgliedsregierungen erzielt worden war[22]. Das Dokument formuliert die Leitlinien für den Prozeß der Eingliederung des Territoriums der DDR in die EG.

Das Konzept der EG-Kommission geht davon aus, daß auch ein vereinigtes Deutschland ein zuverlässiger und solidarischer EG-Partner sein wird. Die befriedigende Lösung einer Reihe von Detailproblemen soll

---

20 Der Berichterstatter dieses Ausschusses, der Brite Donnelly, hat am 7.3.1990 eine sehr nützliche Ausarbeitung über die möglichen Probleme vorgelegt, die bei der Vereinigung Deutschlands für die EG entstehen können (PE 139.413). Das Europäische Parlament hat in seiner Sitzungswoche im Juli 1990 in Straßburg über einen Zwischenbericht nebst Begründung des Abgeordneten Donnelly beraten und beschlossen (PE 141.041/endg./Teil A und B; Teil C enthält Stellungnahmen anderer Ausschüsse).

21 Abgedruckt in Europa-Archiv 1/1990, S. D 14.

22 Auch dieses Papier der Kommission ist kein amtliches Dokument, stand aber dem Verfasser zur Verfügung. Die Presse hat über den Inhalt ausführlich berichtet; vgl. z.B. NZZ vom 21.4.1990, S. 19, oder Handelsblatt vom 27./28.4.1990, S. 13.

sicherstellen, daß dieses Ziel erreicht wird. Es ist eine weitere Prämisse des Dokuments der Kommission, daß die Eingliederung der DDR in die EG im Weg über die deutsche Vereinigung kein formeller Beitritt ist, daß jedoch die mit diesem Vorgang verbundenen Probleme mit denjenigen vergleichbar sind, die anläßlich einer EG-Erweiterung auftreten. Deshalb werden für die Eingliederung der DDR in die EG drei Etappen vorgesehen:

- Die Interimsphase, die mit dem Staatsvertrag über die deutsch-deutsche Währungs-, Wirtschafts- und Sozialgemeinschaft beginnt;
- die Übergangsphase, die nach der formalen Vereinigung Deutschland einsetzt;
- schließlich die dritte Phase, in der das Gemeinschaftsrecht in vollem Umfang Anwendung findet.

Es ist das unverkennbare Anliegen der EG-Kommission, daß der Einigungsprozeß von allem Anfang möglichst weitgehend mit dem Gemeinschaftsrecht in Einklang steht. Im einzelnen wird dazu ausgeführt:

- Bereits in der Interimsphase sollte das Gemeinschaftsrecht soweit als möglich Anwendung finden; ausdrücklich werden die Gewährung von Beihilfen zur Umstrukturierung der DDR-Wirtschaft, die Frage der Wettbewerbsverzerrungen (insbesondere durch mögliche Monopolbildungen) sowie die monetären und gesamtwirtschaftlichen Auswirkungen der deutschen Währungsunion genannt. Die EG-Kommission favorisiert die unmittelbare Übernahme des Rechts der Bundesrepublik in der EG, weil dieses bereits EG-konform ist. Wo dies nicht sofort möglich ist, müßten die Voraussetzungen geschaffen werden, daß das Gemeinschaftsrecht möglichst unmittelbar nach vollzogener Einheit Geltung erhält.
- Für die Übergangsphase sieht das Dokument eine Vielzahl derjenigen Probleme, die sich normalerweise im Falle von Beitritten zur EG stellen. Es ist das generelle Bestreben der Kommission, daß in dieser Phase nur möglichst wenige und geringe Ausnahme- und Übergangsvorschriften notwendig sind. Das betrifft viele Regeln auf dem Weg zur Vollendung des EG-Binnenmarktes ebenso wie die Erfüllung der außen-wirtschaftlichen Verpflichtungen der DDR. Besonderes Augenmerk wird auch in dieser Phase der Einhaltung der EG-Wettbewerbsordnung geschenkt. Die Kommission möchte verhindern, daß die Industrie der Bundesrepublik allein über den Produktionsapparat der DDR-Wirtschaft verfügt. Die Kommission plädiert daher dafür, die EG-Regeln der Beihilfe- und Fusionskontrolle möglichst in vollem Umfang anzuwenden.

- Die Aussagen der Kommission über die finanziellen Aspekte der Eingliederung der DDR in die EG stehen in deutlichem Kontrast zu sehr viel optimistischeren Mutmaßungen oder Prognosen aus deutschen Quellen[23]. Zwar soll das Territorium der DDR voll und ganz in den Genuß der verschiedenen Strukturfondsmittel kommen, aber eben nach Maßgabe der gemeinschaftsrechtlichen Vorschriften. Und hier stufte die Kommission die DDR nur als Gebiet mit rückläufiger Industrieentwicklung und schwacher Agrarstruktur ein, mit der Folge, daß der Löwenanteil der Regionalfondsmittel für die DDR nicht zur Verfügung steht. Generell wird auch festgehalten, daß ein mit Blick auf die DDR erhöhter Finanzbedarf nicht zu Lasten anderer EG-Mitgliedstaaten gehen darf.

Mit der Billigung dieses Konzepts, die Eingliederung der DDR in die EG in Etappen vorzunehmen, sind keineswegs alle Probleme gelöst, sondern lediglich Leitlinien festgelegt. Es wird überaus schwieriger und sicherlich auch kontroverser Verhandlungen – die nicht zuletzt unter starkem Termindruck stehen werden – bedürfen, um alle Einzelprobleme für alle Beteiligten zufriedenstellend oder doch wenigstens akzeptabel zu lösen.

Die Intensivierung politischer Kommunikation

Die Betrachtung der Ausgestaltung der Beziehungen zwischen der EG und den Staaten Mittel- und Osteuropas darf sich nicht mit dem Hinweis auf Wirtschaftsbeziehungen im Rahmen vertraglicher Vereinbarungen begnügen. Dabei handelt es sich um eine wichtige, aber nicht die alleinige Dimension in diesen Beziehungen. Gerade in den letzten Monaten hat sich die politische Kommunikation, getragen durch eine Vielzahl politischer Akteure, ganz generell verstärkt. Solchen transnationalen Beziehungen kommt im Zusammenhang grenzüberschreitender Kooperation erfahrungsgemäß eine wichtige Rolle zu. Sie sind zugleich eine unerläßliche Voraussetzung für die Entstehung internationaler Gemeinschaften, verdienen also auch bei der Betrachtung des Prozesses der Errichtung eines gemeinsamen europäischen Hauses Beachtung. Im folgenden soll beispielhaft auf zwei Bereiche solcher transnationaler politischer Kommunikation hingewiesen werden.

---

23 So etwa das deutsche Mitglied im Präsidium des Europäischen Rechnungshofs, Bernhard Friedmann, in einem Gespräch mit dem Handelsblatt vom 21.3.1990.

a) Die Aktivitäten des Europäischen Parlaments

Das Europäische Parlament (EP) verfügt über eine Reihe von Institutionen und Verfahren für eigenständige Außenkontakte. Der Präsident bzw. das Präsidium des EP vertreten dieses nach außen und haben beispielsweise anläßlich von Besuchen hochrangiger Repräsentanten von Drittstaaten – in unserem Fall aus Staaten Mittel- und Osteuropas – vielfältige Kommunikationsmöglichkeiten. Das wurde beispielsweise anläßlich der Besuche des polnischen Ministerpräsidenten Mazowiecki im Februar 1990 oder des DDR-Ministerpräsidenten de Maizière im Mai 1990 erkennbar.

Für die Entwicklung und Pflege transnationaler Kontakte spielen die sogenannten Interparlamentarischen Delegationen des EP eine besondere Rolle. Unter den insgesamt 26 gibt es Delegationen für die Beziehungen zu Jugoslawien, Polen, Ungarn, der DDR, Südosteuropa und der Sowjetunion. Diese Delegationen haben in den vergangenen Monaten eine rege Reisetätigkeit praktiziert. Dabei ging es um die Gewinnung von Informationen über die Situation der jeweiligen Länder, um die Vorbereitung für die Umsetzung von Haushaltsbeschlüssen oder Resoulutionen des EP, um die Beobachtung der Wahlen in den verschiedenen Staaten, und um Gespräche mit Regierungsvertretern, Parlamentariern und Parteirepräsentanten. Die Themenpalette umfaßt die allgemeine politische Entwicklung dieser Staaten; Vorhaben der EG, insbesondere die Vollendung des Binnenmarktes; die Erkundung von Kooperationsmöglichkeiten, beispielsweise auf dem Gebiet des Umweltschutzes; nicht zuletzt auch Fragen der Beachtung der Menschenrechte.

Neben den Delegationen sind die politischen Fraktionen des EP eigenständig tätig gewesen. So hat die Sozialistische Fraktion des EP beispielsweise alle Staaten Mittel- und Osteuropas besucht. Die Themenpalette entspricht der der Delegationen, desgleichen die Gesprächspartner.

Für einzelne Politikbereiche sind die jeweils zuständigen Ausschüsse des EP federführend. So ist der Ausschuß für Außenwirtschaftspolitik insbesondere an der Formulierung und Durchführung der Handels- und Kooperationsabkommen beteiligt. Im Zuge der Ausdifferenzierung der Parlamente in den Staaten Mittel- und Osteuropas wird diese Kontaktebene zweifellos an Intensität zunehmen.

b) Die Aktivitäten der europäischen Parteiföderationen

Der Wandel in Mittel- und Osteuropa stellt für die transnationale Parteienzusammenarbeit in Europa eine Herausforderung dar. Die drei großen

Parteibünde der Christlichen Demokraten, der Liberalen und der Sozialisten haben sich seit Mitte 1989 intensiv mit der Frage der künftigen Beziehungen zu den neu entstehenden Parteien bzw. politischen Gruppierungen in Mittel- und Osteuropa befaßt[24]. In allen drei Fällen kam es zur Anknüpfung von Arbeitskontakten und zur Entstehung von sich rasch intensivierenden Kommunikationsbeziehungen. So laden alle drei EG-Parteiföderationen regelmäßig Vertreter von Parteien bzw. politischen Gruppierungen aus den Staaten Mittel- und Osteuropas zu den Sitzungen ihrer Gremien ein. Entscheidungen über eine institutionalisierte Form der Anbindung dieser neu entstehenden Parteien bzw. politischen Gruppen sind bislang noch nicht erfolgt, weil das Parteienspektrum in diesen Staaten seine endgültige Form noch nicht gefunden hat.

Es ist aber interessant zu sehen, daß die Frage der Beziehungen zu den Parteien in Mittel- und Osteuropa in engem Zusammenhang mit Überlegungen zur Reform der Struktur aller drei Parteibünde steht. Diese Reformbestrebungen stehen unter dem Vorzeichen der Alternative Vertiefung oder Erweiterung. Es gibt unverkennbare Anzeichen dafür, daß dabei der Vertiefung Priorität gegeben wird. Das bedeutet, daß Parteien aus Nicht-EG-Mitgliedstaaten zunächst wohl nur den Status von Beobachtern erhalten, der ihnen allerdings die Möglichkeit zu aktiver Mitwirkung an der transnationalen Parteienzusammenarbeit bietet.

Die Beziehungen zwischen EG- und RGW-Staaten im Urteil der öffentlichen Meinung

Die vorstehenden Abschnitte lassen deutlich erkennen, daß sich die Beziehungen zwischen der EG und den Staaten Mittel- und Osteuropas seit dem Abschluß der Luxemburger Vereinbarung von 1988 rasch entwickelt und bereits eine bemerkenswerte Intensität und Dichte erreicht haben. Umfrageergebnisse in den EG-Mitgliedstaaten, aber auch in einzelnen Staaten Mittel- und Osteuropas lassen nur den Schluß zu, daß diese Politik die mehr oder weniger uneingeschränkte Zustimmung der Bevölkerung findet.

Die im Mai 1990 veröffentlichten neuesten Daten des Eurobarometers[25] – sie enthalten die Umfrageergebnisse aus den zwölf EG-Mitgliedstaaten –

---

24 Vgl. den Beitrag des Verfassers »Die europäischen Parteienzusammenschlüsse« im Jahrbuch der Europäischen Integration 1989/90, herausgegeben von Werner Weidenfeld und Wolfgang Wessels, Bonn 1990.
25 Eurobarometer Nr. 33, Mai 1990.

zeigen die Unterstützung einer deutlichen Mehrheit der Bevölkerung für die konsequente Weiterführung des Annäherungsprozesses. So befürwortet eine Mehrheit (63 gegenüber 15%) das Angebot der EG auf Assoziierung der Staaten Mittel- und Osteuropas, sofern dort freie Wahlen durchgeführt worden sind. Unter der Voraussetzung, daß in diesen Staaten eine demokratische politische Ordnung und ein marktwirtschaftliches System herrsche, befürwortet die gleiche Mehrheit (63 gegen 16%), daß auch die Mitgliedschaft dieser Staaten in der EG vorbereitet werden sollte. Die Behandlung der DDR als Sonderfall, nämlich die sofortige Einräumung der Mitgliedschaft nach Einführung demokratischer Verhältnisse und marktwirtschaftlicher Prinzipien, wird von 58% (gegen 23%) befürwortet. Die Beteiligung der Staaten Mittel- und Osteuropas an spezifischen EG-Programmen (für technologische Forschung, Jugendbildung und den Austausch von Hochschullehrern und Studenten) wird von 64% der Befragten (gegen 18%) befürwortet. Die Frage, ob der Etat der Gemeinschaft erhöht werden sollte, um den Staaten Mittel- und Osteuropas bei ihren Bemühungen um Demokratisierung und wirtschaftliche Reformen zu helfen, wird von 59% (gegen 24%) bejaht. 50% der Befragten sprechen sich allerdings dagegen aus, Hilfen für die am wenigsten entwickelten Regionen in der EG teilweise zu reduzieren, um die damit frei werdenden Mittel nach Mittel- und Osteuropa zu lenken; lediglich 30% erklären sich auch damit einverstanden.

Die Ergebnisse einer Umfrage, die Anfang 1990 in der ČSFR durchgeführt wurde[26], zeigt die überwältigende Zustimmung der Bevölkerung der Tschechoslowakei für eine Politik, die die enge Anbindung des Landes an die EG zum Ziel hat. Die Bedeutung von EG-Angelegenheiten für die Zukunft der ČSFR wird von 40% der Befragten für sehr wichtig, von 51% für wichtig gehalten. EG-Initiativen, die sich auf das Programm engerer wirtschaftlicher Kooperation mit der ČSFR beziehen, werden von 40% sehr begrüßt, von 51% begrüßt. 57% der Befragten antworten auf die Frage nach einer möglichen EG-Mitgliedschaft der ČSFR, sie seien sehr dafür, 33% antworten, sie seien dafür. Auf die Frage, ob die Vollendung des Binnenmarkts bis Ende 1992 oder die Annäherung West- und Osteuropas in einem gemeinsamen europäischen Haus wichtiger sei, sprechen sich 32% für die Vollendung des Binnenmarktes aus, während 51% der gesamteuropäischen Annäherung den Vorzug geben. Man wird in dieser Verteilung der Präferenzen das vorrangige Interesse einer Mehrheit der Befragten an der möglichst endgültigen Überwindung der Spaltung Europas sehen können, sowie die an die EG

---

26 Auch diese im Januar 1990 durchgeführte Befragung erfolgte unter der Federführung von Eurobarometer.

gerichtete Aufforderung, über den weiteren Ausbau der Zwölfer-Gemeinschaft die Bemühungen um die Schaffung einer neuen Architektur für Gesamt-Europa nicht zu vernachlässigen.

Eine im Mai 1990 in der DDR durchgeführte Befragung[27] bestätigt überaus deutlich die Zustimmung der großen Bevölkerungsmehrheit zu der auch in der Koalitionsvereinbarung der DDR-Regierungsparteien formulierten Zielsetzung, Deutschland fest in der EG zu verankern. Die Frage, ob die Bundesrepublik von der EG-Mitgliedschaft Vorteile hat, bejahen 68%, während 11% dies verneinen. Die ergänzende Frage, ob die DDR durch die EG-Mitgliedschaft der Bundesrepublik Vorteile hat, bejahen 62% und 14% verneinen das. Was den Binnenmarkt betrifft, so scheint es hier gewisse Informationslücken zu geben: Er ist 53% der Befragten bekannt, 39% dagegen nicht. Auf die Frage, ob der Binnenmarkt für die Befragten selbst eine gute oder schlechte Sache wäre, antworten 37% positiv gegenüber 3% negativ, während 47% diese Frage nicht beantworten können. Die EG-Mitgliedschaft des vereinten Deutschlands halten 76% für eine gute Sache und 1,5% sind dagegen. Das Scheitern der EG würden 65% bedauern, während es 14% gleichgültig wäre. Die gegenwärtigen Bemühungen zur westeuropäischen Integration werden von 43% der Befragten sehr befürwortet, von 40% befürwortet. 50,3% sprechen sich für eine Europäische Union mit einer Regierung, die dem Europäischen Parlament verantwortlich ist, aus, 12,5% sind dagegen.

4. Die Bedeutung der EG und von Beziehungen zur EG für die Staaten Mittel- und Osteuropas

Aus den eben genannten Umfragedaten ergibt sich, daß eine Politik, die auf die Intensivierung der Beziehungen zwischen EG und mittel- und osteuropäischen Staaten, letztlich auf deren feste und dauerhafte Anbindung an die EG zielt, nicht nur von den Regierungen aller beteiligten Staaten in Ost und West, sondern auch von den Bevölkerungen unterstützt und gutgeheißen wird. Was bedeutet eine Politik mit dieser Perspektive für die Staaten Mittel- und Osteuropas? Drei Gesichtspunkte stehen dabei zweifellos im Vordergrund; sie sollen im folgenden kurz erläutert werden.

Erstens ist die EG als Wirtschaftsgemeinschaft und als Wirtschaftspartner interessant, dem man sich mit der Perspektive späterer möglicher Vollmit

---

27 Auch diese Umfrage stand unter der Anleitung von Eurobarometer.

gliedschaft angliedert. Angesichts der Bemühungen um die Vollendung des Binnenmarkts bis Ende 1992 sowie der ergänzenden Bemühungen von EG und EFTA-Staaten zur Errichtung eines größeren europäischen Wirtschaftsraums (EWR), ist es das offensichtliche Bestreben der Staaten Mittel- und Osteuropas, diesem Wirtschaftsraum anzugehören. Der rasche Abschluß von Handels- und Kooperationsabkommen sowie die nunmehr bevorstehende Begründung von Assoziierungsverhältnissen sind wesentliche Schritte auf dem Weg zu diesem Ziel.

Zweitens wird die EG als ein im Entstehen begriffener außenpolitischer Akteur gesehen; mit der Anfang der siebziger Jahre begründeten Europäischen Politischen Zusammenarbeit (EPZ) haben sich die EG-Mitgliedstaaten Strukturen und Verfahren geschaffen, mit deren Hilfe die Abstimmung in außenpolitischen Fragen, schließlich auch gemeinsame Aktionen, erreicht werden sollen. In der Wahrnehmung von Drittstaaten erscheint die Zwölfer-Gemeinschaft bereits jetzt als ein eigenständiger Akteur in den internationalen Beziehungen. Auch wenn diese Perzeption über den tatsächlich erreichten Grad außenpolitischer Kohäsion und Übereinstimmung weit hinausgeht, stellt die EPZ gleichwohl eine Errungenschaft im Integrationsprozeß dar. Die Beteiligung an der EPZ bedeutet für die EG-Mitgliedstaaten eine Erweiterung ihres außenpolitischen Handlungsspielraums und für die EG die Möglichkeit, gemeinsame Interessen wirkungsvoller zur Geltung zu bringen. Auf diesem Hintergrund erscheint auch den Staaten Mittel- und Osteuropas die schrittweise Beteiligung an diesem Koordinations- und Verbundsystem interessant. Das gilt umso mehr in einer Zeit, in der die militärische Komponente von Macht an Bedeutung tendenziell abnimmt und ökonomische wie politische Komponenten demgegenüber wichtiger werden. Die Aussage in der Koalitionsvereinbarung der DDR-Regierungsparteien – »Die Regierung der DDR stellt den Antrag, an den Beratungen im Rahmen der EPZ teilzunehmen« – muß in diesem Zusammenhang interpretiert werden. Die Bindung oder gar Eingliederung in die EPZ kann den Prozeß der Emanzipation der mittel- und osteuropäischen Staaten von der Sowjetunion fördern und zugleich gewährleisten, daß kein außenpolitisches Vakuum entsteht.

Drittens ist die EG als Ordnungsrahmen, nämlich als Modell einer internationalen Gemeinschaft neuer und besonderer Qualität interessant[28]. Das gilt in mehrfacher Beziehung:

---

28 Vgl. zu dieser Charakterisierung der EG Rudolf Hrbek/Wolfgang Wessels: Das EG-System als Problemlösungsebene und Handlungsrahmen. Optionen bundesrepublikanischer Europa-Politik, in: Hrbek/Wessels (Hrsg.): EG-Mitgliedschaft: Ein vitales Interesse der Bundesrepublik Deutschland? Bonn 1984, S. 501–542.

– Sie stellt sich als eine »Sicherheits-Gemeinschaft«[29] dar, die ganz wesentlich zur Friedenssicherung in den Beziehungen der westeuropäischen
Staaten untereinander beigetragen hat. Als kalkulierbare Größe mit
Handlungsmöglichkeiten in den internationalen Beziehungen hat sie aber
auch einen stabilisierenden und damit friedenssichernden Beitrag nach
außen geleistet. Das gilt für die Situation in Europa, aber auch für außer-
europäische Regionen, wo die Mitgliedstaaten der EG über die EPZ
vielfältige Aktivitäten ergriffen haben. Für die Staaten Mittel- und Osteuropas ist sicherlich der Binnenaspekt der Sicherheits-Gemeinschaft
besonders interessant, wenn man Ansätze zur Entstehung eines neuen,
möglicherweise gefährlichen Nationalismus berücksichtigt.

– Dazu gehört sodann der Charakter als Werte-Gemeinschaft, deren Mitglieder sich Grund- und Menschenrechten, einer demokratischen Ordnung und einem System sozial und ökologisch orientierter Marktwirtschaft verpflichtet fühlen. Ähnlich wie die Zugehörigkeit zur EG für
Länder wie Griechenland, Portugal und Spanien bei ihren Bemühungen
um Überwindung autoritärer politischer Strukturen und die Errichtung
einer demokratischen Ordnung von gar nicht hoch genug einzuschätzen-
der Bedeutung war, kommt der Bindung an die EG auch für die Staaten
Mittel- und Osteuropas eine wichtige Funktion für die Abstützung der
dortigen Reform- und Umgestaltungsprozesse zu.

– Dazu gehört weiter, daß die EG einen Handlungsrahmen und eine Problemlösungsebene darstellt, innerhalb deren gemeinsame Aufgaben – die
häufig grenzüberschreitenden Charakter haben, wie insbesondere der
Umweltbereich illustriert – gemeinsam behandelt werden. Auch wenn die
EG viele ehrgeizige Zielsetzungen noch nicht erreicht hat, wird sie dennoch als Beispiel für erfolgreiche gemeinsame Problemlösung angesehen
und bewertet.

Dabei haben die EG-Mitgliedstaaten bestimmte Verhaltens- und Verfahrens-
weisen entwickelt, die den geregelten und gewaltfreien Konfliktaustrag
ermöglichen und gewährleisten. Die Einhaltung bestimmter Regeln und
Verhaltensweisen hilft, divergierende Interessen auszugleichen und zu
Gesamtlösungen zu gelangen, die letztlich für alle Beteiligten positiv sind.

---

29 Der Ausdruck lehnt sich an den von Karl W. Deutsch eingeführten Begriff der »Security Community« an (Erstmals ausführlich erläutert in dem von Deutsch und anderen
verfaßten Werk »Political Community and the North Atlantic Area. International
Organization in the Light of Historical Experience«, New York 1957; in knapper
Zusammenfassung nochmals in Deutsch: Analyse internationaler Beziehungen, Frank-
furt 1968, S. 275ff.).

Mit dem Begriff »Konkordanzsystem«[30] werden die Vorzeichen der in der EG geltenden Form des Konfliktaustrags und der Problemlösung gekennzeichnet. Die Einhaltung des Konkordanzgebots – also die Bereitschaft zum Kompromiß, zur gegenseitigen Rücksichtnahme, zur Antizipation von Interessen der Partnerstaaten, sowie die Erkenntnis, daß Problemlösungen häufig nur in Form von Paketen möglich sind, die für alle Beteiligten etwas enthalten – erscheint auch für die Staaten Mittel- und Osteuropas als Maxime für das Zusammenwirken in einem größeren europäischen Verbundsystem zukunftsweisend und attraktiv zu sein.

Exkurs: Die Sonderrolle des Europa-Rates

Bei den Bemühungen der mittel- und osteuropäischen Staaten, sich auf die westeuropäischen Staaten zu orientieren und mit ihnen institutionalisierte und auf Dauer angelegte Bindungen zu begründen, kommt auch dem Europa-Rat eine Funktion zu. Diese 1949 gegründete Organisation ließ die Souveränität der Mitgliedstaaten unberührt (Beschlüsse im Ministerrat binden nur die Mitgliedsregierungen, die ausdrücklich zustimmen), geht aber mit der Schaffung eines parlamentarischen Gremiums (Beratende Versammlung) – hier sollten Mitglieder der nationalen Parlamente in einen Meinungsaustausch eintreten und der Arbeit der Regierungen Impulse geben – über lediglich intergouvernementale Zusammenarbeit hinaus. Der Europa-Rat entwickelte sich zu einem Rahmen für den Abschluß von Konventionen der beteiligten Staaten, vor allem auf kulturellem und technischem Gebiet, und wird von den Beteiligten als sehr nützlich angesehen. Besonderes Augenmerk hat der Europa-Rat Menschenrechtsfragen gewidmet. Den Staaten Mittel- und Osteuropas kann der Europa-Rat ohne größere Vorbereitungen als Brücke dienen: die große Zahl der bisher abgeschlossenen Konventionen bietet eine Vielzahl von Möglichkeiten für praktische Arrangements, an denen sich diese Staaten beteiligen können.

Bereits im Juni 1989 erhielten Ungarn, Polen, die Sowjetunion sowie auch Jugoslawien den Status eines Sondergastes in der Beratenden Versammlung; im Mai 1990 wurde dieser Status auch der ČSFR und der DDR gewährt. Der

---

30 Diesen Begriff hat Donald J. Puchala in seinem Aufsatz »Of Blind Men, Elephants and International Integration«, in: Journal of Common Market Studies, 10. Jg. (1972), Heft 3, S. 267–284, auf die EG angewandt. Vgl. zu diesem Konzept auch den Beitrag des Verfassers »Die EG ein Konkordanzsystem? Anmerkungen zu einem Deutungsversuch der politikwissenschaftlichen Europa-Forschung« in Roland Bieber/Albert Bleckmann u.a. (Hrsg.): Das Europa der 2. Generation. Gedächtnisschrift für Christoph Sasse, Band 1, Baden-Baden 1981, S. 87–103.

Sonderstatus erlaubt es Abgeordneten aus diesen Staaten, sich an den Arbeiten der parlamentarischen Versammlung des Europa-Rates zu beteiligen. Besondere Beachtung fand der Auftritt von M. Gorbatschov vor dem Europa-Rat am 6. Juli 1989[31]; damit wurde die Funktion dieser Organisation im Prozeß des Brückenschlags deutlich dokumentiert.

Diese Funktion zeigte sich auch in mehreren Treffen von Experten, beispielsweise auf den Gebieten audiovisueller Medien und der Kommunikationswissenschaft. Weiterhin fanden Ministertreffen statt, an denen auch Repräsentanten einzelner mittel- und osteuropäischer Staaten teilnahmen. Schließlich haben einzelne dieser Staaten einseitig eine Reihe von Konventionen des Europa-Rats unterzeichnet und sich damit auf ganz konkreten Gebieten schrittweise in den westeuropäischen Verbund eingegliedert. Diese Konventionen betreffen unter anderem: Doping beim Sport, grenzüberschreitendes Fernsehen, Gleichwertigkeit von Hochschuldiplomen, Zuschauergewalt im Sport, architektonisches Erbe.

Einige mittel- und osteuropäische Staaten haben mittlerweile die Aufnahme als Vollmitglieder beantragt; es handelt sich um Ungarn, Polen, Jugoslawien und die ČSFR. Auf einem Sondertreffen der Außenminister der Mitgliedsstaaten, die eine gemeinsame Sitzung mit den Außenministern mittel- und osteuropäischer Staaten abhielten, wurde im März 1990 in Lissabon entschieden, daß die Gewährung des Mitgliedsstatus grundsätzlich möglich ist, sofern der entsprechende Staat die Menschenrechte und demokratische Grundregeln beachtet[32]. In einer künftigen gesamteuropäischen Ordnung (»gemeinsames Haus«) wird der Europa-Rat zweifellos auf den für ihn typischen Aktionsfeldern eine Rolle spielen[33].

5. Auswirkungen des Wandels in mittel- und osteuropäischen Staaten und ihrer Bindung an Westeuropa für die EG und den Integrationsprozeß

Die mit dem tiefgreifenden Wandel in Mittel- und Osteuropa einhergehende Orientierung der Staaten dieser Region auf Westeuropa stellt für die EG eine große Herausforderung dar, mit der Probleme, aber auch Chancen für

---

31 Vgl. den Bericht im Informationsdienst »Agence Europe« vom 7.7.1989.
32 Vgl. den Bericht in »Agence Europe« vom 26./27.3.1990; sowie in der Zeitung DAS PARLAMENT Nr. 16–17 (13./20.4.1990), S. 14.
33 Eine interessante Perspektive wird in einem Beitrag zum Thema »Möglichkeiten des Europa-Rats zur Institutionalisierung der KSZE« in der NZZ vom 22.5.1990 entwickelt.

den Integrationsprozeß verbunden sind. Sie sollen im Rahmen dieses Beitrags lediglich kurz angedeutet werden. In der Diskussion der vergangenen Monate sind rasch einige zentrale Probleme sichtbar geworden.

– Das politische Gravitationszentrum verschiebt sich mehr in die Mitte Europas, mit der Folge, daß Deutschland zentraler wird[34], ein bisheriges Randgebiet wie der Ostseeraum an Bedeutung zunehmen wird und andere EG-Randgebiete eher noch peripherer werden. Die Einbeziehung von Staaten Mittel- und Osteuropas in das EG-Verbundsystem kann zur Umlenkung von Finanzströmen führen, weil der Kapital- und Investitionsbedarf hier besonders groß ist. Damit zeichnet sich zu einem sehr viel früheren Zeitpunkt, als nach den 1988 getroffenen Entscheidungen in der EG abzusehen war, eine erneute Diskussion um das Haushalts- und Finanzsystem der Gemeinschaft und damit über Verteilungsfragen ab.

– Wenn Mittel- und Osteuropa und die zahlreichen hier vorhandenen Probleme verstärkte Aufmerksamkeit finden, besteht die Möglichkeit – viele sagen: die Gefahr –, daß sich das Engagement der EG gegenüber Drittstaaten im Mittelmeerraum oder den Staaten der Dritten Welt mit ihren Problemen reduziert. Für die EG stellt sich das Problem, neuen Anforderungen gerecht zu werden, ohne eingegangene Verpflichtungen zu reduzieren.

– Besondere Probleme sind, wie bereits erwähnt, mit der Einbeziehung der DDR verbunden. Hier soll auf einen Aspekt ergänzend hingewiesen werden, der in der Diskussion eine nicht zu unterschätzende Rolle spielt. Da ist zum einen die Sorge, Deutschland könnte seine Leistungen innerhalb der EG reduzieren, um den erhöhten Anforderungen im Zusammenhang mit der Vereinigung Deutschlands und der Bewältigung der in der DDR liegenden Probleme gerecht zu werden. Da ist auf der anderen Seite die Sorge vor einem durch die Vereinigung noch stärker dominierenden deutschen Element innerhalb der Gemeinschaft. Mittlerweile herrscht ganz deutlich die Erwartung vor, daß die deutsche Komponente an Gewicht gewinnen wird. Damit ist die Frage nach der inneren Ausgewogenheit der EG aufgeworfen. Kurzzeitig hier und dort geäußerte Mutmaßungen, Deutschland könnte seine Westbindung lockern und sich sehr viel stärker – und zwar autonom – auf den Osten Europas hin orientieren, spielen mittlerweile kaum eine Rolle mehr. Mit der Initiative von Mitterrand und Kohl[35], parallel zur Errichtung einer Wirt-

---

34 Vgl. zu diesem Gesichtspunkt William Wallace: Deutschlands zentrale Rolle: Ein Versuch, die europäische Frage neu zu definieren, in: Integration 1/1990, S. 13–20.
35 Die Initiative ist abgedruckt in Europa-Archiv 11/1990, S. D 283.

schafts- und Währungsunion sowie zur Vollendung des Binnenmarktes auch eine Politische Union zu schaffen, sind solche Überlegungen wohl endgültig gegenstandslos geworden.

Die Diskussion der vergangenen Monate hat auf der anderen Seite auch deutlich gemacht, daß die neuen Entwicklungen dem Integrationsprozeß wichtige Impulse geben können.

– Mit der Perspektive der Einbeziehung mittel- und osteuropäischer Staaten in einen größeren europäischen Wirtschaftsraum verbinden manche Beobachter die Erwartung zusätzlicher wirtschaftlicher Chancen und Wachstumsmöglichkeiten. Die an die Vollendung des EG-Binnenmarkts geknüpften Erwartungen werden so noch verstärkt.
– Auch die politische Integration hat durch die Vorgänge der letzten Monate neue Impulse erhalten. In den Anfangsjahren der europäischen Einigungspolitik nach 1945 spielte das Motiv, durch Integration auch eine Kontrolle Deutschlands zu bewerkstelligen, eine nicht zu unterschätzende Rolle. Es ist unverkennbar, daß die bereits erwähnte Initiative Kohls und Mitterrands zur Errichtung einer Politischen Union diesem Gedankengang erneut Rechnung trägt. Die Vertiefung des Zusammenhalts innerhalb der Gemeinschaft soll Sorgen vor einem möglichen Abdriften Deutschlands oder auch nur einer Lockerung seiner Westbindung von vorneherein den Boden entziehen.

In der Diskussion der vergangenen Monate spielte dann auch die Frage eine Rolle, ob es eine Alternative zwischen Vertiefung oder Erweiterung der EG gäbe. In den Beratungen der EG-Gremien – Europäischer Rat und Europäisches Parlament – wurde dabei deutlich, daß es sich nur um eine Scheinalternative handelt. Die Vertiefung der Gemeinschaft wird als zentral angesehen, nämlich als notwendige Bedingung, damit die Gemeinschaft mit den neu auf sie zukommenden Aufgaben erfolgreich fertig werden kann. Dazu zählen nicht zuletzt die Ankoppelung Mittel- und Osteuropas, aber auch die Gestaltung der künftigen Beziehungen zur Sowjetunion, sowie zu den USA und Kanada. Die Vertiefung der Gemeinschaft wird so zu einer Voraussetzung, um die bereits in Gang befindliche Erweiterung vollziehen und verkraften zu können. Diese Schlußfolgerung wird offenbar auch von der deutlichen Mehrheit der Bevölkerung in den EG-Mitgliedstaaten geteilt. 70% der Befragten (gegen 14%) sprachen sich im Mai 1990 dafür aus, die Integration auf wirtschaftlichem, politischem und monetärem Gebiet zu beschleunigen und zu intensivieren, um dann als stärker gewordene Einheit wirksamer am Bau eines größeren vereinigten Europa mitwirken zu können[36]. In diesem Sinn werden in der EG die oftmals sehr schwierigen Bemühungen zur Vollendung des Binnenmarktes vorangetrieben; am 1. Juli begann die erste Etappe auf dem Weg zu einer Europäischen Währungsunion und für das Jahresende ist eine Regierungskonferenz vorgesehen, die zum einen über eine erneute Anpassung der Verträge an neue Erfordernisse – wie etwa ein EG-Zentralbanksystem – beraten soll, die sich aber auch mit den Voraussetzungen für die Schaffung einer Politischen Union befassen wird. Der EG-Integrationsprozeß ist durch den tiefgreifenden Wandel in Mittel- und Osteuropa nicht ins Stocken geraten, sondern hat eher zusätzliche Impulse erfahren.

6. Perspektiven für die künftige Architektur Europas

Im folgenden geht es nicht darum, eine Bauzeichnung – oder auch nur eine Skizze – für das »gemeinsame Haus« zu entwerfen; in diesen abschließenden Bemerkungen soll lediglich ein Ausblick auf künftige Entwicklungen versucht werden.

Es zeichnet sich ab, daß die EG für die künftige Entwicklung Europas eine zentrale Rolle spielen wird. Sie präsentiert sich dafür als eine intakte und handlungsfähige Gemeinschaft. Die anstehenden Maßnahmen und Entwicklungsschritte zur Vertiefung – Binnenmarkt, Wirtschafts- und Währungsunion, Politische Union – werden ihr Gewicht noch erhöhen. Eine erneute Erweiterung der EG rückt in den Bereich des Möglichen; die im Juli 1990 verkündete Absicht Ungarns, etwa 1995 EG-Mitglied zu werden, ist dafür ein aussagekräftiges Indiz. Für die EG stellt sich die Aufgabe, ihre Beziehungen zu den EFTA-Staaten mit der Entwicklung ihrer Beziehungen zu den mittel- und osteuropäischen Staaten in Einklang zu bringen.

Die Perspektive einer erneuten Erweiterung der EG wirft die Frage der künftigen Beziehungen zur Sowjetunion auf, die sicherlich nicht zum Kreis der Mitgliedschafts-Aspiranten gezählt werden kann. In den Beziehungen zur Sowjetunion wird es vielmehr darum gehen, die in den bereits abgeschlossenen Handels- und Kooperationsabkommen enthaltenen Möglichkeiten auszuschöpfen und diese Verträge von Zeit zu Zeit fortzuschreiben, also neuen Gegebenheiten jeweils anzupassen. Ein solches vertragliches Arrangement mit dem Schwerpunkt im wirtschaftlichen Bereich, stellt einen wichtigen Teil einer neuen Architektur Europas dar. Von besonderer Bedeu-

---

36 Die Daten enthält das Eurobarometer Nr. 33.

tung sind darüber hinaus Sicherheitsfragen, deren Lösung primär im Rahmen der KSZE versucht werden wird. Es ist davon auszugehen, daß der EG auch in diesem Rahmen eine gegenüber bisher stärkere Rolle zukommen wird.

Zusammenfassend gilt, daß die EG vor einer doppelten großen Aufgabe steht: intern geht es um die Vertiefung, nach außen um die Bewältigung der mit dem Wandel in Mittel- und Osteuropa verbundenen Aufgaben. Für die Föderalisten in der Europäischen Bewegung, die 1947 bei ihrer Zusammenkunft in Montreux resignierend dem Beginn des europäischen Zusammenschlusses nur in Westeuropa zugestimmt haben, die damit aber keine Teilung Europas verbunden wissen wollten, kann die gegenwärtige Situation eine späte Befriedigung und Genugtuung bedeuten. Die EG, das vorläufige Hauptergebnis westeuropäischer Integrationspolitik, erweist sich als wichtiger Kristallisationskern des europäischen Zusammenschlusses. Das gilt auch dann, wenn die Konstruktion des europäischen Gebäudes, um dessen Zustandekommen sich gegenwärtig viele Kräfte bemühen, keineswegs nach strikt föderalistischen Grundsätzen aufgebaut sein wird, sondern sehr stark dem Bestand an Strukturen, Regeln, Verfahren und Verhaltensweisen ähneln wird, wie sie sich für und in der EG herausgebildet haben. Verglichen mit dem Erscheinungsbild des über mehr als vier Jahrzehnte lang geteilten Europas wäre eine europäische Konstruktion (»europäisches Haus«) nach dem Modell der EG – also verstanden als Konkordanzsystem – bei all ihren Schwächen und Defiziten allemal als Errungenschaft anzusehen.

Volker Rittberger

Die Perestrojka und die Zivilisierung des Ost-West-Konflikts*

1. Perestrojka und Neues Denken in der Sowjetunion

Kaum jemand, der sich für die internationale Politik interessiert, kann heute noch umhin, seinen Wortschatz um ein paar russische Vokabeln zu erweitern. Nicht »Offenheit« sondern »Glasnost'«, nicht »Umbau« sondern »Perestrojka« sind die Schlüsselbegriffe der Gorbatschowschen Reformpolitik, die auf dem 27. Parteitag der KPdSU im Jahre 1986 programmatisch verankert wurde. Seither gilt – so die Definition in der neuesten Auflage des sowjetischen »Kleinen Politischen Wörterbuchs« – die Perestrojka als der innenpolitische strategische Kurs der KPdSU, der auf eine »tiefe und revolutionäre Erneuerung sämtlicher Lebensbereiche der sowjetischen Bevölkerung zielt«.[1]

Die Ausgangslage der Perestrojka

Die Ausgangslage der Perestrojka und die Ursachen für den neuen strategischen Kurs der KPdSU spiegeln sich im wesentlichen in dem Phänomen wider, das Klaus Segbers in seiner Untersuchung des sowjetischen Systemwandels die »Doppelkrise von 1979 bis 1985« nennt.[2] In diesen Jahren hatte sich die Sowjetunion zum einen in eine innere Krise des sozialistischen Entwicklungsmodells in all seinen politischen, gesellschaftlichen und wirtschaftlichen Dimensionen hineinmanövriert. Zum andern fand sich die zweite Weltmacht aber auch in einer äußeren Krise, in der sie ökonomisch, militärisch und politisch immer weiter hinter die USA zurückfiel. Vor allem die von der Regierung des Präsidenten Ronald Reagan energisch betriebene Politik neuer und umfassender Rüstungsprogramme in den USA setzte die Sowjetunion ökonomisch in zunehmendem Maße unter Druck. Das Erbe,

* Der Verf. ist seinen Mitarbeitern/-innen Ekkehard Beller, Martin List und Katja Marx zu Dank für ihre Hilfe bei der Abfassung des Manuskripts verpflichtet.
1 Kratkij Političeskij Slovar' (Kleines Politisches Wörterbuch). Moskva 61989, S. 415.
2 Klaus Segbers: Der sowjetische Systemwandel. Frankfurt/M. 1989, S. 13 und 174ff.

das Michail Gorbatschow 1985 bei seiner Wahl zum KPdSU-Generalsekretär antrat, war das einer Weltmacht, die sich innen- und außenpolitisch in einem desolaten Zustand befand. Auch in der sowjetkommunistischen Führungsschicht wuchs die Erkenntnis, daß die Aufrechterhaltung des Weltmachtstatus in der bisherigen Weise bei weitem die wirtschaftliche Leistungsfähigkeit der Sowjetunion überstieg.

Neben diesen beiden Ursachen war aber noch ein dritter Faktor nötig, um das Reformprojekt »Perestrojka« auf den Plan zu rufen. Es bedurfte in der von Stagnation gekennzeichneten, überalterten sowjetischen Führung des Generationenwechsels, den der damals 54jährige Gorbatschow verkörperte. Erst durch die personelle Veränderung an der sowjetischen KP-Spitze wurden die Elemente der Doppelkrise überhaupt thematisierbar. Dieser Generationenwechsel führte in der Gestalt einer politischen, wirtschaftlichen und gesellschaftlichen Bestandsaufnahme schließlich zum Beginn eines Prozesses des Umdenkens, dessen wichtigster Exponent Gorbatschow wurde. Zusammen leiteten diese Faktoren den Beginn der Perestrojka, d.h. des wirtschaftlichen, gesellschaftlichen und politischen Umbaus ein.

Die Ziele der Perestrojka

Die vage Zielvorstellung von »einer tiefen und revolutionären Erneuerung aller Lebensbereiche der sowjetischen Bevölkerung«, die nicht nur auf dem 27. KPdSU-Parteitag, sondern auch in Gorbatschows vielbeachtetem Buch »Perestrojka« formuliert wird,[3] macht vor allem eines deutlich: das Fehlen eines konkreten übergeordneten Ziels der neuen innenpolitischen Strategie. Weder ein Ziel noch ein ausgearbeiteter Reformplan standen somit am Anfang der Perestrojka, stattdessen war es »ein klares Wissen um zahlreiche Mißstände in der Sowjetgesellschaft, die nicht länger ertragbar waren«.[4]

Zwar stand nach dem Parteitag von 1986 fest, daß das wirtschaftliche, das gesellschaftliche und auch das politische System effektiver gestaltet werden sollen, doch blieb lange unklar, ob das wirtschaftliche Ziel der Perestrojka Planwirtschaft oder Marktwirtschaft heißt. Erst in seiner Antrittsrede als Präsident im März 1990 versuchte Michail Gorbatschow, die Unklarheit in Form der programmatischen Zielformulierung einer »*regulierten Markt-*

---

3   Michail Gorbatschow: Perestrojka. München 1987, S. 41.
4   Egbert Jahn: Perestrojka und Neues Denken in der Sowjetunion in der Krise. Frankfurt/M. 1990, S. 3 (masch. Ms.).

wirtschaft« auszuräumen.[5] Parallel dazu wird als zweites, gesellschaftliches Ziel der Perestrojka mehr soziale Gerechtigkeit angestrebt. Drittens findet sich schließlich als politisches Ziel die Schaffung eines demokratisch legitimierten Rechtsstaates,[6] wobei Gorbatschows Demokratieverständnis nicht mit dem uns geläufigen zusammenfällt, sondern stärker populistisch im Sinne von größerer Bürgernähe von Staat und KP geprägt ist. Mit einem politischen System, das sich auf Parteienkonkurrenz und Machtwechsel stützt, hat er sich noch nicht anfreunden können.

Die Probleme und Erfolge der Perestrojka

Angesichts der anfänglich fehlenden übergeordneten Zielorientierung, die eher der Eigendynamik des eingeleiteten Perestrojka-Prozesses als einer politischen Konzeption überlassen worden war, verwundern die Probleme der Perestrojka kaum. Diese betreffen zunächst einmal den Umbau des sozialistischen Wirtschaftssystems. Nach Ansicht von Hans-Hermann Höhmann krankte die Perestrojka der letzten fünf Jahre daran, daß unter der Bezeichnung einer »radikalen Reform« der Ausbruch aus jahrzehntealten Formen der sowjetischen Planwirtschaft – allerdings nicht der endgültige Ausstieg aus der Planwirtschaft selbst – angestrebt wurde. Zwar entfernte sich der Wirtschaftsmechanismus vom alten Zustand durch die Reformbemühungen, die einer Preisreform, der Entstaatlichung von Eigentum sowie der Einführung der wirtschaftlichen Rechnungsführung und der Selbstfinanzierung von Betrieben dienten; doch gelang es nicht, ein neues, stabiles und funktionsfähiges System im Sinne einer leistungsfähigen Mischung von Plan- und Marktwirtschaft mit Aussicht auf Erfolg in der Praxis zu konzipieren, geschweige denn einzuführen.[7]

---

5 Die Beschleunigung (»uskorenie«) und Effektivierung der wirtschaftlichen Entwicklung bedarf lt. Gorbatschow folgender fundamentaler Veränderungen: Die Betriebe müssen auf die wirtschaftliche Rechnungsführung und das Prinzip der Selbstfinanzierung umgestellt werden, die zentralistische Wirtschaftsführung muß im Sinne einer Dezentralisierung umstrukturiert werden und außerdem sind einschneidende Veränderungen bei der Planung, die Entstaatlichung von Eigentum, eine Reform des Preisbildungssystems und des Kreditmechanismus sowie die Neuordnung der Außenwirtschaftsbeziehungen vonnöten. Vgl. hierzu APN-Dokumente (Köln) Nr. 13 vom 16.03.1990, S. 5ff.

6 Vgl. Archie Brown: Perestroika and the Political System, in: Tsuyoshi Hasegawa/Alex Pravda (Hrsg.): Perestroika. Soviet Domestic and Foreign Policies. London 1990, S. 56–87.

7 Vgl. Hans-Hermann Höhmann: Der wirtschaftspolitische Bereich I: Ursachen und Konzepte sowjetischer Wirtschaftsreformen in der Perestrojka. In: Marcus Breitschwerdt (Hrsg.): Eine Chance für Gorbatschow. Augsburg 1989, S. 41–57.

Verstärkt wurde diese Konzeptionslosigkeit nach Meinung der renommierten sowjetischen Ökonomin und Soziologin Tatjana Saslawskaja dadurch, daß die Beschleunigung der wirtschaftlichen Entwicklung als die Hauptkomponente der Perestrojka betrachtet wurde, während die im Zusammenhang mit der ökonomischen Umgestaltung notwendigen sozialen und kulturellen bzw. bewußtseinsmäßigen Veränderungen eher nachrangig behandelt werden.[8] Als Resultat dieser Entwicklung sei eine tiefe Vertrauenskrise der Bevölkerung zu Staat und Partei und ein immenser sozialer Problemdruck entstanden.

So scheint beispielsweise die Verwirklichung sozialer Gerechtigkeit, die sich die KPdSU 1986 noch als Ziel der Perestrojka ins neue Parteiprogramm geschrieben hatte, derzeit ferner denn je. Nicht nur die alarmierende Zahl von 500.000 ethnischen Flüchtlingen aus den transkaukasischen und zentralasiatischen Unionsrepubliken spricht die deutliche Sprache sozialer und nationaler Konflikte, sondern auch das Aufkommen einer neureichen Schicht, die ihren Reichtum auf die Gewinne aus dem florierenden Schwarzmarkt baut, während gleichzeitig ein akuter Mangel an Versorgungsgütern herrscht. Hinzu kommt die soziale Unzufriedenheit der Arbeiter, die nunmehr wiederholt zu ökonomisch destruktiven Streiks führte und auch das – vor allem in den Städten – ausnehmend rauhe soziale Klima, das sich in einer gestiegenen Kriminalitätsrate niederschlägt. Nicht zuletzt diese führt dazu, daß in der Bevölkerung der Ruf nach der völlig überforderten Miliz immer lauter wird, während die Perestrojka-Zielvorstellung, einen Rechtsstaat zu schaffen, hinter die Ressentiments des aufgebrachten Volkes zurücktritt. Gerechtigkeit und Wahrheit, die einstigen Zugpferde der Perestrojka, die vor allem die mangelnde Gesetzlichkeit in Justiz und Verwaltung durch eine garantierte Rechtssicherheit ersetzen sollten, liefern sich heute wohl eher ein Kopf- an Kopfrennen mit der Trojka der Restauration der Herrschaft des Apparates, die von der Banden-, Jugend- und Wirtschaftskriminalität gezogen wird.

Als durchaus weitreichend entpuppen sich die Reformen und die Demokratisierung des politischen Systems, die im Zuge der Perestrojka in der Sowjetunion verwirklicht wurden, seit Michail Gorbatschow im März 1985 das Amt des KPdSU-Generalsekretärs antrat. Ihre Folge ist die Aushöhlung von zwei wesentlichen Fundamenten des sowjetischen Systems: der Einparteienherrschaft der KPdSU und der Einheit der Sowjetunion auf der Grundlage des sowjetischen (Schein-)Föderalismus. Während das erste bereits aufgege-

---

8   Vgl. Tatjana Saslawskaja: Soziale Aspekte der Perestrojka in der UdSSR. In: Aus Politik und Zeitgeschichte B 19–20/1990, S. 16–21.

ben wurde, steht das zweite, die Einheit, gerade vor ihrer größten Zerreiß-
probe. Als Reaktion auf den Verfall der Parteimacht und das drohende
Auseinanderbrechen des Vielvölkerstaates versuchte Gorbatschow auf der
außerordentlichen Sitzung des Volksdeputiertenkongresses vom 12. bis 15.
März 1990, seine eigene Stellung durch die Einführung eines Präsidialsystems zu konsolidieren. Die Machtfülle, die Gorbatschow seit seiner Wahl
zum Präsidenten innehat, steht nun in Gestalt eines Präsidialsystems auf
einer institutionellen Grundlage, die vom Machtverfall der KPdSU – zunächst jedenfalls – weitgehend unabhängig ist.[9]

Wenn auch die Erfolge der Perestrojka in ihrer politischen, gesellschaftlichen und wirtschaftlichen Dimension variieren, so ist eines allen drei Bereichen gemein: der innenpolitische Dissens über die Reformen. Fast scheint es,
als habe sich der Initiator der Perestrojka auf seiner ständig um den Ausgleich der politischen Richtungen bemühten Suche nach Kompromissen
verirrt und selbst isoliert: während sich die Reformer mittlerweile um Boris
Jelzin scharen und sich teilweise von der KPdSU lossagen, weil ihnen die
Perestrojka zu schleppend vorankommt, schlossen die Konservativen im
Partei- und Staatsapparat ihre Reihen fester, weil ihnen die Perestrojka zu
rasant ist.[10]

Das Neue Denken in der Außenpolitik

Während somit für die Innenpolitik die Auswirkungen der Perestrojka zwar
gravierend sind, aber nicht immer den Zielen entsprechend ausfallen und
daher heftigen Streit auslösen, ist Präsident Gorbatschow als Außenpolitiker
nicht nur weniger umstritten, sondern auch weit erfolgreicher denn als
Innenpolitiker. Daß die Perestrojka, also der innersowjetische Umbau auch
ein neues Herangehen an die internationalen Angelegenheiten erfordere,
machte Gorbatschow auf der 19. Allunionskonferenz der KPdSU (1988)
besonders deutlich. Zum einen sei die Umgestaltung der Sowjetunion in
ihrer Tragweite zu einem Faktor von internationaler Bedeutung geworden
und zum zweiten habe eine kritische Analyse der Vergangenheit gezeigt,
daß die sowjetische Außenpolitik hinter grundlegenden Veränderungen in
der Welt zurückgeblieben sei. Vor allem ihr Beitrag zum Wettrüsten habe
schwerwiegende Auswirkungen auf die sozial-ökonomische Entwicklung im
eigenen Land und auch auf das internationale Ansehen der Sowjetunion

---

9 Vgl. hierzu Gerhard Simon: Der Umbruch des politischen Systems in der Sowjetunion.
   In: Aus Politik und Zeitgeschichte B 19–20/1990, S. 3–15.
10 Vgl. zu den Entschließungen des 28. KPdSU-Parteitages APN-Dokumente (Köln) Nr. 25
   vom 16.07.1990.

gehabt. Um den innenpolitischen Prozeß der Perestrojka überhaupt zu ermöglichen, sei es deshalb notwendig, auch die Außenpolitik zu reformieren.[11]

Die weltpolitische Variante der Reformpolitik wird in der Sowjetunion allerdings nicht mit dem Begriff der Perestrojka bezeichnet. Im Gegenteil: Findet sich dieser Begriff in einem außenpolitischen Text, so liegt das Erscheinungsdatum mit großer Wahrscheinlichkeit vor der Mitte der 80er Jahre. Die Rede ist dann von der »Umgestaltung der internationalen Beziehungen« (»perestrojka meždunarodnych otnošenij«), die dem Ziel diente, das Kräfteverhältnis zugunsten des sozialistischen Weltsystems zu verschieben.[12] Im Gegensatz zur Innenpolitik war der Ausdruck »Perestrojka« für die Außenpolitik also schon im »alten Denken« besetzt. Die außenpolitische Variante der Reformpolitik wird deshalb mit dem 1984 erstmals von den sowjetischen Wissenschaftlern Gromyko und Lomejko verwendeten Terminus »Neues Denken« bezeichnet.[13] Er wurde – ebenfalls 1986 auf dem 27. KPdSU-Parteitag – in die außenpolitische Programmatik der Partei aufgenommen und bezieht sich entgegen der ersten Assoziation mit dem Begriff des Denkens nicht nur auf die *Theorie* der Außenpolitik, sondern auch auf die außenpolitische Strategie.[14]

Im Gegensatz zum »alten Denken«, in dem der Kapitalismus bzw. Imperialismus und der Sozialismus als zwei sich antagonistisch gegenüberstehende Gesellschaftsordnungen betrachtet wurden, geht die neue Weltsicht in der sowjetischen Außenpolitik von einem ganzheitlichen und interdependenten System souveräner Staaten aus, das von globalen Problemen, wie der Genozid-Gefahr eines Atomkrieges oder grenzüberschreitenden ökologischen Katastrophen, bedroht ist.[15] Die kapitalistischen Staaten werden in diesem Weltbild sowohl als friedens- als auch als überlebensfähig eingeschätzt. Die Weltrevolution wurde – um es mit den Worten des politischen Kommentators der Regierungszeitung Izvestija, Aleksandr Bowin, zu

---

11 Vgl. APN-Dokumente (Köln) Nr. 28 vom 27.05.1988, S. 29.
12 Vgl. Klaus von Beyme: Die Sowjetunion in der Weltpolitik. München ²1985, S. 16.
13 Vgl. Anatolyj A. Gromyko, Vladimir B. Lomejko: Novoe Myšlenie v Jadernyj Vek (Das neue Denken im Atomzeitalter). Moskva 1984.
14 Vgl. zum folgenden Katja Marx: Das Neue Denken in der sowjetischen Außenpolitik. Tübingen 1990 (Magisterarbeit).
15 Die neue sowjetische Weltsicht ist in einem außenpolitischen Rechenschaftsbericht dokumentiert, den das sowjetische Außenministerium im Spätherbst 1989 dem Obersten Sowjet vorlegte. Vgl. USSR Foreign Ministry 1990: The Foreign Policy and Diplomatic Activity of the USSR (April 1985–October 1989). In: International Affairs (Moskau), 1, 1990, S. 5ff.

sagen – »auf unbestimmte Zeit vertagt«.[16] Des weiteren wurde in der offiziellen sowjetischen Ideologie davon Abstand genommen, die internationalen Beziehungen im Dienste des Klassenkampfes und der Klasseninteressen zu sehen. Priorität vor den Klasseninteressen haben im Neuen Denken die sog. allgemeinmenschlichen Interessen; der Klassenkampf kann nach der neuen Einschätzung schon deshalb nicht mehr zwischen Staaten geführt werden, weil es ein Denkfehler gewesen sei, diese als Repräsentanten von Klassen anzusehen.

Dieses neue sowjetische Weltbild hat einschneidende Folgen für das Prinzip der Friedlichen Koexistenz, das die außenpolitische Leitlinie gegenüber den westlichen Staaten bezeichnet. Während die Friedliche Koexistenz früher als eine begrenzte Phase und spezifische Form des Klassenkampfes angesehen wurde, die bei Fortführung der ideologischen Konfrontation mit den kapitalistischen Staaten gleichzeitig die zwischenstaatliche Kooperation legitimierte, wird die Friedliche Koexistenz seit dem 27. KPdSU-Parteitag inhaltlich neu bewertet: Sie gilt nicht mehr als eine Form des Klassenkampfes und auch nicht mehr als eine Phase von begrenzter Dauer, die in die Ablösung des Kapitalismus einmündet. Stattdessen wird die Friedliche Koexistenz nunmehr als *universales* (also nicht mehr nur gegenüber den kapitalistischen Staaten, sondern auch gegenüber allen anderen Staaten gültiges), *zeitlich unbegrenztes* und auch *ideologisch nicht konfrontatives Prinzip* der Außenpolitik charakterisiert. Sie beinhaltet damit das Postulat eines freien Selbstbestimmungsrechts anderer Staaten und infolgedessen auch das Ende der Breschnew-Doktrin im Verhältnis zu anderen sozialistischen Staaten.

Parallel dazu veränderte sich im Neuen Denken das sowjetische Sicherheitsverständnis. Der Kern des neuen Sicherheitsdenkens ist der Begriff der *allgemeinen Sicherheit*, der – ähnlich dem Begriff der gemeinsamen Sicherheit der Palme-Kommission von 1982[17] – die nationale Sicherheit eines Staates nicht auf Kosten der Sicherheit anderer Staaten zu erlangen sucht, sondern diese mit den Sicherheitsinteressen der anderen Staaten verknüpft. Zur Voraussetzung für die eigene, nationale Sicherheit wird somit die Gewährleistung der internationalen Sicherheit. Ergänzt wird diese Sichtweise um den Begriff der *allumfassenden Sicherheit*, der die Sicherheit der Welt aus dem rein militärischen Bereich herauslöst und um ökologische, ökonomische und humanitäre Sicherheitsaspekte erweitert. Darüber hinaus beinhaltet das neue Sicherheitsverständnis schließlich den *Primat der politischen Mittel* über die

---

16 Izvestija, 11.07.1987.
17 Palme-Bericht. Berlin 1982. S. 155f.

militärischen Mittel bei der Erlangung der allgemeinen und allumfassenden Sicherheit. Dies schließt Veränderungen in der Militärdoktrin ein und schlägt sich in Konzepten wie der Vermeidung jedes Krieges (nicht nur des Atomkrieges), der »defensiven Verteidigung« und der »vernünftigen Hinlänglichkeit« (reasonable sufficiency) der Rüstungen nieder.[18]

Die Perestrojka und das Neue Denken haben somit auch deutliche Auswirkungen auf die internationale Politik, was sich vor allem im Verhältnis der Sowjetunion zu ihrem einstigen kapitalistischen Klassenfeind im Westen bemerkbar macht. Nach Ansicht des ehemaligen Politbüromitglieds und jetzigen Mitglieds des Präsidialrates Aleksandr Jakowlew eröffnet das – vom Hemmschuh des ideologischen Klassenkampfes befreite – Neue Denken sogar Chancen für neue Organisationsformen der Kooperation zwischen der Sowjetunion und den kapitalistischen Staaten. In einer offiziellen Stellungnahme sprach sich Jakowlew im vergangenen Jahr dafür aus, »die Infrastruktur der Konfrontation« zwischen Ost und West abzubrechen und stattdessen eine »Infrastruktur der Kooperation« aufzubauen. Schließlich bemesse sich die internationale Zusammenarbeit nicht nur nach dem Umfang von Geschäften und Handel, sondern beinhalte auch qualitative Merkmale wie »die Akkumulation politischer und rechtlicher Formen der Regelung von Zusammenarbeit« und »die Entwicklung von dafür erforderlichen Mechanismen und Instituten«.[19]

Das Neue Denken in der Sowjetunion und die sich daraus ergebende Praxis sind für die wissenschaftliche Disziplin der Internationalen Beziehungen schon deshalb von besonderem Interesse, weil die Beziehungen zwischen Ost und West in der Vergangenheit zumeist auf einen – wie immer im einzelnen bestimmten – »Ost-West-Konflikt« reduziert wurden. Es verwundert daher nicht, daß nunmehr allenthalben vom »Ende des Ost-West-Konflikts« bzw. vom »Ende des Kalten Krieges« die Rede ist. Dies setzt allerdings eine schon in der Vergangenheit problematische, pauschale und wenig differenzierte Betrachtung der Ost-West-Beziehungen voraus, die man kurz als holistische Sichtweise des Ost-West-Konflikts bezeichnen kann.

---

18 Vgl. dazu auch den Briefwechsel zwischen Mitgliedern der »Pugwash Study Group on Conventional Forces in Europe« und Gorbatschow vom Herbst 1987, zit. nach Adam Roberts: New Peace Research, Old International Relations. Oxford 1990, S. 14 (vervielf. Ms.).

19 Alexander N. Jakovlev: Perestrojka. Außen- und innenpolitische Bedeutung. Vortrag vor der Deutschen Gesellschaft für Auswärtige Politik e.V. am 9. Januar 1989 in Bonn-Bad Godesberg, S. 23 (vervielf. Ms.).

2. Holistische Sichtweisen: das Ende des Ost-West-Konflikts oder des Kalten Krieges?

In der gegenwärtigen Diskussion über die Ost-West-Beziehungen stößt man vielfach auf zwei Zustandsbeschreibungen. Die einen sprechen vom Ende *des* Kalten Krieges,[20] die anderen gar vom Ende *des* Ost-West–Konflikts überhaupt.[21] Hinter diesen Aussagen verbergen sich ganz bestimmte politologische Deutungsschemata, die der vielfältigen Realität der Ost-West-Beziehungen schon vor den Umwälzungen am Ende der 80er Jahre ebenso wenig gerecht werden wie der Entwicklung seither. Die Analyse gar eines Prozesses der Zivilisierung im Umgang mit Konflikten auch in den Ost-West-Beziehungen scheint bei Zugrundelegung derartiger Betrachtungsweisen kaum möglich.

Um dies zu verdeutlichen, wollen wir zwei prominente Deutungsmuster *des* Ost-West-Konflikts kurz vorstellen und auf ihre Tragfähigkeit hin beurteilen. Es handelt sich um die Interpretationen dieses Konflikts als *Machtkonkurrenz* einerseits und als *Systemkonkurrenz* andererseits. Im Anschluß daran werden wir diesen holistischen Konzepten *des* Ost-West-Konfliktes eine gleichsam desaggregierte Sichtweise gegenüberstellen, die unserer Ansicht nach eher zum Verständnis der Ost-West-Beziehungen beiträgt, da sie den Blick für die Vielzahl einzelner Konflikte öffnet, die sehr unterschiedliche Formen des Konfliktaustrags aufweisen. Eine stärker desaggregierte Sicht der Ost-West-Beziehungen wird uns auch eher in die Lage versetzen, die künftigen Chancen für eine Zivilisierung des Umgangs mit Konflikten in den Ost-West-Beziehungen abzuschätzen.

Bei der Darstellung der verschiedenen Interpretationen *des* Ost-West-Konflikts wollen wir uns von den folgenden Fragen leiten lassen:

(1) Worin besteht der Kern des Ost-West-Konflikts?
(2) Welche Konsequenzen ergeben sich aus dem Wandel in Osteuropa für diesen Kernkonflikt aus der Sicht dieser Interpretationen?
(3) Welche Aussichten bestehen schließlich für eine Zivilisierung des Ost-West-Konflikts, folgt man diesen Deutungsmustern?

---

20 Vgl. z.B. Fred Halliday: The Ends of Cold War. In: New Left Review, 180, March/April 1990, S. 5–23.
21 Vgl. z.B. Dieter Senghaas: Frieden in einem Europa demokratischer Rechtsstaaten. In: Aus Politik und Zeitgeschichte, B 4–5/1990, S. 31–40.

Die wesentlichen in der Literatur vorfindbaren Sichtweisen[22] des Ost-West-Konflikts lassen sich grob danach kategorisieren, was sie als den *Kern* dieses Konflikts ansehen. Zu unterscheiden sind zwei Varianten:

(1) als Kern des Ost-West-Konflikts wird die machtpolitische Konkurrenz der beiden Blockführungsmächte genannt;

(2) der Kern des Ost-West-Konflikts soll in der Auseinandersetzung zwischen zwei antagonistischen Gesellschaftssystemen bestehen.

Der Ost-West-Konflikt als Machtkonkurrenz

Die Interpretation des Ost-West-Konflikts als Großmachtrivalität setzt an bei dem nach der Niederlage Deutschlands im Zweiten Weltkrieg in Europa entstandenen Machtvakuum, welches die relativ mächtigsten Staaten, d.h. die Sowjetunion und die USA, mit gleichsam naturgesetzlicher Notwendigkeit zu füllen trachteten.[23] Dabei führte die historisch neuartige *bipolare Machtstruktur* des internationalen Systems zur Aufteilung Europas in Interessensphären mit der Konsequenz der Blockbildung, wobei die jeweilige Blockführungsmacht auch die internen Integrationsstrukturen vorgab. Ihren sichtbarsten Ausdruck fand die Supermachtrivalität im atomaren Wettrüsten der Hauptgegenspieler. Die Vertreter dieser Interpretation schließen nicht aus, daß das nuklearstrategische Patt zwischen den USA und der UdSSR den Ost-West-Konflikt in seiner Austragung domestiziert hat.

Der Kern des Ost-West-Konflikts liegt also in der Machtkonkurrenz zwischen den militärisch mächtigsten Staaten: USA und Sowjetunion. Sein Beginn wird mit dem Einsetzen des sog. Kalten Krieges am Ende der vierziger Jahre angesetzt.

Folgt man diesem machtpolitisch orientierten Deutungsmuster, so ergeben sich aus dem Wandel in der Sowjetunion und in Osteuropa für den Kernkonflikt einige, freilich eng umgrenzte Konsequenzen: Der machtpolitische Gegensatz zwischen den Großmächten USA und UdSSR besteht ungeachtet erheblicher Machtverschiebungen zuungunsten der Sowjetunion fort. Man denke allein an die Nuklearpotentiale, aber auch an vermeintlich überzeitlich gültige geostrategische Interessen. Allerdings hat die Reformulierung der sowjetischen Sicherheitspolitik Chancen zur Rüstungsbegren-

---

22 Vgl. die ausführliche Diskussion der verschiedenen Sichtweisen des Ost-West-Konflikts bei Manfred Efinger/Volker Rittberger/Michael Zürn: Internationale Regime in den Ost-West-Beziehungen. Ein Beitrag zur Erforschung der friedlichen Behandlung internationaler Konflikte. Frankfurt/M. 1988, S. 11–25.

23 Vgl. etwa Hans J. Morgenthau: Politics among Nations. New York [4]1967, S. 332–349.

zung und zur schrittweisen Entmilitarisierung der Machtkonkurrenz eröffnet. Einer solchen Einschätzung entspricht die Rede vom »Ende *des* Kalten Krieges«, und dieses könnte wegen des Abbaus der militärischen Konfrontation als Ausdruck von Zivilisierung bewertet werden.

Der Ost-West-Konflikt als Systemantagonismus

Eine zweite prominente Interpretation führt den Ost-West-Konflikt auf die *Unvereinbarkeit der Ideologien und gesellschaftlich-politischen Ordnungsvorstellungen* zurück. Dementsprechend wird der Beginn des Ost-West-Konflikts mit der Machtübernahme der Bolschewiki in Rußland im Jahre 1917 angesetzt. Das Deutungsmuster der Systemkonkurrenz hat eine westliche und eine östliche Variante: die marxistisch–leninistische Sicht des Ost-West-Konflikts als *staatlich vermitteltem Klassenkampf* und ihr westliches Pendant, die der Totalitarismusdiskussion verpflichtete Sicht des Ost-West-Konflikts als *Bedrohung bürgerlicher Freiheit durch totalitäre Herrschaft*.

Nach marxistisch–leninistischer Lesart ist der Ost-West-Konflikt Ausdruck der Auseinandersetzung zwischen dem sozialistischen und dem kapitalistischen Weltsystem.[24] Wenn der Klassenkampf auch durch seine staatliche Vermittlung von traditionellen machtpolitischen Elementen überlagert wird, so bleibt der Kern des so bestimmten Ost-West–Konflikts doch ordnungspolitischer Natur. Auch die Friedliche Koexistenz, wie sie von Chruschtschow 1956 als außenpolitisches Prinzip verkündet wurde, bedeutet in dieser Sicht keine Abkehr von der Vorstellung, daß die Überwindung des Kapitalismus unabwendbar ist. Als Fortsetzung des Klassenkampfes mit anderen, insbesondere ideologischen Mitteln ermöglicht die Friedliche Koexistenz jedoch die Aufnahme kooperativer Elemente in die Beziehungen mit den kapitalistischen Staaten. Die auf die Totalitarismusdebatte zurückgehende westlich–»idealistische« Sicht[25] sieht den Kern des Ost-West-Konflikts in den ideologischen und sozialsystemaren Differenzen zwischen den westlichen liberalkapitalistischen und den parteikommunistisch verfaßten Gesellschaften sowjetischen Typs. Die freiheitlichen westlichen Demokratien werden nach dieser Sichtweise durch das mit universalem Geltungsanspruch angetretene linke Gegenmodell der Sowjetunion bedroht. Die Über-

---

24 Vgl. zum folgenden: Manfred Buhr/Georg Klaus: Wörterbuch der Philosophie. Leipzig ^{12}1976, hier: Art. Klassenkampf, S. 625–629.
25 Vgl. etwa E. Nolte: Deutschland und der Kalte Krieg. München/Zürich 1974; Werner Kaltefleiter: Der systemische Konflikt in den internationalen Beziehungen der Gegenwart. In: Aus Politik und Zeitgeschichte, B 41/1982, S. 19–29.

nahme der Lebensbedingungen des jeweils anderen Systems wird als nicht akzeptabel erklärt.

Diese beiden ideologisch befrachteten Sichtweisen führen angesichts der in Osteuropa derzeit entstehenden demokratischen Rechtsstaaten zu dem Schluß, daß das Ende des Ost-West-Konflikts gekommen sei. Während die Staaten Mittel– und Osteuropas in ihrer Mehrheit dem Marxismus–Leninismus als staatstragender Ideologie abgeschworen haben, spricht im Zuge des außenpolitischen Neuen Denkens, in dem Menschheitsinteressen über Klasseninteressen gestellt werden und das Prinzip der Selbstbestimmung auch für die Staaten der Warschauer Vertragsorganisation anerkannt wird, in der Sowjetunion selbst schon fast niemand mehr von einem staatlich vermittelten Klassenkampf in den Ost-West-Beziehungen. Ebenso wird im Westen das Bild von der Bedrohung der bürgerlichen Freiheit der Vergangenheit angehören, falls die Reformprozesse in den osteuropäischen Staaten stabilisiert werden können. Seinen sichtbaren Ausdruck findet die Überwindung des Systemantagonismus in der Annäherung der Staaten Mittel– und Osteuropas an den Europarat,[26] einer zwischenstaatlichen Institution, die sich als Hort eines Europas demokratischer Rechtsstaaten versteht. Die Frage nach der Zivilisierung des Konflikts stellt sich hier nicht mehr, da dieser als beendet dargestellt wird.

Wenn wir die kurz vorgestellten holistischen Interpretationen des Ost-West-Konflikts zusammenfassend betrachten, so wird deutlich, daß sie jeweils nur *einen* Aspekt beleuchten und darauf verzichten, der Vielfalt der Konflikte in den Ost-West-Beziehungen gerecht zu werden. Die machtpolitisch orientierte Interpretation vermag zudem nicht die Veränderungen *in* der Sowjetunion und *in* den mittel- und osteuropäischen Ländern adäquat zu erfassen, da sie innerstaatliche Veränderungen – soweit sie nicht Machtpotentiale betreffen – ignoriert.

Schließlich können diese holistischen Deutungen der Ost-West-Beziehungen auf die anspruchsvolle Fragestellung nach den Chancen einer Zivilisierung der Ost-West-Beziehungen keine befriedigende Antwort liefern. Sie sind stark rückwärts gewandt. Ob nun »das Ende *des* Kalten Krieges« oder »das Ende *des* Ost-West-Konflikts« attestiert wird, sie vermitteln uns keine

---

26 Neben Ungarn, Polen und Jugoslawien besitzt jetzt auch die Sowjetunion einen besonderen Gästestatus beim Europarat, der diesen Ländern die Teilnahme an der Arbeit der Versammlung und ihrer Kommissionen in begrenztem Umfang ermöglicht (Neue Zürcher Zeitung, 23.02.1990). Eine Vollmitgliedschaft Ungarns, Polens und der ČSFR scheint noch 1991 möglich (Neue Zürcher Zeitung, 27.03.1990).

Einsichten in die politischen Herausforderungen, die sich schon heute und in der absehbaren Zukunft in Europa stellen.

Die Rede von *dem* Ost-West-Konflikt hat den Blick für die vielfältige Realität der Ost-West-Beziehungen verstellt und erwies sich für die politikwissenschaftliche Analyse bereits vor dem »Ende des Ost-West-Konflikts« als wenig brauchbar.[27] Der orthodoxen Forschungstradition läßt sich jedoch eine desaggregierte Sicht gegenüberstellen, die auf der Grundannahme basiert, daß die Ost-West-Beziehungen – wie zwischenstaatliche Beziehungen allgemein – aus einer *Vielzahl von typologisch zusammenfaßbaren Einzelkonflikten* bestehen, die eine *je unterschiedliche Bearbeitung* erfahren können. Bevor wir uns jedoch vor dem Hintergrund der Veränderungen in der Sowjetunion und in den Ländern Mittel- und Osteuropas einen Überblick über die Zivilisierung des Konfliktaustrags in verschiedenen Politikfeldern der Ost-West-Beziehungen verschaffen, gilt es, den Begriff der Zivilisierung selbst näher zu bestimmen. Dabei wird *ein* mögliches Verständnis von Zivilisierung dargelegt, ohne daß die sicher mögliche und nötige Diskussion über diesen Begriff im einzelnen geführt werden kann. Ausgestattet mit einem handhabbaren Begriff der Zivilisierung können wir schließlich die unmittelbaren Auswirkungen der Perestrojka auf den Prozeß der Zivilisierung der Ost-West-Beziehungen beurteilen, der – wie wir behaupten – schon vor Gorbatschow begonnen hat.

3. Die Zivilisierung der Ost-West-Beziehungen

Was heißt Zivilisierung?

Ein Minimal-Verständnis von Zivilisierung der Ost-West-Beziehungen liefe auf wenig mehr als die Vorstellung von einer »Normalisierung« dieser Beziehungen in dem Sinne hinaus, daß sie sich anderen, etwa innerwestlichen internationalen Beziehungen angleichen. Fragt man aber, was diese ihrerseits kennzeichnet, so muß ein gehaltvoller Begriff der Zivilisierung entwickelt werden.[28] Norbert Elias hat in seinem bedeutenden Werk »Über den Prozeß der Zivilisation« in der durchaus gewaltsamen Herausbildung von staatlichen Monopolgewalten einen Mechanismus der Zivilisierung

---

27 Vgl. hierzu: Efinger/Rittberger/Zürn 1988, a.a.O., S. 32ff.
28 Einen Versuch in dieser Richtung stellte z.B. die Diskussion zwischen Dieter Senghaas, Ken Booth und dem Verf. auf einer Tagung der Ev. Akademie Loccum im Februar 1989 dar. Vgl. dazu Jörg Calließ (Hrsg.): Die Zivilisierung des Konflikts, Bd. 2. Rehburg-Loccum 1990, S. 79–91, 225–243, 253–255, 257–265 (Loccumer Protokolle 23/89).

gesehen.[29] Dies ist aber offenbar nicht der Weg, auf dem die Zivilisierung auf der internationalen Ebene im ausgehenden 20. Jahrhundert voranschreiten kann. Elias hat jedoch auch von der zivilisatorischen Bedeutung einer zunehmenden, bei ihm auf der individuellen Ebene angesiedelten, Affektkontrolle gesprochen, das heißt der Annahme und Verinnerlichung von verhaltensleitenden Konventionen und Regeln.[30] Dies scheint ein auch für die Zivilisierung internationaler Beziehungen bedeutsames Kriterium insoweit zu sein, als es auf die Substitution von Selbsthilfe durch Selbstkontrolle verweist. Davon ausgehend läßt sich somit inhaltlich als negativer Fluchtpunkt von Zivilisierung zunächst die *Überwindung der politisch-militärischen Anarchie und der Dominanz des Militärischen* in den internationalen Beziehungen (Zivilisierung als Entmilitarisierung) bestimmen. Sie erfolgt jedoch nicht durch die Errichtung eines Weltstaates, sondern, dies der positive Fluchtpunkt, durch die *Herausbildung von Institutionen des geregelten zwischenstaatlichen Konfliktaustrags.*

Um weitere Fluchtpunkte der Zivilisierung angeben zu können, scheint mir ein Rückgriff auf die geistesgeschichtliche Tradition der europäischen Aufklärung unumgänglich. Danach ist mit Zivilisierung geistig-ideologisch der *Verzicht auf ein Wahrheitsmonopol* und damit auch auf ein Ausschließlichkeit beanspruchendes Welt– und Geschichtsbild verbunden. *Toleranz* zu üben, ohne sich wechselseitig die Aufgabe des Selbst-, Welt- und Geschichtsverständnisses zuzumuten, steht dem als positiver Fluchtpunkt von Zivilisierung gegenüber.

Der dritte negative Fluchtpunkt ergibt sich aus der Kritik des politischen Absolutismus, die der Begriff der Zivilisierung in seinem geisteshistorischen Ausgangspunkt schon immer beinhaltet. Ihr entspricht als positiver Fluchtpunkt der *Konstitutionalismus,* d.h. eine Verfassungstheorie, welche die Rückbindung von Herrschaft an die Beherrschten zur Grundlage hat.

Ferner hat Zivilisierung stets als Antithese zur Isolation gegolten. Daraus ergeben sich Autarkiebestrebungen als negativer Fluchtpunkt, ein *Sich-Einlassen auf Interdependenz* im Rahmen einer transnationalen Gesellschaft als positiver Fluchtpunkt zivilisierter internationaler Beziehungen.

Schließlich, das sollten wir heute wohl hinzufügen, muß eine Lebensweise, welche ihre eigenen Existenzgrundlagen ruiniert, als unzivilisiert

---

29 Vgl. Norbert Elias: Über den Prozeß der Zivilisation. Soziogenetische und psychogenetische Untersuchungen, Zweiter Band: Wandlungen der Gesellschaft. Entwurf zu einer Theorie der Zivilisation. Frankfurt/M. 1976, S. 452.

30 Vgl. Norbert Elias: Humana Conditio. Beobachtungen zur Entwicklung der Menschheit am 40. Jahrestag eines Kriegsendes. Frankfurt/M. 1985, S. 135f.

gelten. Die ökologische Katastrophe ist hier der negative Fluchtpunkt von Zivilisierung. Der *schonende Umgang mit der natürlichen Umwelt* und die internationale Zusammenarbeit zu ihrem Schutz können demgegenüber als positiver Fluchtpunkt von Zivilisierung gelten.

Wir haben damit ein mögliches Verständnis von Zivilisierung umrissen. Fragen wir nun, ob sie auch in den Ost-West-Beziehungen auszumachen ist und welchen Beitrag hierzu die Perestrojka leistet. Dazu wollen wir uns einer nach Politikfeldern desaggregierenden Sichtweise bedienen und drei dieser Felder näher betrachten.

Der Beitrag der Perestrojka zur Zivilisierung des Konfliktaustrags in einzelnen Politikfeldern der Ost-West-Beziehungen

Wie wirken sich die sowjetische Perestrojka, das Neue Denken und die Veränderungen in Mittel- und Osteuropa auf die Ost-West-Beziehungen aus, wenn wir nicht von *einem* Konflikt, sondern von einer *Vielfalt* der Konflikte in diesen Beziehungen ausgehen? Dieser Untersuchung wollen wir die Unterscheidung von drei Politikfeldern: »Herrschaft«, »Sicherheit« und »Wohlfahrt« zugrunde legen.[31] Anders formuliert: Wir desaggregieren die Gesamtheit der internationalen Beziehungen mit Hilfe der Kategorie des Politikfeldes, um der Verschiedenartigkeit der Konflikte sowie der Konflikt-prozesse und -bearbeitungsformen nachzuspüren und diese aufweisen zu können.

Im *Politikfeld Herrschaft*, in dem Freiheits- und Partizipationschancen einerseits, Fügsamkeitspflichten andererseits für den einzelnen verteilt werden, haben in den Ost-West-Beziehungen lange Zeit *Konflikte über Werte*, d.h. vor allem über ordnungspolitische Optionen vorgeherrscht, die einer kooperativen Bearbeitung sehr schwer zugänglich waren. Hiervon wurden auch die spärlichen Ansätze eines geregelten Konfliktaustrags etwa im Rahmen der KSZE beeinträchtigt.[32] Im Gefolge der sowjetischen Perestrojka und der friedlichen Revolution des Jahres 1989 in Mittel- und Osteuropa hat

---

31 Diese Einteilung der internationalen Beziehungen in drei Politikbereiche folgt Ernst-Otto Czempiel: Internationale Politik. Ein Konfliktmodell. Paderborn 1981.

32 Ein solcher Kooperationsansatz entwickelte sich im Rahmen des KSZE-Prozesses etwa hinsichtlich der Auslandsberichterstattung. Die divergierenden Vorstellungen über den Status der Presse- und Informationsfreiheit machten die Formulierung verbindlicher Vorschriften für die KSZE-Staaten bei der Behandlung ausländischer Journalisten schwierig; ihre Implementierung blieb in Osteuropa lange lückenhaft. Vgl. Martin Mendler: Working Conditions of Foreign Journalists in East-West Relations: Regulating a Conflict about Values without Regime. In: Volker Rittberger (Hrsg.): International Regimes in East-West Politics. London 1990, S. 216–249.

sich die Lage insoweit stark verändert. Die ordnungspolitischen Positionen im Osten sind heute – trotz mancher Unterschiede – nicht mehr unvereinbar mit denjenigen des Westens. Ein »Europa demokratischer Rechtsstaaten«[33] scheint eine realistische Zukunftsperspektive zu sein. Auf der in Bonn abgehaltenen Wirtschaftskonferenz (19.03.–11.04.1990) konnten sich die 35 KSZE-Staaten – bei allen Gegensätzen im Detail – erstmals auf ordnungspolitische Grundprinzipien einigen. Die Teilnehmerstaaten bekennen sich im abschließenden Dokument zu »einem demokratischen Mehrparteiensystem auf der Grundlage freier, regelmäßiger und echter Wahlen«, zur Rechtsstaatlichkeit, zu einer marktwirtschaftlichen Orientierung, insbesondere zu »volle(r) Anerkennung und volle(m) Schutz aller Formen von Eigentum, einschließlich des Privateigentums«.[34] Wie die Helsinki-Föderation am Rande der KSZE-Menschenrechtskonferenz in Kopenhagen (05.–29.06.1990) hervorhob, akzeptieren nunmehr alle 35 Teilnehmerstaaten die Verpflichtungen im Bereich der Menschenrechte.[35] Durch ihren Beitrag zur innenpolitischen Zivilisierung leistet die Perestrojka somit auch einen Beitrag zur Zivilisierung der internationalen Beziehungen: transnationale Kommunikationsfreiheit und Kontakte sowie mit Einschränkungen auch Freizügigkeit sind möglich geworden. Das herrschaftliche Monopol der Grenzziehung für Information, Kommunikation und Kontakte ist gebrochen; transnationale Beziehungen *aller* Art sind aufgeblüht.

Während die ordnungspolitischen Differenzen somit in den Hintergrund getreten sind, bedeutet dies nicht das Ende jeglichen Konflikts im Politikfeld Herrschaft. Vielmehr erlangt – begünstigt vom nicht zuletzt durch die Perestrojka ermöglichten Wandel in Mittel- und Osteuropa und in der Sowjetunion selbst – ein gar nicht so neues Thema erneut Bedeutung im Politikfeld Herrschaft: das Selbstbestimmungsrecht von Völkern mit und ohne eigenem Staat und damit zusammenhängend der Schutz von Volksgruppen in multinationalen oder multiethnischen Staaten. Die *Nationalitätenkonflikte* in der Sowjetunion und anderswo gefährden nicht nur die politischen und wirtschaftlichen Reformen im Innern dieser Länder; aus ihnen

33 Dieter Senghaas 1990, a.a.O., S. 31.
34 Presse- und Informationsamt der Bundesregierung (Hrsg.): Bulletin Nr. 46, 19. April 1990, S. 358.
35 Frankfurter Allgemeine Zeitung, 07.06.1990.
    Im gemeinsamen Schlußdokument konnte ein weitreichender Konsens über Prinzipien wie etwa Rechtsstaatlichkeit, pluralistische Demokratie, Achtung der Menschen- und Bürgerrechte, freie Parteienbildung, allgemeine, freie, geheime und regelmäßige Wahlen, Trennung von Partei und Staat, Unabhängigkeit des Justizwesens erzielt werden. Vgl. Presse- und Informationsamt der Bundesregierung (Hrsg.): Bulletin Nr. 88, 04.07.1990, S. 757ff.

können inner- und zwischenstaatliche Konflikte erwachsen, für deren »zivilisierte« Bearbeitung das neue KSZE-Europa eben erst begonnen hat, über Verfahren, Instrumente und Regeln nachzudenken.[36]

Im *Politikfeld Sicherheit* bleibt trotz der verringerten Bedrohungswahrnehmungen in West und Ost angesichts der nach wie vor vorhandenen gewaltigen Rüstungspotentiale in Ost und West ein *Interessenkonflikt* über Art und Umfang rüstungsgestützter Verteidigung bestehen. Das neue sowjetische Sicherheitskonzept hat jedoch die Chancen für eine verifizierbare Abrüstung atomarer, konventioneller und chemischer Waffen sowie für einschneidende Truppenreduktionen erheblich verbessert. Zivilisierung im Sinne von Entmilitarisierung wird dadurch erstmals real greifbar. Gleichzeitig zerbricht mit der Erosion der Warschauer Vertragsorganisation, dem Rückzug sowjetischer Truppen aus den ehemaligen Satellitenstaaten und der NATO-Mitgliedschaft des vereinigten Deutschland mit reduzierter Truppenstärke eine über Jahrzehnte hinweg von beiden Seiten entwickelte Struktur militärischer Kräfteverhältnisse in Europa, ohne daß eine neue gesamteuropäische Sicherheitsarchitektur bereits entworfen, geschweige denn verwirklicht wäre. Der auf die »Blöcke« bezugnehmende, gewohnte Ansatz bei Abrüstungsverhandlungen, in denen sich die beiden Militärbündnisse gegenübertraten, wird zunehmend in Frage gestellt.[37] Es könnte sich die paradoxe Situation ergeben, daß der Abrüstungsprozeß, der durch den sowjetischen außenpolitischen Wandel belebt wurde, durch dessen destabilisierende Auswirkungen in den ehemals sozialistischen Bündnisstaaten vorzeitig zum Halt kommt. Darüber hinaus können aufgrund des aufkeimenden Nationalismus in den mittel- und osteuropäischen Staaten innenpolitische Spannungen entstehen, die das Sicherheitsbedürfnis dieser Staaten verstärken und zu entsprechenden militärischen Vorkehrungen Anlaß geben, obwohl international die Zeichen auf Abrüstung stehen.[38]

---

36 Die desintegrativen nationalistischen Tendenzen in Mittel- und Osteuropa können u.a. als Reaktion auf den jahrzehntelang verordneten »sozialistischen Internationalismus« gesehen werden: »Ohne die jahrzehntelange Vorherrschaft eines ideologischen Internationalismus im östlichen Europa, der oft teils als abstrakte Lösung, teils als imperiale Herrschaftsideologie – insbesondere im Zusammenhang mit militärischen Interventionen – erlebt wurde, läßt sich die große Popularität nationaler bzw. nationalistischer Forderungen und Parolen nicht erklären.« Vgl. Egbert Jahn: Wo befindet sich Osteuropa? In: Osteuropa 40:5, 1990, S. 418–440, hier: S. 437.
37 Vgl. László J. Kiss: European Security and Intra-Alliance Reform Processes. In: Bulletin of Peace Proposals, 21:2, 1990, S. 175–182; Lothar Rühl: Konventionelle Abrüstung im Sturmwind der Ereignisse. In: Europa-Archiv, 45:8, 1990, S. 264–274.
38 Vgl. Dieter Senghaas: Europa 2000. Ein Friedensplan. Frankfurt/M. 1190, S. 32.

Auch hier trägt also Perestrojka direkt oder indirekt zu einer Zivilisierung in den Ost-West-Beziehungen im Sinne von Entmilitarisierung und der Verregelung des Umgangs mit Konflikten bei, schafft aber zugleich auch neuen Bedarf für Formen des geregelten Konfliktaustrags.

Im *Politikfeld Wohlfahrt,* in dem die Verteilung materieller Lebenschancen erfolgt, markieren die auf die Entstaatlichung der Wirtschaften Osteuropas zielenden Reformen einen bedeutenden Wandel. Durch die Freisetzung des gesellschaftlichen Umfelds von staatlicher Kontrolle und die Ermöglichung transnationaler Wirtschaftskontakte wird ein Ausbau der bereits im Zeichen der Entspannungspolitik seit den 70er Jahren erreichten Wirtschaftsbeziehungen möglich. Nachdem durch die Perestrojka hier auf östlicher Seite die gesellschaftlichen und politischen Voraussetzungen für ein Sich-Einlassen auf Interdependenz bzw. internationale Arbeitsteilung geschaffen wurden, liegt es am Westen, seinerseits die noch bestehenden Handelshemmnisse (wie etwa die Ausfuhrbeschränkungen im Rahmen der sog. CoCom-Listen) abzubauen oder gar ganz zu beseitigen.[39]

Gleichzeitig wird angesichts des strukturellen Gefälles in den Ost-West-Wirtschaftsbeziehungen ein Konfliktpotential sichtbar, das aus dem im Grundsatz von allen Seiten gebilligten Ziel der verstärkten Integration des östlichen Wirtschaftsraumes in die Weltwirtschaft resultiert. Einigkeit besteht in West und Ost darüber, daß der Weg zu einem gesamteuropäischen Wirtschaftsraum nur über marktwirtschaftliche Reformen in den bisherigen Staatshandelsländern führen kann. Darüber, wie dabei Strukturkrisen größeren Ausmaßes im Osten verhindert werden können sowie über die Frage, unter welchen Bedingungen und in welchem Ausmaß die OECD-

---

39 Am 7./8. Juni 1990 beschloß das CoCom eine Lockerung der Exportkontrollen für strategisch wichtige Güter, indem etwa ein Drittel der insgesamt 116 Positionen auf der entsprechenden Liste gestrichen wurde. Vgl. Europa-Archiv 45: 13–14, 1990, Z 149. Um eine verstärkte Integration der europäischen Staatshandelsländer in die Weltwirtschaft zu ermöglichen, bedarf es aber auch einer wettbewerbsfähigen Exportbasis in den einzelnen Ländern. Die sowjetische Außenhandelsstruktur ähnelte bislang eher der eines Entwicklungslandes. Im Export dominieren beim Handel mit den nichtsozialistischen Staaten Erdöl, Erdgas und andere Rohstoffe, während Maschinen und Ausrüstungen lediglich einen Anteil von etwa 10% am Export ausmachen. Auf der Importseite bestimmen im Handel mit der nichtsozialistischen Welt 1988 die drei Positionen Maschinen und Ausrüstungen (28,5%), Stahl- und Metallerzeugnisse (14,2%) und Lebensmittel sowie Lebensmittelrohstoffe (17,4%) das Bild, wobei bei knapper werdenden Einnahmen aus dem Erdöl- und Erdgasexport, insbesondere die Last der Weizenimporte immer drückender wird. (Angaben nach Marvin R. Jackson R.: Opening the Soviet Economy: Structural Deviations, Systemic Reforms in Foreign Trade, and Western Trade Barriers, Berichte des Bundesinstituts für ostwissenschaftliche und internationale Studien, 74, 1989, Köln, S. 9).

Staaten diesen Reformprozeß unterstützen sollen, wird es weitere Konflikte geben und somit Bedarf an Institutionen, die ihrem geregelten Austrag dienen. Als erste neue gesamteuropäische Wirtschaftsinstitution wurde die Europäische Bank für Wiederaufbau und Entwicklung (EBWE) ins Leben gerufen, die Kredite für öffentliche Infrastrukturmaßnahmen wie für private Investitionen in Osteuropa bereitstellen soll.[40] Wie bei dem Hilfsprogramm der OECD-Staaten, das unter der Schirmherrschaft der EG abgewickelt wird,[41] wird die Unterstützung an politische Bedingungen geknüpft. Dabei ist die Sonderbehandlung der Sowjetunion bei den westlichen Hilfsmaßnahmen ein gefährliches Spiel. Angesichts der dortigen labilen innenpolitischen Lage müßte der Westen schon deshalb zu großzügiger Wirtschaftshilfe bereit sein, um die Reformen in Osteuropa insgesamt nicht zu gefährden.

In dem Maße, wie als Folge effektiver Reformen die Leistungsfähigkeit der osteuropäischen Ökonomien steigt, werden mit zunehmender wirtschaftlicher Verflechtung natürlich auch Handelskonflikte entstehen, wie sie uns aus den Beziehungen zwischen den OECD- bzw. GATT-Staaten bekannt sind. Auch hier wird institutionalisierte Konfliktregelung nötig sein.

Schließlich sei der *umweltpolitische Aspekt von Wohlfahrt* angesprochen. Zwar gibt es gerade im Umweltbereich eine in die Zeit vor der Perestrojka zurückreichende Kooperation zwischen Ost und West (zum Schutz der Ostsee, aber auch zur Luftreinhaltung im Rahmen der Wirtschaftskommission der Vereinten Nationen für Europa),[42] was noch einmal die simple Vorstellung von der Dominanz des Ost-West-Konflikts in der Zeit vor den

---

40 Vgl. Europa Archiv, 45:12, 1990, Z 129. Aufgabe der EBWE, die im Frühjahr 1991 ihre Arbeit aufnehmen wird, wird es sein, die marktwirtschaftlich orientierten Reformen in Mittel- und Osteuropa zu unterstützen. Es sollen insbesondere private Direktinvestitionen finanziert werden. Die Bank wurde am 30. Mai offiziell gegründet; zu den 42 Gründungsmitgliedern gehören die meisten europäischen Staaten, die USA, Kanada und Japan. Die Verhandlungen über die Gründung der EBWE waren lange von der Auseinandersetzung über die Frage gekennzeichnet, ob auch die Sowjetunion Mitglied werden und Kredite erhalten dürfe. (Neue Zürcher Zeitung, 13.03.1990 und 17.03.1990) Laut Presseberichten wurde schließlich ein Kompromiß gefunden, wonach die USA einer Mitgliedschaft der UdSSR zustimmten und die sowjetische Delegation sich bereit erklärte, in den nächsten vier Jahren auf die der Sowjetunion zustehende Kreditquote zu verzichten und die Kredite der EBWE zu 60% für die Entwicklung der Privatwirtschaft zu verwenden (Frankfurter Allgemeine Zeitung, 10.04.1990).
41 Vgl. Horst G. Krenzler: Die Europäische Gemeinschaft und der Wandel in Mittel- und Osteuropa. In: Europa-Archiv, 45:3, 1990, S. 89–96; hier: S. 93–95.
42 Vgl. dazu u.a. Martin List: Clearing up the Baltic: A Case Study in East-West Environmental Cooperation. In: Volker Rittberger (Hrsg.) 1990, a.a.O., S. 90–116; Gudrun Schwarzer: Weiträumige grenzüberschreitende Luftverschmutzung. Fallstudie im Rahmen des DFG-Projekts »Ost-West-Regime«, unveröffentl. Manuskript, Institut für Politikwissenschaft, Tübingen. 1990.

Reformen im Osten als Trugbild entlarvt. Gleichwohl wird auch hier durch die Perestrojka nicht nur eine offenere Herangehensweise an die existierenden Umweltprobleme im Osten ermöglicht, sondern die internationale Kooperation zum Schutz der Umwelt erscheint geradezu als Musterfall für ein Handeln, das dem Neuen Denken in Kategorien von Menschheitsinteressen entspricht.

Fassen wir diesen Überblick über die Auswirkungen der Perestrojka und des Neuen Denkens in der Sowjetunion auf die Ost-West-Beziehungen zusammen. Die systempolitischen Reformen in den ehemals »realsozialistischen« Staaten haben zur Auflösung von Wertekonflikten im Politikfeld Herrschaft geführt und die Perspektive eines politisch relativ homogenen Europas demokratischer Verfassungsstaaten eröffnet. Die Zivilisierung im Sinne des Verzichts auf absolute Wahrheit wie auf absolute Herrschaft und damit die Gewährung von transnationaler Kommunikationsfreiheit und Freizügigkeit findet hier bereits statt. In den Politikfeldern Sicherheit und Wohlfahrt, in denen Interessenkonflikte dominieren, kann es durch Abrüstung zur Zivilisierung im Sinne von Entmilitarisierung und durch die Gewährung von Außenhandelsfreiheit zur Zivilisierung im Sinne des Sich-Einlassens auf Interdependenz kommen. Der Westen kann diese Entwicklung in vielfältiger Weise unterstützen, indem er z.B. durch den Abbau von Handelshemmnissen gleichzieht. Dann kann es im wirtschaftlichen Bereich, ebenso wie beim gemeinsamen Umweltschutz, zu einem sehr hohen Grad an Kooperation kommen, der ohne die Perestrojka und ihre Auswirkungen nicht denkbar gewesen wäre.

Gleichzeitig haben die durch den innersowjetischen Wandel begünstigten Entwicklungen der letzten Jahre zum Aufbrechen latent vorhandener Nationalitätenkonflikte geführt; und sie haben neue Herausforderungen wie den Aufbau einer gesamteuropäischen Sicherheitsarchitektur und die Integration der ehemaligen Staatshandelsländer in die Weltwirtschaft und in die internationalen Wirtschaftsorganisationen auf die Tagesordnung gesetzt. All dies läßt das Aufkommen neuer Konflikte möglich erscheinen und sorgt somit auch weiterhin für Bedarf an Institutionen des geregelten Konfliktaustrags.

Die Veränderungen in der Sowjetunion und in Osteuropa haben die Chancen für eine friedliche Zukunft in Europa erhöht, indem sie zu einer Zivilisierung nicht *des* Ost-West-Konflikts, sondern des Konfliktaustrags *in den* Ost-West-Beziehungen beigetragen haben. Ob in der KSZE-Region jedoch dauerhafter Frieden herrschen wird, hängt nicht allein, obschon in starkem Maße, von demokratischen und rechtsstaatlichen Strukturen im Innern der Gesellschaften ab, sondern auch von zwischenstaatlichen institutionalisierten Konfliktregelungsmechanismen wie Verhandlungssystemen, Regelwerken in Politikfeldern oder gar schließlich tendenziell supranationalen Vergemeinschaftungsprozessen. Beides zusammen: *demokratische Verfassungsstaatlichkeit* und *institutionelle Stabilisatoren des geregelten Austrags internationaler Konflikte* eröffnen den *Ausblick auf eine umfassende Zivilisierung der internationalen Beziehungen in Europa.* Von deren Gelingen wird der Übergang von einer Periode des brüchigen in eine Periode des stabilen Friedens bestimmt sein.

Włodzimierz Borodziej

Polen: nationale Tradition und politische Kultur

Es hat im Polen des Jahres 1989 mehrere Bilder gegeben, die im Gedächtnis der Zuschauer einen bleibenden Platz gefunden haben dürften. Als im Februar der »Runde Tisch« zusammentritt, schüttelt der langjährige Innenminister den lächelnden Symbolfiguren der Opposition die Hand; der oberste Polizeichef wirkt bei der Begrüßung der ehemaligen politischen Häftlinge etwas verkrampft. Zwei Tage nach der Wahl, am 6. Juni, wird bekannt, daß die Opposition auf Anhieb 92 Prozent der Senatssitze und fast alle der ihr zugesprochenen Mandate im Unterhaus gewinnen konnte, während die Partei landesweit kaum einen Kandidaten durchgebracht hat. Überall, vom Freundeskreis bis hin zum Fernsehen, sieht man konsternierte Gesichter: Die Verblüffung ist beinahe größer als die Freude, Jahre früher als erwartet muß die Opposition die Macht übernehmen. Am 12. September unterbricht der neue Ministerpräsident die Verlesung seines Exposé im Parlament; er steht am Rande des körperlichen Zusammenbruchs und vermag seinen Text nur mit stockender Stimme zu Ende zu lesen. Im November umarmen einander Tadeusz Mazowiecki und Helmut Kohl nach dem gemeinsamen Gottesdienst in Kreisau; die zerfallende Berliner Mauer verleiht dieser Geste einen wohl beiderseitig ungewollten Beigeschmack.

Alle diese Bilder spiegelten in geraffter Form einen Epochenwechsel wider. Das größte Echo fand aber in der Öffentlichkeit der Auftritt einer relativ unbekannten Schauspielerin der jüngeren Generation in den Fernsehnachrichten. Die ahnungslose Reporterin fragte die Schauspielerin zum Abschluß eines gänzlich unpolitischen Interviews, ob sie ihren Zuschauern vielleicht etwas besonderes sagen wolle. »Ja«, antwortete die Schauspielerin, »nur einen kurzen Satz«. Und sie verkündete ihn sofort mit freudestrahlendem Gesicht: »Seit dem 4. Juni ist der Kommunismus vorbei«.

Der Spruch wurde zum Medienereignis des Monats. In dem kurzen Augenblick, in dem die überaus simple Botschaft über den Bildschirm ging, scheinen viele Menschen ihr eigenes Schlüsselerlebnis wiedererkannt zu haben: Das Ende eines Zeitalters, dessen Abgang in die Geschichte man sich seit langem gewünscht und zur Voraussetzung für einen auch persönlichen Neubeginn gemacht hatte.

Eine objektive Bilanz der 45 Jahre Volkspolens zu ziehen, ist heute noch unmöglich. Auf jeden Fall wurde der Staat im letzten Jahrzehnt von einem großen Teil der Gesellschaft zunehmend als Hemmschuh für kollektive und individuelle Entfaltungsmöglichkeiten empfunden – nicht zuletzt deshalb, weil Millionen von Polen sich bei ihren Westreisen selbst überzeugen konnten, welche Ausmaße die Kluft zwischen Polen und Westeuropa erreicht hatte. Über Jahre hinweg verschloß sich der Apparat der herrschenden Partei diesen Einsichten. Erst im Herbst 1988 gelang der Führung die Einleitung eines Kurswechsels, der eine zumindest taktische Kooperation mit der Opposition erlauben sollte; daß die rückläufige Entwicklung ohne diese Kooperation unaufhaltsam war, geht aus der Geschichte der achtziger Jahre mittlerweile eindeutig hervor.

Seit dem »Runden Tisch« und den Wahlen im Juni 1989 begann die »Rückkehr Polens nach Europa«. Diese oft bemühte Phrase trifft natürlich nur zum Teil zu; sogar in den fünfziger Jahren konnte man schwerlich behaupten, daß Europa an der Elbe bzw. Oder aufhört. Zwar hatte die Geschichte östlich des Eisernen Vorhangs tatsächlich einen anderen Verlauf genommen als westlich von ihm; das horizontale Kontinuum schien für kurze Zeit in zwei Pole aufgebrochen. Dennoch scheint schon Anfang der sechziger Jahre ernstzunehmenden Journalisten recht klar gewesen zu sein, wieviel Kontinuität trotz des »Großen Bruchs« erhalten geblieben ist.[1] 1990 wirkt diese Erkenntnis beinahe banal: Mit jedem Monat verstärkt sich der Eindruck einer unglaublichen Kontinuität in der ostmittel- und südosteuropäischen Geschichte, in der alle wesentlichen Fragen – von Strukturproblemen der Wirtschaft über internationale Beziehungen bis hin zu Minderheitenfragen und Wahlverhalten – in das 19. und frühe 20. Jahrhundert zurückverfolgt werden können.

Dies gilt auch für Polen, wo die Kenntnis der Geschichte seit eh und je als eine Voraussetzung für das Verständnis der Gegenwart betrachtet wurde. Die gegenwärtig wohl meistgelesene Darstellung der Geschichte Polens, Norman Davies'»God's Playground«[2], lebt gerade von dieser Aktualisierung der historischen Bezüge; nach Lektüre des Buches gelangt man unschwer zur Überzeugung, daß alle Zusammenhänge, Strukturen und Motive der gegenwärtigen Auseinandersetzung ihre Entsprechungen in der Vergangenheit des Landes finden.

Davies ist keineswegs der einzige Beobachter, dem diese Kontinuitätslinien aufgefallen waren. Trotz aller Bedenken gegen die mehrfach geäußer-

---

1 Hansjakob Stehle, Nachbar Polen, Frankfurt/M. 1963.
2 Norman Davies, God's Playground. A History of Poland, 2 vols., Oxford 1981.

te These, derzufolge die »Solidarność« eine Art modernisierter Weiterentwicklung der polnisch-litauischen Adelsdemokratie darstellt[3], ist eine Tatsache nicht von der Hand zu weisen: Der Gegensatz zwischen Staat und Gesellschaft, der vor zehn Jahren den Konflikt zwischen der Partei als usurpatorischem Staatsverwalter und der Gewerkschaft als Vertretung gesellschaftlicher Selbstbestimmungsansprüche hervorrief, gehört zu den Grundkonstanten der polnischen Geschichte.

Deutlich erkennbar wurde in den »16 Monaten« zwischen August 1980 und Dezember 1981 auch eine andere Tradition – die der Hoffnung auf die Übertragbarkeit des »polnischen Weges« oder »polnischen Modells« auf die benachbarten Länder, mithin auf den gesamten damaligen »Ostblock«. Immerhin lief der Zusammenstoß zwischen kommunistischem Monopolanspruch und gesellschaftlicher Emanzipationsbewegung bis zum 13. Dezember 1981, d.h. bis zur Ausrufung des Kriegsrechts, gewaltlos ab, und selbst im Schatten des – gemessen an der Normalität der Nachbarn nahezu liberalen – Kriegsrechts erwies sich eine Rückkehr zum Status quo ante als unmöglich. Erst der Herbst 1989 zeigte aber, daß die Hoffnungen auf eine Adaptation des »polnischen Weges« diesmal nicht ganz ungerechtfertigt waren; das Grundmuster der zivilen, betont gewaltfreien Auflehnung gegen die Obrigkeit kehrte in den entscheidenden Tagen sowohl in der Tschechoslowakei als auch in der DDR wieder. Ebenso läßt sich die rasche Kapitulation der Prager und Ostberliner Führung ohne die jahrelange Nachbarschaft »polnischer Zustände« nicht so leicht vorstellen. Im vorhersehbaren Memoiren- und Historikerstreit um die Vaterschaft des »Völkerfrühlings im Herbst« werden polnische Autoren für die Rolle ihres Landes gewichtige Argumente vorbringen können.

Auch diese Auseinandersetzung wird nichts Neues sein, denn das polnische Streben nach europäischer Anerkennung für übernationale Verdienste weist eine lange Tradition auf. So soll Polen-Litauen im Zuge seiner Ostexpansion »abendländische Werte« nach Osten getragen und Europa 1683 vor der osmanischen Gefahr gerettet haben. Die Teilungen Polens hätten die Aufmerksamkeit der absolutistischen Großmächte von der französischen Revolution abgelenkt, die Aufstände des 19. Jahrhunderts Belgiern, Deutschen, Italienern und Ungarn den Weg zur nationalen Souveränität bzw. Einheit gewiesen. 1920 versperrte die neuentstandene Republik mit dem »Wunder an der Weichsel« Sowjetrußland den Weg nach Europa. Schließlich führte 1944 das Opfer des Warschauer Aufstands dem Westen die

---

3 Neben Davies vgl. z.B. Timothy Garton Ash, The Polish Revolution, Solidarity, London 1985.

Verderblichkeit seines sowjetischen Verbündeten vor Augen. Die Arbeiterre-
volten der Nachkriegszeit, die »Solidarność« und der historische Kompromiß am »Runden Tisch« lassen sich mühelos in diese Tradition der über-
nationalen Verdienste einreihen.

Nun wird das derart skizzierte nationale Pantheon in der westlichen
Öffentlichkeit keineswegs widerspruchslos akzeptiert oder gar honoriert,
was seine ohnehin stark martyrologische Komponente zusätzlich verstärkt.
Den Entsatz Wiens quittierten die Habsburger hundert Jahre später mit der
Teilnahme an der Ersten Teilung Polens, die deutsche Reichsgründung
brachte den polnischen Untertanen des preußischen Königs eine eindeutige
Verschlechterung ihrer Lage, 1920 boykottierten die westlichen Gewerkschaften Waffen- und Munitionstransporte an die Weichsel, dem Warschauer Aufstand folgte wenige Monate später die »Vierte Teilung Polens« in
Jalta. Aus dieser Sicht bekommen die Reaktionen der polnischen Öffentlichkeit auf einige Vorgänge der letzten Monate – und erst recht die Vorgänge
selbst – unvermittelt etwas Vertrautes: DDR-Bürger applaudieren dem
Bundeskanzler, wenn er die Rolle Gorbatschows würdigt und pfeifen, wenn
er der »Solidarność« dieselbe Bedeutung zugestehen will; Lech Wałęsa
findet offensichtlich derart wenig Gefallen an der europäischen Anerkennung für Vaclav Havel, daß er einem Treffen mit der neuen Symbolfigur
der osteuropäischen Revolutionen ausweicht. Und Adam Michnik wird von
der angesehenen Wiener »Presse« der Vorwurf gemacht, er wirke heute »ein
wenig deplaciert, weil er den Denkkategorien von früher anhaftet« und
ausgerechnet in Litauen den eigentlichen Prüfstein der Perestrojka ortet.[4]

Diese teils komisch wirkende, teils mit bemerkenswerter Verbissenheit
ausgetragene Auseinandersetzung um die polnischen Verdienste für Europa
ist mehr als ein Streit um die Geschichte. Erstens ist die Tradition der
Auflehnung *das* Erbe, das Polen in Europa einbringt. Der Weg in die Zugehörigkeit zur Europäischen Gemeinschaft ist seit Herbst 1989 ohnehin
länger geworden, seitdem ihn auch die ČSFR und Ungarn betreten haben –
vom ostdeutschen Sonderfall ganz zu schweigen; angesichts dieser Unge-
wißheit wird jeder Zweifel noch stärker empfunden, als es bisher schon der
Fall gewesen ist. Zweitens steckt hinter dem Streit um die polnischen
Verdienste tendenziell immer die Frage, ob die vermeintlichen Aktiva
tatsächlich als solche zu betrachten sind, ob die Tradition der Auflehnung
im normaleuropäischen Alltag unterzubringen ist. Die bekannte Gleichung:

---

4 Siehe den Bericht des Chefredakteurs Thomas Chorherr von einer internationalen
   Tagung in Bordeaux: »Fährt die Freiheit ein- oder zweigleisig?«, in: Die Presse vom
   12./13. Mai 1990, S. 3.

»Polnische Wirtschaft« plus Streiks ist gleich selbstverschuldete Armut – ist nur eines der Beispiele für die Gegenargumentation. Ebenso aufschlußreich ist in diesem Zusammenhang das soeben zitierte Bild des Kalten Kriegers Michnik, gehören doch die unverbesserlichen Polen, die immer wieder aus uneinsichtigen Gründen gegen ihre östlichen Nachbarn hetzen, seit mehr als einem Jahrhundert zum festen Topos russischer und westlicher Publizistik.

Die Diskrepanz zwischen dem polnischen Selbstportrait der heldenhaften Nation und dem westlichen Bild des unbelehrbaren Völkchens zwischen Deutschen und Russen läßt sich zu einem guten Teil mit der Andersartigkeit der jeweiligen Tradition erklären. Besonders im deutschen Sprachraum reagiert die Linke immer wieder mit Erstaunen auf die Selbstverständlichkeit, mit der polnische Gesprächspartner den Begriff »Nation« – versehen mit einem ausgesprochen positiven Vorzeichen – gebrauchen. Die nationale Identität hat in Polen eine lange Geschichte, die verglichen mit Österreich weniger kompliziert, verglichen mit Deutschland weniger belastet ist. Trotz ihrer tatsächlichen Komplexität bleibt sie im kollektiven Bewußtsein angebunden an ein defensives Wertesystem, an dessen Spitze der Widerstand gegen obrigkeitliche Bevormundung steht.

In der Auseinandersetzung um die Beteiligung Polens an den Zwei plus Vier-Gesprächen griff der polnische Ministerpräsident auf die Formel zurück, nach der »nichts über uns ohne uns« entschieden werden könne. In der polnischen Öffentlichkeit fand dieser Grundsatz breite Zustimmung – nicht zuletzt deshalb, weil er schon in der Schule als ein Verfassungsprinzip der alten Adelsrepublik Polen-Litauen gelehrt wird: Da jeder Adelige vollberechtigter Staatsbürger war, konnte keine königliche Entscheidung ohne die Zustimmung der Vertreter des Adelsstandes getroffen werden. Kein Adeliger durfte ohne Gerichtsurteil verhaftet, kein Grundgesetz ohne Zustimmung der beiden Kammern des Reichstages verabschiedet werden. Umgeben von absolutistischen Nachbarn, übte Polen-Litauen im 17. und 18. Jahrhundert auf seine privilegierten Bürger unterschiedlicher Nationalität eine enorme Anziehungskraft aus. Im Ergebnis entwickelte der Adelsstand (d.h. 7–8% der damaligen Bevölkerung) eine gesellschaftliche und nationale Identität, die den Begriff der vormodernen »politischen Nation« voll gerechtfertigt erscheinen läßt.

Diese Adelsnation war der eigentliche Verlierer bei den Teilungen Polens im ausgehenden 18. Jahrhundert. Sie verlor sowohl ihre finanziellen und politischen Privilegien als auch den Staat, der diese Privilegien garantiert hatte. Folgerichtig betrachteten die Teilungsmächte den Adel als die einzige soziale Gruppe, die den neuen politischen Status quo in Frage stellen konnte; sofort nach der Eingliederung der polnischen und litauischen Provinzen machten sie sich an die Auflösung der Privilegiengemeinschaft. Der bisher de jure einheitliche Stand wurde in allen drei Teilungsgebieten in Aristokratie und Szlachta gespalten, der ärmere und besitzlose Adel in andere soziale Schichten verdrängt. Die kaiserlichen und königlichen Hofkanzleien hofften damit einerseits auf eine Integration der kooperationswilligen Landeliten in ihr jeweiliges Herrschaftsgefüge; andererseits sollte die Zerschlagung des Adels als des Trägers der nationalen Identität die Auflösung des Staates durch die Auflösung der Nation vollenden.

Freilich verlief die Geschichte konträr zu den Erwartungen der russischen, preußischen und österreichischen Beamten. Die erfolgreiche Neuordnung des Adelsstandes führte in keinem der drei Teilungsgebiete zur Auslöschung der nationalen Identität; ganz im Gegenteil bewirkte die Verdrängung des Großteils der Szlachta aus ihrer privilegierten Stellung auf direktem Wege die Entstehung der Intelligenz. Diese spezifisch osteuropäische Schicht von Wirtschaftsangestellten, Freiberuflern, Universitätsbediensteten, Geistlichen und Lehrern trug den nationalen Gedanken in die entstehende moderne Gesellschaft hinein. Die im 18. Jahrhundert durch den Adel vertretene »politische Nation« erweiterte sich gerade durch das von der Intelligenz geschaffene Kommunikationsnetz zu einer Gemeinschaft, die vom Gutsbesitzer bis zum Land- und Industriearbeiter reichte.

In allen Teilungsgebieten prägte die staatliche Wirtschafts- und Sozialpolitik entscheidend den Übergang zur »industrialisierten Agrargesellschaft«. Daß dieser Modernisierungsprozeß von oben betrieben wurde, daß er fragmentarisch und inkohärent blieb, war beileibe kein polnisches Spezifikum. Daß er aber von außen erfolgte, daß er in allen Bereichen – von der Bildungspolitik bis zur Lenkung des Kapitalflusses – durch den Konflikt zwischen der jeweiligen Staatsnation und ihren polnischen Untertanen mitbestimmt wurde, das alles führte im Polen des 19. Jahrhunderts zu einem Primat der nationalen Frage über die sozialen Gegensätze. Zwar fanden die gesellschaftlichen Konflikte ihren Ausdruck in der Entstehung politischer Vertretungen von Bauern, Arbeitern und Kleinbürgertum. Langfristig konnte es sich aber keine von ihnen leisten, die innerpolnischen Gegensätze zum Leitfaden ihrer Tätigkeit zu erheben. Der Druck des nationalen Abwehrkampfes lastete – je nach Zeit und Ort in unterschiedlicher Intensität – auf allen. Die Rechte mußte sich national gebärden, obwohl jeder Umsturzgedanke sie in bedrohliche Nähe zur revolutionären Idee rückte; folglich versuchte sie immer wieder, die Linke als anationalen Fremdkörper zu denunzieren, was freilich weder in Galizien noch im russischen Teilungsgebiet so recht gelingen wollte. Die Linke attackierte die polnischen besitzenden Schichten, verknüpfte jedoch ihre Vision sozialer Gerechtigkeit mit dem Fernziel eines unabhängigen Polen. Nur eine Gruppierung der marxistischen Arbeiterbewegung entzog sich der Sogwirkung der nationalen Frage und konzentrierte sich ganz auf den sozialen Kampf. Wie einschneidend eine solche Entscheidung war, zeigt die auf den ersten Blick befremdende Tatsache, daß der Symbolfigur dieser Richtung, Rosa Luxemburg, bis heute ein Platz im nationalen Pantheon verwehrt geblieben ist – obwohl sie die vielleicht einzige Gestalt von europäischer Bedeutung in der damaligen politischen Führungsschicht Polens gewesen ist.

Das Zusammengehörigkeitsgefühl der Intelligenz in den drei Teilungsgebieten wurde aus ihrem Selbstverständnis als Elite einer Nation ohne Staat gespeist. In dieser Gemeinschaft hatte auch der römisch-katholische Klerus seinen Platz, dem in Preußen und Rußland der Weg zum Bündnis zwischen Thron und Altar versperrt geblieben war. Er stand keineswegs außerhalb der gesellschaftlichen Kritik, wie man heute oft zu glauben geneigt ist. Dennoch bewahrte gerade der engstirnige, ungebildete Priester in der Provinz, dessen Verständnis vom Katholizismus seinen aufgeklärten Glaubensbrüdern im Westen schon damals zutiefst suspekt erschien, durch seinen oft lebenslangen Kampf gegen die staatliche Obrigkeit eine Autorität, die linke Kritiker verzweifeln ließ.

Die große Herausforderung für die entstehende moderne Nation fiel in die Jahrzehnte zwischen 1870 und 1914. Die scheinbar endgültige Absetzung der polnischen Frage von der Tagesordnung der europäischen Politik, der Abschluß der Bauernbefreiung und die einsetzende Industrialisierung, die Entstehung eines ukrainischen und eines litauischen Nationalbewußtseins in den ehemaligen Ostgebieten der Adelsrepublik, schließlich die zentrifugale Wirkung der jahrzehntelangen Zugehörigkeit zu drei verschiedenen Staaten – das alles stellte die polnische Elite vor die Notwendigkeit, unterschiedliche Abwehrstrategien zu entwickeln.

In Galizien vertrauten die Konservativen auf die 1867 erreichte Sonderstellung am Wiener Hof und das darauf basierende Machtmonopol in der Verwaltung der Provinz. Dem Konflikt mit dem polnischen Bauerntum und der aufkommenden ukrainischen Nationalbewegung gingen sie mittels einer Politik, die alle Reformbestrebungen unterlief, aus dem Wege. Erst mit den Wahlrechtsreformen der Jahrhundertwende erlitt dieses Konzept Schiffbruch. Der ursprünglich soziale Konflikt zwischen polnischen Gutsbesitzern und ruthenischen Bauern hatte sich inzwischen zu einem brutalen Nationalitätenkampf gesteigert; entgegen der defensiven Tradition des polnischen

Nationalbewußtseins, trat die polnische Rechte hier eindeutig als aggressive Kraft auf. In dem Maße, in dem sich im Verlauf des 20. Jahrhunderts das Zerrbild »der Monarchie« (man braucht im Polnischen keine zusätzliche Erklärung, welches der drei Kaiserreiche damit angesprochen ist) zu einer idyllischen Utopie verwandelte, wurde dieser Teil des nationalen Erbes aus dem gesellschaftlichen Bewußtsein ausgeblendet.

Im preußischen Teilungsgebiet scheiterte die staatlich geförderte Germanisierung an der durch die gemeinsame Bedrohung zementierten nationalen Solidarität. Schon relativ früh erfaßte die Abwehrfront alle Gesellschaftsschichten, von den Gutsbesitzern über das Kleinbürgertum und den Klerus bis hin zum Bauerntum; sie stützte sich auf ein dichtes Netz von Vereinen und Genossenschaften und verfügte über ein eigenes Bank- und Pressewesen. Auf den legalisierten Druck von oben und von außen antwortete die Gesellschaft mit einem legalen, gewaltlosen Widerstand von innen und unten. Der eigentliche Beitrag zur nationalen Tradition bestand in der Form: Wollten die Posener Polen sich nicht in Preußen polnischer Zunge verwandeln lassen, so mußten sie den Kampf auf der vom Staat aufgezwungenen, rechtlich geregelten Ebene aufnehmen. Der Erfolg bewies, daß sie nicht nur polizeilich gesuchte Umstürzler, sondern auch umsichtige Landwirte und gute Kaufleute sein konnten.

»In Polen ist das Gefängnis ständiger, gleichsam alltäglicher Begleiter des menschlichen Gedankens. Es ist ein Teil der ideellen Kultur, Teil der politischen Kultur, Teil der Kultur des polnischen Alltags«[5]. Die Sätze, mit denen Józef Piłsudski seine Erfahrungen als Funktionär der illegalen sozialistischen Partei im russischen Teilungsgebiet zusammenfaßte, beziehen sich auf eine Realität, die von der österreichischen und preußischen kaum unterschiedlicher sein könnte. Die Lebensläufe der Führungsschicht im sogenannten Russisch-Polen sind gekennzeichnet durch Verhaftungen, Verbannungen und Exil. Illegalität, Repression und Gewalt sind hier der normale Erfahrungskreis, der Verzicht auf eine bürgerliche Existenz – Voraussetzung politischer Aktivität. Dies ändert sich erst in den letzten Jahren vor dem Ersten Weltkrieg, als die zaghafte Parlamentarisierung des Russischen Reiches einen Wandel der Öffentlichkeit einleitet und die Legalisierung einer bedeutenden prorussischen Bewegung ermöglicht. Die Niederlage Rußlands wenige Jahre später gibt aber all jenen recht, die nie einen Kompromiß gesucht und im Zarenreich stets den Hauptfeind Polens gesehen

---

5 Es ist natürlich kein Zufall, aber auch mehr als eine aufdringliche Selbstdarstellung, daß dieser Satz in einem im Gefängnis geschriebenen Essay von Adam Michnik wiederkehrt: List z Kurkowej, in: Aneks 1985/38, S. 3–27, hier: S. 5.

haben; sie erhebt in das nationale Pantheon jene, die aus Exil oder Untergrund, oft genug gegen die schweigende Mehrheit ihrer Landsleute, zum
Kampf aufgerufen haben.

Die Wirkungsgeschichte der hier skizzierten Teiltraditionen ist eng verknüpft mit dem Schicksal Polens im 20. Jahrhundert. Die preußische Linie
fand ihr faktisches Ende im Zweiten Weltkrieg. Nicht nur hatten die Deutschen, die 1939 in Polen einmarschierten, im gesellschaftlichen Empfinden
wenig mit ihren kaiserlichen Vorgängern gemein; indem sie einen Großteil
der westpolnischen Eliten im ersten bürokratisch angeordneten Massenmord
des Zweiten Weltkriegs umbrachten, schnitten sie die spezifisch großpolni-
schen Traditionen ab. Die folgenden Zwangsaussiedlungen und die Migra-
tionen der Nachkriegszeit glichen die westpolnischen Gebiete den übrigen
Landesteilen weitgehend an, mehr vielleicht, als es der heutigen Bevölkerung dieser Gebiete lieb ist.

Das galizische Erbteil, jene seltsame Mischung aus halbkonstitutioneller
Monarchie und Notstandsverordnungen, Rechtsstaatlichkeit und behörd-
licher Willkür, fand im Polen der Zwischenkriegszeit seine kongeniale Fortsetzung. Nach 1945 schien Galizien mehr und mehr zu einem nostalgischen
Begriff zu verblassen, zumal der nationalsozialistische Terror auch hier –
vor allem durch den Massenmord an den Juden – die Bevölkerungsstruktur
grundlegend verändert hatte. Dennoch stellte sich nach Bekanntgabe der
Wahlergebnisse im Juni 1989 heraus, daß Galizien nicht ganz verschwunden
ist: In der Bilanz der Wahlergebnisse hob sich das ehemalige österreichische
Teilungsgebiet deutlich ab. Nirgendwo sonst hatten die Bürgerkomitees eine
ähnlich hohe Wahlbeteiligung erzielt, in keinem anderen Landesteil errang
die bisherige Opposition einen so hohen Sieg.[6]

Am stärksten setzte sich aber die Tradition des russischen Teilungsgebiets
durch, die während des Krieges 1939–1945 auf die anderen Landesteile
übertragen wurde. Die deutsche – 1939–1941 auch die sowjetische – Besat-
zungsherrschaft entzog jedem legalen Widerstand, geschweige denn einem
Kompromiß, den Boden. Folglich griff die Opposition, sofern unter den
neuen Bedingungen die Vergangenheit überhaupt Anknüpfungspunkte
bieten konnte, auf die im kollektiven Bewußtsein durchaus präsenten Erfahrungen der Konspiration zurück. Der »Untergrundstaat« der Jahre
1939–1944 übertraf alle seine Vorgänger an sozialer Reichweite und gesell-

---

6 »Die neue politische Geographie der Republik erwies sich als sehr alt« schlossen die
   Autoren der ersten Analyse der Wahlergebnisse im »Tygodnik Solidarność« vom 6. Juli
   1989, S. 8.

schaftlicher Akzeptanz, blieb aber ebenso wie sie militärisch und politisch erfolglos.

Nach der Durchsetzung des kommunistischen Herrschaftsmodells um 1947 mochte es scheinen, als sei ein ganz neues, deutlich von der Vergangenheit abgegrenztes Kapitel polnischer Geschichte eröffnet. Das neue politische System, das sich innerhalb weitgehend neuer Grenzen und über einer sozial und national grundlegend veränderten Bevölkerung etablierte, versprach, dieses Kapitel mit dem endgültigen Durchbruch zu sozialer Gerechtigkeit und Modernität zu füllen.

Dieses große Experiment scheiterte in Polen bekanntlich mehrmals und auf mehreren Ebenen. Von besonderem Interesse ist in unserem Zusammenhang die Neuordnung des nationalen Pantheons. In den späten vierziger und fünfziger Jahren wurde das gesamte Gebäude einem vermeintlich gründlichen Umbau unterzogen. Der als »antirussisch« geltende Flügel, der von den Schlachten des 16. Jahrhunderts über die Aufstände des 19. Jahrhunderts und Piłsudski bis zum Warschauer Aufstand reichte, wurde in der staatlich kontrollierten Öffentlichkeit als reaktionär gebrandmarkt und aus ihrem Blickfeld entfernt. Im Gegenzug erhielt gerade dieses nationale Erbe in der gesellschaftlichen Gegenöffentlichkeit ein ganz besonderes Gewicht: Das Bild Piłsudskis als eines weisen Staatsgründers, erfolgreichen Feldherren gegen den Kommunismus und greisen Landesvaters hätte ohne die jahrzehntelange Verleumdung und Ausblendung nie die Popularität erreicht, die es heute offensichtlich hat. Ein anderes Problem im Umgang mit der nationalen Tradition bestand im Legitimationsbedürfnis der Machthaber. In dem Maße, in dem sich nach der Blütezeit des Stalinismus Mitte der fünfziger Jahre ein Wechsel von der ideologisch-internationalistischen zur patriotischen Legitimierung vollzog, erweiterte sich auch der Rahmen für eine national akzentuierte Geschichtsbetrachtung, die nicht ausdrücklich an den tabuisierten »Reizthemen« rüttelte.

So wuchs in den sechziger und siebziger Jahren eine ganze Generation der polnischen Intelligenz mit den Büchern von Paweł Jasienica auf, der in einer Reihe von glänzend geschriebenen Essays das alte Polen der Piasten, Jagiellonen und Vasa-Könige porträtierte. Dabei war seine Grundthese (auf lange Sicht) alles andere als staatstragend: Die egoistischen, in der Regel politisch unbegabten Herrscher des Landes hätten das Königreich gegen Rat und Widerstand ihrer weitsichtigen, rechtschaffenen und durch königliche Intrigen entmündigten Bürger verspielt.

Das Bild des grundsätzlichen Gegensatzes zwischen der potentiell gewissenlosen Staatsmacht (władza) und der Gesellschaft (społeczeństwo) als dem eigentlich legitimen Subjekt[7] ließ sich nicht nur zwischen den Zeilen historischer Essays wiederfinden. Je offensichtlicher die Erfolglosigkeit der polnischen Kommunisten wurde, den entscheidenden Durchbruch in der wirtschaftlichen und sozialen Modernisierung des Landes zu erreichen, desto häufiger kehrte die Polarisierung in »die da oben« und »wir da unten« in der inoffiziellen Öffentlichkeit wieder[8]. Seit dem Entschluß der Staatsführung, die als harmlos eingeschätzten Oppositionsgruppen nicht mit Brachialgewalt auseinanderzujagen[9] wurde diese Aufteilung zum – außerhalb Polens kaum verstandenen – weltanschaulichen Ordnungsprinzip vor allem der jüngeren Generation.

Indessen schien in der geopolitischen Lage Polens eine vollkommene Auflösung dieses Gegensatzes, d.h. die Abschaffung des kommunistischen Systems, Ende der siebziger Jahre unmöglich. Daher beschränken sich die oppositionellen Programme dieser Zeit auf die Vision eines »Gesellschaftsvertrages« mit der »władza«, der die Beziehungen zwischen beiden Seiten ausgleichen könnte. »Die gesellschaftlichen Aktivitäten« schreibt ein Soziologe, für den die Gleichsetzung von »Gesellschaft« und »Opposition« offenbar auch selbstverständlich ist, »gingen nicht in Richtung ›Machtergreifung‹, das heißt Entfernung der regierenden PVAP aus der Macht. Ihr Ziel war vielmehr, der Partei – um den Preis der Bejahung ihrer Machtausübung – eine Veränderung der Regeln dieser Machtausübung abzuringen, die Machthaber und die Gesellschaft dem gleichen Recht zu unterstellen«.[10] Erst die Entstehung der Massenorganisation »Solidarność« änderte diese eingeschränkte Zielsetzung.

Fragt man nach den Gründen für den weit über die ursprünglichen Absichten hinausgehenden Erfolg der 1976 entstandenen Oppositionsbewegung, so zeichnen sich drei unterschiedliche Antworten ab.

---

7 Siehe dazu ausführlich Hans Henning Hahn, Zur Dichotomie von Gesellschaft und Staat in Polen, in: Berichte des Bundesinstituts für ostwissenschaftliche und internationale Studien, 20–1989.

8 Die Interviewsammlung Teresa Torańskas mit ehemaligen kommunistischen Entscheidungsträgern trug im Original den unmißverständlichen Titel »Oni« (dt. »sie«); die deutsche Übersetzung wurde – sinngemäß richtig – »Die da oben« betitelt.

9 Der damalige Parteichef Edward Gierek berichtet, mit der Verkündung der Amnestie von 1977 (die auch die politischen Häftlinge einschloß), habe man gewissermaßen zugegeben, »daß die kommunistische Obrigkeit mit KOR leben kann – wie mit Hautpickeln oder einer anderen delikaten Krankheit. Mit der Zeit haben sich auch unsere Verbündeten mit der Existenz dieser oppositionellen Bewegung abgefunden. Man begann diesen Zustand als eine bestimmte polnische Eigenart zu betrachten«; zit. nach Edward Gierek, Przerwana dekada. Warszawa 1990, S. 112f.

10 Ireneusz Krzemiński, Świat zakorzeniony, in Aneks 1986/43, S. 91–119, hier: S. 97.

Erstens blieb die Aktivität von KOR (Komitee zur Verteidigung der Arbeiter) und anderen Gruppen keineswegs auf die Verkündung demonstrativen Protestes beschränkt. Im Intellektuellenmilieu, dessen Beziehungen zur Staatsmacht seit 1968 von tiefem Mißtrauen geprägt waren, wurden die Untergrundveröffentlichungen und die »Fliegende Universität« relativ rasch zu einer ernstzunehmenden Konkurrenz für den offiziellen Kultur- und Wissenschaftsbetrieb. Zumindest ebenso wichtig war die gezielte Aktivität von KOR unter den Arbeitern. Die Gründung von Keimzellen der freien Gewerkschaften in Danzig, Warschau oder Oberschlesien scheint anfangs nur sehr mühsam vorangegangen zu sein. Im Rückblick erweist sie sich aber als die vielleicht entscheidende Investition der ersten vier Jahre, weil sie das Grundmuster oppositioneller Haltung im kommunistischen System – die schichtenspezifische Isolation – durchbrach. Keine der hier angesprochenen konkreten Unternehmungen konnte einzeln den Durchbruch erzwingen; durch ihre Vielfalt erzeugten sie aber innerhalb kurzer Zeit eine gewichtige inoffizielle »Gegenöffentlichkeit«, mit deren Druck der Staat in immer größerem Maße zu rechnen hatte.

Zweitens bemühte sich vor allem KOR um eine Integration der bisher unabhängig voneinander existierenden oppositionellen Gruppen. In den Programmen der späten siebziger Jahre finden wir kaum eine eindeutige Festlegung auf ideologische Präferenzen. Natürlich hängt dies eng zusammen mit der oben angesprochenen Bescheidenheit der Zielvorstellung, es ist aber auch ein anderer Zusammenhang erkennbar: Erst der bewußte Verzicht auf visionäre Prophezeiungen des künftigen Glücks, erst die Selbstbeschränkung auf ein Stufenprogramm der gewaltlosen Einengung der Herrschaftsbefugnisse, machten die neue Bewegung zu einem allseitig akzeptablen Bürgerrechtsforum ohne eindeutige Einordnung in das Rechts-Links-Schema. »Wir kommen weder aus dem rechten Lager, noch aus dem linken Lager, sondern aus dem Konzentrationslager« – diesen Spruch Vladimir Bukowskis setzte Adam Michnik mit einigem Erfolg als Leitmotiv oppositioneller Haltung durch. Auf dieser Basis gelang es schließlich, der Bürgerrechtsbewegung ein zumindest wohlwollendes Interesse der Kirche zu sichern. Das Mißtrauen, mit dem die Bischöfe bis 1976 jeglicher Dissidenz linker Herkunft begegneten, wich langsam einer – keineswegs problemlosen – Annäherung zwischen katholischer Hierarchie und Opposition, die für die letztere wohl von großem Wert gewesen sein dürfte.

Drittens muß auf Begriffe verwiesen werden, mit deren Handhabung sich Historiker traditionell schwertun. KOR entstand 1976 in einer ungünstigen Atmosphäre; die Kontinuität der Auflehnung schien nach 30 Jahren monolithischer Parteiherrschaft und sechs Jahren relativen Wohlstands ein Begriff der ferneren Vergangenheit zu sein; die Polen – so der damals überwiegende Eindruck – hatten sich mit der erträglichen Variante des Systems arrangiert. In dieser Lage wäre eine Taktik der Integration wirkungslos gewesen, wenn nicht die Gründungsmitglieder der Opposition durch persönliches Beispiel, durch ihren demonstrativen Ausbruch aus der Konformität, ein Zeugnis ihrer Ehrlichkeit abgelegt hätten. Sie waren und konnten keine Politiker im westeuropäischen Sinne des Wortes sein; erst der Einsatz für eine »verlorene Sache«, das Beharren auf dem Primat der Ethik vor der Politik, verlieh dem anfangs aussichtslosen Engagement eine gesellschaftliche Relevanz. Was in den siebziger Jahren unerläßliche Voraussetzung für den Erfolg der »Ethosgruppe« KOR war, wirkte aber im politischen Alltag von 1980/81 als enorme Belastung: Der moralische Impetus der Massenbewegung verstellte dem Kompromiß mit der weitgehend unterschätzten Obrigkeit den Weg – unabhängig davon, daß die Obrigkeit selbst einen dauerhaften Kompromiß ebenfalls kaum für möglich hielt.

Der Konflikt zwischen Ethik und Politik und die Rolle der Intellektuellen als gesellschaftlicher Führungsschicht stand Mitte der achtziger Jahre im Mittelpunkt einer im Exil und im Untergrund geführten Debatte über die Berater der »Solidarność« 1980/81. Hatten sie alles getan, um die Konfrontation mit der Staatsmacht zu vermeiden? Hatten sie sich nicht vielmehr dem massiven, moralisch motivierten Druck »von unten« gebeugt und damit die Einführung des Kriegsrechts am 13. Dezember 1981 zu einer unvermeidbaren Reaktion des Systems auf einen Fremdkörper werden lassen? Die Abwehrfront gegen die Vorwürfe einiger Außenseiter[11] schloß sich rasch, ein Versagen wurde mehr oder weniger eindeutig ausgeschlossen. Dennoch spielte die Auseinandersetzung langfristig eine nützliche Rolle: Ende der achtziger Jahre reduzierten sich die ethisch bedingten Ansprüche an die Staatsmacht auf die Forderung nach Wiederzulassung der »Solidarność«. Über alles andere, verlauteten 1988 Wałęsa und seine Berater, würde man mit sich reden lassen. Aus heutiger Sicht mutet es schon beinahe exotisch an, wie zäh dieses Mit-sich-reden-lassen im Frühjahr 1989 verlief, wir stark das Schreckensgespenst eines überdimensionalen Betrugs von seiten der Partei auf den Unterhändlern der Opposition lastete. Scheinkompromiß,

---

11 Ausgelöst wurde diese Diskussion durch den im Ausland lehrenden Philosophiehistoriker Andrzej Walicki. In eine ähnliche Richtung gingen die Vorwürfe des ehemaligen Kirchenberaters Andrzej Micewski. Den besten Überblick über die einzelnen Stellungnahmen findet man in den Nummern der Zeitschrift »Aneks« aus der Mitte der achtziger Jahre.

moralische Selbstverleugnung, freiwillige Hilfeleistung für das Pleiteunternehmen Kommunismus – keiner dieser Vorwürfe ließ sich im Augenblick der Unterzeichnung der Schlußdokumente des »Runden Tisches« überzeugend widerlegen. Dennoch siegten die politischen über die ethischen Grundsätze der Untergrundzeit. Seither muß die Politik beweisen, daß hinter dem Kompromiß von 1989 Werte stehen, die dieses Opfer verdienen.

Bilder der »Schwarzen Madonna«, betende Arbeiter, der Kugelschreiber Wałęsas mit dem Papstbild – diese Bilder vom August 1980 riefen im Westen einiges Erstaunen hervor. Im Angesicht der innerpolnischen Konfrontation mit der bewaffneten Staatsmacht schien es irgendwie unangebracht, nach ihren Inhalten zu fragen. Je geringer aber in den letzten Jahren der Druck des Staates auf der Opposition lastete, desto offener berichteten westliche Korrespondenten über steigenden Nationalismus und Antisemitismus, in jüngster Zeit – über die als verkrampft empfundene Abwehrhaltung gegenüber der kommenden deutschen Einheit. Je deutlicher wurde, daß ein sozialistisch-ökologisch angehauchter »Dritter Weg« in Polen keine Verfechter findet, desto lauter wurde die Frage, wohin sich Polen eigentlich bewege.

Natürlich stellt sich diese Frage auch den Polen selbst. Vor 1980 schien eine Auflösung des Systems unmöglich; nach 1980 zog der Kampf um den Systemwechsel derart viel Energie auf sich, daß für die Zeit nach dem Tag »X« nur recht allgemeine Formeln wie Demokratie, Selbstverwaltung oder Marktwirtschaft bereitstanden. Welche gesellschaftspolitischen Inhalte diese konstitutionellen Ideen auffüllen sollten, war alles andere als klar. Seit der Bildung der Regierung Mazowiecki und dem Beginn der Wirtschaftsreform Anfang 1990 tritt das Fehlen eines überzeugenden Konzepts von einem künftigen polnischen Staat deutlich zutage. Das Kabinett fördert eine evolutionäre Demokratisierung, es bemüht sich um nationale Aussöhnung und die Wahrung der Rechtsstaatlichkeit selbst in der Phase des Umbruchs. Die Zielvorstellung läuft offensichtlich auf eine liberale Vision der Gruppeninteressen hinaus, ein »Rechtssystem, das gegenüber verschiedenen, konkurrierenden Konzepten neutral bleibt und es Einzelpersonen und Gruppen gestattet, ihre Interessen zu verwirklichen (z.B. sich individuell an die ökonomische Krise anzupassen) – vorausgesetzt, daß diese mit ähnlich verstandenen Freiheiten anderer Menschen nicht kollidieren und die Stabilität des Staates nicht in Frage stellen.[12]

---

12 Diese im Januar 1989, d.h. im Vorfeld des »Runden Tisches« formulierte Definition scheint trotz veränderter politischer Rahmenbedingungen ihre Gültigkeit behalten zu haben. Sie stammt von Jadwiga Staniszkis, Nowe konfiguracje na scenie politycznej, in: Res Publica 4/89, S. 2–13, hier: S. 4.

Entscheidend für die Verwirklichung dieses Konzepts wird der Erfolg oder Mißerfolg der Wirtschaftsreform sein. Der erste Teil des ökonomischen Programms – die Reduzierung der Hyperinflation auf europäische Durchschnittswerte – ist überraschend schnell gelungen; die Polen haben im Grunde widerspruchslos ein Paket von Sparmaßnahmen hingenommen, von dessen Durchsetzung keine Regierung vor Mazowiecki hätte träumen können. Das Kabinett profitiert dabei von der demokratischen Legitimation, die es als erste polnische Regierung seit 65 Jahren besitzt. Zugleich erklärt sich die Geduld der Gesellschaft – die nun doch, entgegen den Beteuerungen der Opposition in den achtziger Jahren, den Preis für die Sanierung der Wirtschaft zahlen muß – auch mit dem moralischen Kapital, das ein großer Teil des neuen Establishments in seiner Zeit als oppositionelle Elite gesammelt hatte.

In Polen bleibt die Politik in einem im Westen kaum vorstellbaren Ausmaß persönlichkeitsbezogen; dennoch glaubt wohl niemand, daß die Strukturprobleme des Landes durch Wundertaten großer Männer gelöst werden können. Seit der Bauernbefreiung im 19. Jahrhundert leidet die Landwirtschaft an einer gänzlich unproduktiven Besitzstruktur, in der Klein- und Zwerghöfe dominieren. Seit Beginn der Industrialisierung zeichnet sich die Wirtschaft durch permanenten Kapitalmangel aus, der bis 1939 durch Finanzimporte unter ungünstigen Bedingungen gelindert wurde. Heute fordern die Bauernparteien wieder staatlichen Schutz für die Landwirte; die Industrie wartet wieder auf westliches Kapital. Die Wirtschaft drängt dem Staat eine Rolle auf, die dem liberalen Ordnungskonzept grundsätzlich widerspricht. Darüber hinaus stellt sie die Öffentlichkeit vor das Dilemma des Umgangs mit der eigenen Abhängigkeit.

Seit fast drei Jahrhunderten steht die polnische Geschichte – obwohl dies nur selten wertfrei thematisiert wird[13] – im Zeichen der Abhängigkeit. Seit 1717 eine russische Garantie für die adelsrepublikanische Verfassung die Schwäche Polens festschrieb, war das Land – abgesehen von den zwanzig Jahren der Zwischenkriegszeit – bis in die Gegenwart in indirekter oder direkter Form von Rußland abhängig; demgegenüber dauerte die Herrschaft Preußens und Österreichs über einen Teil des Landes »nur« von den Teilungen bis zum Ersten Weltkrieg. Ökonomisch vermochte sich auch die Republik der Zwischenkriegszeit von der Dependenz nicht zu befreien. Der gegenwärtige Zustand der offenen, völlig einseitigen Abhängigkeit von der

---

13 Bezeichnenderweise stieß gerade diese These in den ansonsten vielgelobten Skizzen von Tadeusz Łepkowski, Rozważania o losach polskich, Londyn 1987, meines Wissens auf kein Interesse.

westlichen Finanzwelt bildet aus diesem Blickwinkel nur den Tiefpunkt einer Entwicklung, die mehrere Epochen der polnischen Geschichte durchzieht.

Heute, nachdem die Abhängigkeit von Moskau auf ein durchaus erträgliches Maß geschrumpft ist, steht die neue politische Klasse vor der Grundsatzentscheidung, welches Maß an Abhängigkeit vom Westen wünschenswert und innergesellschaftlich vertretbar ist. Hinter dieser Entscheidung steht die Frage nach dem Platz Polens in Europa. Hinzu tritt das Problem der polnisch-deutschen Beziehungen, denn Polens »Weg nach Europa« führt über Deutschland.

Die Erfahrungen des letzten halben Jahres wird man kaum als ermutigend empfinden können. Die Frage des wünschenswerten und vertretbaren Ausmaßes an Abhängigkeit wird nicht diskutiert. Erstens deshalb, weil die Verwirklichung der Auflagen des Internationalen Währungsfonds die Zurückhaltung der westlichen Investoren nicht gemindert hat. Zweitens, weil das Anfang 1990 wiederbelebte Gespenst des deutschen Grenzrevisionismus eine solche Diskussion mit Emotionen aufgeladen hätte, die kein positives Ergebnis zulassen würden. Die Rolle Polens wird daher weiterhin in traditionellen nationalstaatlichen Kategorien gesehen, in denen die Ablehnung der Abhängigkeit – positiv definiert als volle Souveränität – einen zentralen Platz einnimmt.

Man sollte diese Sichtweise nicht leichtfertig abqualifizieren, da zu einem Integrationsprozeß bekanntlich zwei oder mehrere Seiten gehören. Indessen sehen wir am Beispiel der Behandlung der sogenannten Polenmärkte in Berlin und Wien, daß allein das Auftauchen von einigen Tausend Schwarzhändlern die zuständigen Behörden hoffnungslos überlastet, weil auch auf westlicher Seite die Voraussetzungen für eine Rückkehr Polens nach Europa nur theoretisch gegeben sind. Zeit haben wir alle nicht sehr viel – es sei denn, daß man die Ruhe des Nachdenkens durch eine Verlegung der Mauer an Oder und Neiße sichern will.

András Gergely

Ungarns Perestrojka 1989/90

Vorgeschichte und Ursachen

Zwei Faktoren haben 1989 den raschen Zusammenbruch des Ancien régime in Ungarn bewirkt: der wirtschaftliche Niedergang und die Politik Gorbatschows.

Der wirtschaftliche Kollaps war mit der jahrelangen verschwenderischen Nutzung westlicher Bankkredite eigentlich schon programmiert gewesen. Das alte System hatte noch 1985, auf dem letzten Kongreß der kommunistischen Partei, mit den alten Methoden zu regieren versucht. »Weiter so auf dem Wege Lenins!« – blieb das Leitmotiv ihrer Schwanengesänge. Damals war ein ebenso mächtiges wie irreales Investitionsprogramm verkündet worden, womit der Zusammenbruch immer näher rückte. Binnen zweier Jahre stieg die Dollarverschuldung von etwa 7 Milliarden 1985 auf 14 Milliarden 1987. Inzwischen, 1990, sind es über 20 Milliarden.

Was war zu tun? Das Krisenmanagement der Kommunisten bestand überwiegend aus einer Politik des Fortwurstelns. Die Kreditgeber im Westen wollten jedoch in diesem höchstverschuldeten Ostblockland keine »polnische Wirtschaft« haben, und so begannen sie, seit 1986, Sanierungsmaßnahmen vorzuschreiben. Dies bedeutete, dem Westen verpflichtet zu sein, und mit diesem Faktum konnte man sowohl im eigenen Haus als auch dem östlichen Nachbarn gegenüber argumentieren. Der Westen verlangte zwar keinen sofortigen Übergang zur politischen Demokratie, aber eine Demontage des Systems. Der klügere Teil der führenden Schicht entfernte sich von der Partei und wandte sich den Banken und Investitionsfonds zu. Der ökonomische Verfall und die wachsende Unzufriedenheit der Bevölkerung beschleunigten dann die politische Krise.

So entstand ein Teufelskreis. Die wirtschaftliche Krise war ein Katalysator für die Demokratisierung. Wäre ein Wirtschaftswunder gekommen, hätte die Partei vermutlich sofort mit der Perestrojka aufgehört. Aber das ständig sinkende Lebensniveau – 1989 war der Lebensstandard auf das Niveau von 1972 zurückgefallen – barg auch für die alternativ-oppositionelle Szene viele Fallstricke. Die Opposition brauchte Zeit, ein Minimum an Stabilität, doch die Misere der Ökonomie erlaubte keinen Aufschub. Vielleicht wäre die »stille Revolution« in Ungarn dennoch nicht in Gang gekommen, wenn Gorbatschow dafür nicht die äußeren Voraussetzungen geschaffen hätte. Anfangs machte Ungarn die Perestrojka überhaupt nicht mit. Die ungarische Führungsschicht begriff, daß Gorbatschow die Zügel freigab und den Ostblockstaaten größeren Spielraum für eigene Entscheidungen einräumte. Man mußte also nicht unbedingt mit diesem Kutscher fahren. Andererseits aber bedeutete dies auch für die Reformanhänger, daß sie nicht sofort von Moskau gestoppt wurden. Noch wichtiger war, daß die Reformgegner keinerlei Unterstützung aus Moskau zu erhoffen hatten. So blieben sie ohne Orientierung, ohne Konzeption. Weder politisch, noch außenpolitisch, noch wirtschaftlich bot sich eine konservative Alternative. Sie waren noch im Besitz der Macht, aber jeder Tag brachte Änderungen, die die sogenannte Zurückbereinigung (Restauration) immer schwieriger und letzten Endes unmöglich machten. Das war größtenteils der neu entstandenen legalen Opposition zu danken.

Der Aufstieg der Opposition am Beispiel des Demokratischen Forums

Seit Anfang der achtziger Jahre gab es in Ungarn eine Dissidentenbewegung. Sie hatte bedeutenden Einfluß auf zahlenmäßig kleine, zur Intellektuellen-Elite gehörende Gruppierungen. Ihre Tätigkeit bestand größtenteils aus kritischen Analysen der Lage. Diese erschienen in der Samisdat-Presse. Mit Glasnost gewannen die Dissidenten legale Wirkungsmöglichkeiten, sie traten vor die Öffentlichkeit. Großen politischen Einfluß in Ungarn errang jedoch eine neue Vereinigung: das Ungarische Demokratische Forum.

Nicht Politiker haben dieses Forum gegründet, und es war auch nicht an eine politische Organisation gedacht. Noch vor Beginn der Perestrojka in Ungarn, im September 1987, dachten einige Schriftsteller, Kritiker und Wissenschaftler daran, eine Plattform für öffentliche Diskussionen zu schaffen: die Idee eines Forums, das eine neue Öffentlichkeit konstituieren würde, stand im Mittelpunkt der Überlegungen. Man dachte an Diskussionen in einem Sitzungssaal (ein Theater, zeltförmig gebaut und darum Jurta genannt), und zwar einmal im Monat, dazu wollte man anfänglich nicht einmal einen Verein gründen. Reformkommunisten, Andersdenkende, Dissidenten wurden eingeladen. Zum ersten Mal diskutierten diese Leute vor der ungarischen Öffentlichkeit, in einem überfüllten Saal, über Wirtschaft, Verfassung, Rechtsstaatlichkeit, Minderheiten und andere Probleme des Landes. Diese Diskussionen wurden in den Medien totgeschwiegen, sie waren jedoch ein gesellschaftliches Ereignis. »To Budapest«, oder, auf deutsch, »die ganze Szene« war erschienen: Koryphäen der Wissenschaft, ehemalige politische Gefangene, prominente Schriftsteller, Leute aus der kulturellen Welt.

Im Mai 1988 begann, mit der Ablösung Kádárs, die ungarische Perestrojka. Im September unternahm das Forum, das eigentlich nur aus sieben Initiatoren und aus einem kleinen Kreis aktiver Sympathisanten bestand, eine eigene Perestrojka: Da es inzwischen ein Vereinsgesetz gab, gründete man einen Verein »geistig-politischen Charakters«. Die Organisation war weder als »oppositionell« noch als »politisch« definiert. Man wollte den Forumscharakter bewahren, die Möglichkeit der Koalition von den Reformkommunisten bis zu den Dissidenten offenhalten. Zugleich aber wurde beschlossen, daß der Verein Kandidaten für die Parlamentswahlen aufstellen solle. Damit war die Entwicklung in Richtung auf eine politische Partei vorgegeben. Sobald das Forum 10.000 Mitglieder haben würde, sollte eine Landesversammlung zusammentreten, um Statut und Programm zu beschließen.

Im März 1989 war es soweit. Das Forum hielt seine erste Landesversammlung ab. Ein fünfzehnköpfiges Präsidium und ein Ausschuß von 70 Mitgliedern wurden gewählt, ein politisches Programm verabschiedet. Der Oppositionscharakter kam offener zutage, *de facto* wurde eine politische Partei gegründet. Erstaunlicherweise gab und gibt es in Ungarn bisher nur zwei politische Neugründungen: das Forum und den Bund der Freidemokraten, eine radikale Partei, die aus der ehemaligen Dissidentenbewegung hervorging. Auch die oppositionelle Jugendorganistation, Verband Junger Demokraten, (FIDESZ), sei hier noch erwähnt.

Überdies erwachten nun auch die ehemaligen Parteien aus der Nachkriegszeit aus ihrem Winterschlaf und traten nacheinander auf die politische Bühne: die Sozialdemokraten, die Kleinlandwirtepartei und die Christdemokraten. Diese fünf Parteien – zwei neue und drei alt-neue – machten etwa 90% der ungarischen Opposition aus.

Das Forum mußte sich also behaupten und selbst definieren. Beides gelang: dank des zeitlichen Vorsprungs, bekannter Führungspersönlichkeiten (Schriftsteller und Wissenschaftler, die nicht nur in Intellektuellenkreisen Prestige genossen), dank der guten Organisation und des Forumscharakters mit Öffentlichkeitsarbeit und strikter Beachtung der Legalität.

Fragt man nach der Orientierung des Demokratischen Forums, sollte zuerst der Volksparteicharakter hervorgehoben werden. Das Forum ist eine große Partei für breite Wählerschichten. Was die Grundwerte betrifft, so gibt es keine genau fixierten ideologischen Maßstäbe. Das Forum verkörperte mehrere Richtungen: eine liberal-soziale, die starke Traditionen in Ungarn hat, eine christlich-demokratische und schließlich eine dritte, ungarnspezifische Richtung, deren Wurzeln in den dreißiger Jahren liegen. Damals hoffte man, zwischen Bolschewismus und Faschismus für Ungarn einen eigenen Weg zu finden, heute betont man, daß weder die Modelle des Westens noch die des Ostens nachgeahmt werden sollten. Dennoch gibt es im Forum keine ideologischen Richtungskämpfe. Die einfachen Leute auf dem flachen Land interessieren sich überhaupt nicht für derlei Konflikte, und sie fühlten genau, daß nur große Oppositionsparteien fähig waren, das Machtmonopol des Parteistaates zu brechen.

Vom 20. bis 22. Oktober 1989 hielt das Forum seine zweite Landesversammlung ab. Die Parteigründung wurde nun auch formal vollzogen und ein umfassendes Programm verabschiedet. Organisatorische Maßnahmen für die Parlamentswahlen wurden eingeleitet, eine politische Zeitung kam hinzu.

Versuchungen und Verhandlungen am »Runden Tisch«

Anfang 1989 bot die kommunistische Partei (USAP), den alten und den neu entstandenen Parteien und Bewegungen Gesprächsrunden an. Die USAP hatte vor, einen »Runden Tisch«, eine Art Konsultationsrunde aller gesellschaftlich-politischen Kräfte, zu veranstalten. Dort hätte die herrschende Partei die alten, treuen Schattenorganisationen und die neuen, demokratischen Gruppen gegeneinander ausspielen können. Mitte März erhielten alle Organisationen Einladungen, aber die Oppositionsbewegungen lehnten ab. Sie sagten, daß eine solche Verhandlung, mit alphabetischer Sitzordnung der Organisation, nur ein Feigenblatt für die Handlungsfreiheit der USAP sei. Dies war ein mutiger Schritt: Die gesamte Opposition bestand damals nur aus wenigen tausend Menschen, während USAP nicht nur über 700.000 Genossen, sondern nach wie vor über die ganze Staatsmacht verfügte.

Am 15. März, dem Feiertag der Revolution von 1848, gab es eine seltsame Demonstration: Opposition und Parteistaat feierten getrennt. Dabei kam es zu einer Abstimmung mit den Füßen: Die Opposition brachte über hunderttausend, die Regierung nur etwa zehntausend Menschen auf die Beine. Die Kräfteverhältnisse in einer zukünftigen Demokratie begannen sich abzuzeichnen. Die Opposition zögerte nicht, daraus Folgerungen zu ziehen.

Am 22. März 1989 kam der »Runde Tisch« der Opposition zustande. Das war noch keine Koalition, sondern nur ein Koordinationsplatz, der neun oppositionelle Vereine zusammenführte. Die wichtigsten waren die drei erwähnten Neugründungen FIDESZ, Forum, Bund der Freidemokraten und die drei historischen Parteien Kleinlandwirte, Sozialdemokraten und Christdemokraten. Dieser »Runde Tisch« erklärte sich für zuständig, bilaterale Verhandlungen mit der Staatspartei auf der Grundlage einer gemeinsamen Plattform der Opposition aufzunehmen. Falls es zu zweiseitigen Vereinbarungen über den Gang der Perestrojka käme, sollten sie vom Parlament, das der Staatspartei noch immer botmäßig war, verabschiedet werden.

Werfen wir nun einen Blick auf die zwei bürgerlich-historischen Parteien, die im März 1990 in das Parlament gelangen sollten: Die Kleinlandwirte sind eine alte Partei. Sie war unter dem Namen »Unabhängige Partei der Kleinen Landwirte, Arbeiter und Bürger« bereits 1910 gegründet worden. Ursprünglich bedeutete das Wort unabhängig den Wunsch nach dem unabhängigen Ungarn, der 1918 bekanntlich in Erfüllung ging. Diese bäuerlich-kleinbürgerliche Partei war nach den Revolutionen von 1918/19 Wahlsieger, aber der geschickte Politiker und Ministerpräsident Graf Bethlen ging mit ihr eine Fusion ein, so daß sie unter dem Namen Einheitspartei bis 1930 regierte. In diesem Jahr gründete man die Partei neu; sie ging in die Opposition, später, 1944, sogar in die Illegalität. 1945 erreichte sie als einzige zugelassene Partei die absolute Mehrheit, und zwar mit 57%. Das glänzende Resultat konnte die Partei vor der berühmten Salami-Taktik Rákosis, des ungarischen Stalin, nicht retten, sie bot gerade das Paradebeispiel für die Wirksamkeit dieser Taktik: Stets wurde der rechte Flügel dieser Partei scharf angegriffen, dann abgetrennt und schließlich liquidiert; die letzten Scheiben schluckten die Kommunisten 1948. Acht Jahre später, 1956, wurde die Partei neu gegründet, doch schon 1957 abermals verboten. Erst Anfang 1989 nahm sie ihre Arbeit wieder auf.

Ohne diesen geschichtlichen Hintergrund läßt sich diese Partei nicht verstehen. Sie ist pragmatisch, flexibel, auf das Dorf orientiert, ihre Leiter sind größtenteils alte Leute. Die Geisteshaltung ist zwar nicht reaktionär, wie einige es sagen, aber doch ein wenig altmodisch. Ihre Führer wollen dort fortfahren, wo sie aufgehört hatten, also 1948. Leider meinen sie das ernst; so wollen sie beispielsweise die Besitzverhältnisse an Grund und Boden anhand der Grundbücher von 1948 rekonstruieren, was sowohl gesellschaftlich als auch wirtschaftlich sehr problematisch wäre. Aber mit dieser Parole, dazu mit den Begriffen Gott, Familie und Vaterland konnten sie 12% der Stimmen gewinnen. Diese Partei hat angeblich die meisten

Mitglieder, und zwar 600.000, aber vermutlich sind auch die Mitglieder aus dem Jahre 1948 in dieser Zahl enthalten.

Anders als die Kleinlandwirte hat die Christlich-Demokratische Volkspartei nur wenige Mitglieder: im Sommer 1990 7.000, während der Wahlkampagne erst 3.000. Diese Partei war 1947, als ein zur Vernichtung verurteilter Teil der Kleinlandwirte, gegründet und bereits 1948 verboten worden. Bei den Parlamentswahlen im März 1990 wählten etwa 7% diese Partei, einfache Leute zumeist, die angesichts der Unübersichtlichkeit der politischen Szene den Christdemokraten ihr Vertrauen schenkten. Sie sind bescheiden, nicht machtgierig und stellen jetzt einen einzigen Minister für die Regierung. Aber sie sind ohne Programm, ohne Kader. Die betonte Orientierung an der westlichen christlichen Demokratie könnte der Partei zur Erneuerung verhelfen. Ihr größter Konkurrent ist das Forum, wo gleichfalls eine Neigung zu den christlich-demokratischen Volksparteien des Westens vorhanden ist.

Verfolgt man die Geschichte der ungarischen Perestrojka seit dem Frühjahr 1989 weiter, dann ist unübersehbar, daß die Gründung des Runden Tisches der Opposition von größter Bedeutung war. Vorbereitende Beratungen mit den verblüfften Kommunisten führten schließlich zu einem Kompromiß: Man einigte sich, an einem dreieckigen Tisch zu verhandeln, an dessen dritter Seite auch die gesellschaftlichen Organisationen (Patriotische Volksfront, die alten Gewerkschaften etc.) als Verhandlungspartner sitzen sollten. Die praktische Arbeit sollte Subkomissionen, ebenso dreieckig geformt, übertragen werden. Am 8. Juni begannen die Verhandlungen derer, die die ungarische Perestrojka ins Leben gerufen hatten und sie schließlich im wesentlichen zustande brachten.

Das feierliche Begräbnis von Imre Nagy und seiner Kampfgefährten am 16. Juni, am Tage ihrer Hinrichtung vor einunddreißig Jahren, hat psychologisch weitere Massenenergien freigesetzt. Jeder zweite Ungar verfolgte stundenlang die direkte Fernsehübertragung, etwa zweihunderttausen Menschen waren persönlich dabei. Jetzt konnte jedermann sehen, daß eine große Wende in Gang gekommen war. Die Mitgliederzahl der oppositionellen Organisationen nahm sprunghaft zu.

Inzwischen gingen die Verhandlungen weiter. Sie kreisten um die Frage, welche Änderungen im Staatsleben unerläßlich seien, um durch ein freigewähltes Parlament eine von Grund auf neue Verfassung für Ungarn ausarbeiten zu lassen. Diese Beratungen waren ziemlich kompliziert, und die hinter verschlossenen Türen im Parlament sich abspielenden Diskussionen wurden, trotz früherer Zusicherungen der Staatspartei, in den Massenmedien nicht erörtert. Wenn spätabends die Verhandlungspartner das Parlament verließen, fuhr die »erste Seite« vom dreieckigen Tisch mit schwarzen Limousinen nach Hause, die zweite mit Ladas, und die Opposition ging zu Fuß zur Straßenbahnhaltestelle. Mitte September war es soweit: die entscheidenden Vereinbarungen kamen zustande.

Am 18. September unterschrieben die Parteien das erste Abkommen. Es enthielt viele wichtige Festlegungen: Ein Parteiengesetz wurde formuliert. die Parteienfinanzierung normiert, das Strafgesetzbuch von gefährlichen Unklarheiten bereinigt, die Strafverfahren mit zusätzlichen Garantien versehen, das Wahlsystem völlig neu geordnet und die Wahl eines Präsidenten der Republik vereinbart. Der Präsident sollte noch vor der Parlamentswahl, und zwar durch das Volk, gewählt werden. Das war ein Wunsch der Staatspartei – der einzige wichtige Punkt, bei dem die Opposition nachgeben mußte. Seither gab es also ein festes Fundament für die ungarische Innenpolitik, auf der man die Zukunft aufbauen konnte. Es erschien Licht am Ende des Tunnels.

Die Staatspartei: von der USAP zur USP

Im Januar 1989 gab Imre Pozsgay die Erkenntnisse der »Zeitgeschichtlichen Kommission« seiner Partei bekannt: 1956 habe es in Ungarn keine Gegenrevolution, sondern tatsächlich einen Volksaufstand gegeben. Damit war die einzige, früher unantastbare Legitimationsbasis des Ancien régime vollständig zerstört. Die Partei gab nach. Im Februar 1989 bekannte sie sich in einer Resolution zum Mehrparteiensystem und zu freien Wahlen. Die Genossen meinten damit eine kleinere Reform zusammen mit den Blockparteien, aber der Kreis um Pozsgay wußte genau, daß damit der Rubikon in Richtung Westen bereits überschritten sei.

Die demokratische Revolution in Ungarn verlief nicht nur ohne Blutvergießen, sondern vollständig gewaltlos. Man muß zugeben, daß dabei auch die ehemalige Staatspartei ihre Verdienste hatte. Zwei Faktoren erklären ihre Nachgiebigkeit: zum einen der lang dauernde Kádárismus, also eine mildere, liberalere Variante der Herrschaft, eine Mischung aus Paternalismus, Puritanismus und österreich-ungarischer Schlamperei, zum zweiten die innere Krise der Partei in den späten achtziger Jahren, verursacht durch den Kampf um die Nachfolge Kádárs und durch die Richtungskämpfe zwischen Orthodoxen und Reformkommunisten. Schon im Mai 1988 übernahm Károly

Grósz als Generalsekretär der Partei das Kádársche Erbe, aber die politischen Richtungskämpfe gingen weiter.

Anfang Oktober 1989 hielt die USAP einen außerordentlichen Parteitag ab. Die internen Meinungsverschiedenheiten kamen noch schärfer zum Vorschein. Als Ergebnis entstand, als Nachfolgepartei der USAP, die Ungarische Sozialistische Partei (USP), die den Marxismus-Leninismus, ja den Kommunismus überhaupt, aufgegeben hat. Juristisch gesehen ist die neue Partei die legitime Nachfolgerin der alten. Aber die Mitglieder mußten sich neu melden, und dadurch zerfiel dann praktisch die alte Partei: Seit Ende 1989 hat die USP nicht mehr als 50.000 Mitglieder. Die neue Führung besteht größtenteils aus jüngeren Politikern ohne Erfahrung. Nachteilig wirkt sich aus, daß diese Partei für den Zustand des Landes die Verantwortung zu tragen hat. Ein großer Vorteil ist dagegen, daß sie über fünf landesweit bekannte und populäre Persönlichkeiten verfügt: das frühere Staatsoberhaupt Szürös, Parteipräsident Nyers, den früheren Ministerpräsidenten Németh, die früheren Minister Pozsgay und Außenminister Horn. Diese Männer haben die USP bei den Parlamentswahlen im März 1990 gerettet; sie erreichten 11% der Stimmen.

Im Mai 1990 veranstaltete die USP, nun in der Opposition, ihren jüngsten Parteitag. Die Partei hat mit ihrer Vergangenheit vollständig gebrochen und bekennt sich zur Sozialdemokratie westlicher Prägung. Gyula Horn wurde Parteipräsident, Imre Pozsgay Fraktionsvorsitzender. Damit hat in Ungarn der sogenannte Reformkommunismus – zumindest in dieser Partei – sein Ende gefunden. Die USP wurde mit diesem Schritt sowohl für den Westen als auch für die ungarischen Wähler hoffähig und damit auch koalitionsfähig.

Verzögerungen und Entscheidungen

Mitte Oktober 1989 verabschiedete das Parlament die Gesetze, die am dreieckigen Tisch ausgehandelt worden waren. Die Verfassung wurde völlig überarbeitet. Praktisch wurde die alte stalinistische Volksrepublik durch eine Republik Ungarn ersetzt. Die Republik Ungarn wurde am 23. Oktober (am Gedenktag der Revolution von 1956) vor dem Parlament durch den provisorischen Präsidenten Szürös feierlich proklamiert.

Nun sollte es zur Wahl des Präsidenten kommen. Die USAP hatte schon Monate zuvor Imre Pozsgay nominiert. Die Kleinlandwirtepartei fragte vergeblich bei Otto von Habsburg an. Für das Demokratische Forum kandidierte der Agrarhistoriker Prof. Lajos Für. Der Bund der Freidemokraten profilierte sich als Protestpartei und forderte eine Volksabstimmung über die Frage, ob der Staatspräsident überhaupt schon jetzt durch Volkswahl gewählt werden solle oder erst später durch das neue Parlament. (Die Gesetze schreiben 100.000 Unterschriften vor, um einen Volksentscheid zwingend zu machen.) Da bei der Unterschriftensammlung auch höchst populäre Fragen gestellt wurden, deren Lösung damals schon im vollen Gang war (etwa: Wollen Sie die Auflösung der Arbeitermiliz?), gelang die Aktion. Diese Initiative verlängerte und verunsicherte den Übergangsprozeß.

Das Parlament schrieb den Volksentscheid für den 27. November aus. Damit begann eine nie dagewesene Kampagne jener Parteien, die mit den Freidemokraten zusammengingen (FIDESZ, Sozialdemokraten, Kleinlandwirtepartei). Das ganze Land wurde von den »JA«-Plakaten dieser Parteien überschwemmt. Allein die USP nahm den Handschuh auf, die anderen Parteien zogen sich zurück, das Forum empfahl Stimmenthaltung. 58% der Wähler gingen zu den Urnen, und eine knappe Mehrheit von 6.000 Stimmen entschied sich für die spätere Wahl des Präsidenten durchs Parlament.

Bei diesen avantgardistischen Aktionen gewann eine andere Neugründung, der schon erwähnte Bund der Freien Demokraten, an Bedeutung. Dieser Bund entstand bereits im November 1988 als echte politische Partei. Geburtshelfer waren die aktiven Mitglieder der früheren Dissidenten-Bewegung. Aber der schnelle Übergang von der Illegalität zur Legalität, dann die Angst vor dem politischen Antikommunismus, also vor der aktiven Opposition, erwiesen sich einstweilen für den Aufbau einer Massenpartei als Hindernis. Monatelang, bis zum Volksbegehren im November 1989, schien es, als ob die Freidemokraten ein Intellektuellenklub bleiben würden. Im Programm verlangten sie die sofortige Einleitung der Marktwirtschaft, nicht aber einen gelenkten Übergang zu sozialer Marktwirtschaft, wie ihn das Forum forderte. Außenpolitisch sprachen sie sich für eine allseitige Anlehnung an den Westen aus, wobei sie sich eher an Amerika als an Europa orientierten. Meinungsumfragen zufolge hätten sie bis September 1989 die Vierprozenthürde kaum erreicht. Nach der Volksabstimmung und einigen gelungenen Aktionen, bei denen die Machenschaften der sterbenden Staatspartei entlarvt wurden, nahm ihre Popularität sprunghaft zu; Ende Februar 1990 schienen sie sogar die stärkste Partei des Landes zu sein. Die Entwicklung verlief allem Anschein nach in Richtung eines Zweiparteiensystems. Der politische Alltagskampf in den Medien entbrannte nun zwischen Forum und Bund, die beiden Parteien beherrschten die politische Diskussion. Ihre

Streitereien und wechselseitigen Anschuldigungen wurden immer heftiger. Erst mit den Parlamentswahlen im März ist diese Zeit zu Ende gegangen.

Der Bund der Freidemokraten fühlt sich jetzt als Wahlverlierer, obwohl er 21% der Stimmen und damit etwa ein Viertel der Sitze im Parlament erhielt und mit nur 25.000 Mitgliedern zur zweitstärksten Partei des Landes wurde. Neben einer liberalkonservativen Richtung, die in Margret Thatcher ihr Vorbild sieht, gibt es im Bund eine ausgeprägte sozialdemokratische Tendenz. Beide Strömungen sind miteinander nur schwer in Einklang zu bringen. Doch wie einer der Politiker dieser Partei noch 1989 bemerkte, stellten die Parteien in Ungarn noch keine Gesellschaften, ja nicht einmal Gemeinschaften, sondern allenfalls Stämme dar. Das mag inzwischen als übertrieben gelten, aber persönliche Bekanntschaften und Sympathien, auch das Ausmaß des Hasses gegen das alte System, waren in der Gründungs- und Formierungsphase der politischen Parteien doch von beträchtlicher Bedeutung.

Die zeitliche Verzögerung durch das Ausbleiben der Präsidentenwahl stärkte nicht nur die Freidemokraten. Auch die Altkommunisten (Kádáristen) tauchten wieder auf, um an die alte USAP anzuknüpfen. Am 16. Dezember 1989 organisierten sie ihren »XIV. Parteitag«. Zwar waren sie nach eigenen Angaben noch immer die numerisch stärkste aller ungarischen Parteien (80.000 Mitglieder). Das mag zutreffen, doch Unterstützung konnten sie nur in den eigenen familiären Kreisen finden. Beim Volksentscheid votierten nur etwa 5% der abgegebenen Stimmen für die Beibehaltung der Arbeitermiliz, und bei den Parlamentswahlen vermochten sie die Vierprozenthürde nicht zu überspringen.

In der unsicheren Situation, die gegen Ende 1989 herrschte, gab es keinen anderen Weg als die Selbstauflösung des Parlaments und die Ausschreibung von Neuwahlen innerhalb der gesetzlichen Frist von 90 Tagen. Diese Lösung wurde zuerst vom Forum empfohlen und wenig später vom wiedererwachten »Runden Tisch« der Opposition einhellig übernommen. Auch die Wirtschaftskammer und die gesellschaftlichen Organisationen schlossen sich an, schließlich sogar die Regierung. Das Parlament entschied sich für die Auflösung, die Wahlen wurden für den 25. März 1990 ausgeschrieben.

Der Wendepunkt: Parlamentswahlen und Regierungsbildung

Das Land erlebte 1989 eine Gründungszeit politischer Parteien. Da eine Partei in Ungarn nur ein Sonderfall eines Vereins ist, können zehn Leute ohne weiteres eine Partei aus der Taufe heben. Und so geschah es. Anfang 1990 waren 48 Parteien gerichtlich registriert. Internationale Experten sagen, daß im Anfangsstadium der Demokratisierung (man denke an Spanien) gelegentlich sogar einhundert bis zweihundert Parteien auftreten können. Das ungarische Wahlgesetz setzt fast automatisch die Zahl der ernstzunehmenden Parteien herab, denn um Kandidaten in einem Wahlbezirk aufzustellen, muß man Empfehlungsscheine sammeln. Nur 24 Parteien gelang es, wenigstens einen einzigen Bewerber zu nominieren. Um an der Landesliste beteiligt zu werden, muß eine Partei über eine bestimmte Anzahl von Abgeordneten verfügen – dieser Forderung konnten nur zwölf Parteien Folge leisten. Die Zahl der Parteien halbierte sich also noch einmal. Letzten Endes gelang es lediglich sechs Parteien, die Vierprozenthürde zu nehmen. Das Wahlgesetz war also rigoros genug, und die Auswirkungen des liberalen Parteiengesetzes in Schranken zu halten.

In den ersten drei Monaten des neuen Jahres erlebte Ungarn zum ersten Male wieder eine echte Wahlkampagne. Dieser Wahlkampf war so unverkennbar westlich geprägt, daß über keine ungewöhnlichen Vorkommnisse zu berichten ist. Aufgrund der Wahlresultate erhielt das Demokratische Forum 42% der Parlamentssitze, die Kleinlandwirte 11%, die Christlich-Demokratische Volkspartei 7%. Diese drei Parteien verfügen also über 60% der Abgeordnetenmandate und konnten somit die Regierung bilden.

Die größte Oppositionspartei ist der Bund der Freien Demokraten, mit 25% der Sitze. Daneben finden wir eine seltsame radikale Generationspartei, den Verband der Jungen Demokraten mit 7% der Sitze, sowie die früher übermächtige USP, jetzt mit etwa 8%. Außerdem gibt es noch ein Dutzend unabhängiger Abgeordneter. Interessant ist, daß die Sozialdemokraten die Vierprozentklausel nicht überschreiten konnten und deshalb im Parlament nicht vertreten sind. Im linken Spektrum bleibt die weitere Entwicklung abzuwarten, und selbstverständlich kann es auch anderswo noch zu Fusionen oder Spaltungen kommen. Aber in den nächsten Monaten, vermutlich sogar in den kommenden Jahren, dürfte es in Ungarn wohl bei diesem Parteispektrum bleiben.

Warum hat die Sozialdemokratie versagt? Diese älteste Partei Ungarns, gerade 100 Jahre alt, bietet ein Paradebeispiel für alle politischen Übel. Die Partei wurde immer familiär regiert, ja sie schien sogar im Familienbesitz zu sein: Urgroßvater Révész gründete die Partei, Vater Révész leitete sie, der Sohn Révész führte sie in die Emigration, und der Enkel Révész gründete sie neu. Aber dies behagte den jüngeren Sozialdemokraten in Ungarn nicht sonderlich, sie wollten die Öffnung der Partei für eine »westliche« politische

Kultur. So kam es zu inneren Kämpfen, Legitimationsproblemen, Spaltungen. Gegenwärtig gibt es in Ungarn vier sozialdemokratische Gruppierungen, keine davon hat ein Programm. Der Name selbst hätte für die Wähler vielleicht noch Anziehungskraft haben können, aber die schlecht geführte Wahlkampagne gab den Gnadenstoß. So haben die Sozialdemokraten schlechter abgeschnitten als die altkommunistisch-kádáristische USAP. Die Mitgliederzahl ist unbekannt, einige zweifeln, ob Basisorganisationen überhaupt existieren. Mag sein, daß die Rolle dieser Partei im linken Spektrum künftig von der USP oder den Freidemokraten übernommen wird.

Abschließend ist noch in aller Kürze auf die Ereignisse nach den Parlamentswahlen einzugehen: Das ungarische Parlament hat sich am 2. Mai 1990 konstituiert. Gewählt wurde ein provisorischer Präsident, der Schriftsteller Arpád Göncz von den Freidemokraten. Er beauftragte den Präsidenten des Demokratischen Forums, den Historiker József Antall, mit der Regierungsbildung. Parlamentspräsident wurde der Historiker György Szabad. Nach den Koalitionsverhandlungen wurde am 13. Mai die Regierungsliste veröffentlicht. Einige der neuen Minister waren nicht einmal der ungarischen Öffentlichkeit bekannt. Acht Minister wurden vom Forum gestellt, zwei Ressortminister und zwei Minister ohne Portefeuille von den Kleinlandwirten, einer von den Christdemokraten. Der Historiker Lajos Für wurde Minister für Verteidigung, der Historiker Géza Jeszenszky Außenminister. Bedenkt man, daß es auch unter den Staatssekretären noch einige Historiker gibt, könnte man sagen, daß – im Unterschied zu dem Pastorenkabinett in Ost-Berlin und dem Journalistenkabinett in Warschau – in Ungarn ein Historikerkabinett zustande gekommen ist.

Am 22. Mai hat mein Kollege József Antal das Kabinett offiziell vorgestellt und das Regierungsprogramm verlesen. Der Problemkatalog ist erschreckend, die Lösungsversuche wurden nur sehr allgemein formuliert. Der völlige Ausbau der Rechtsstaatlichkeit und eine neue Verfassung, als Krönung dieses Prozesses, schienen nur eine Zeitfrage zu sein. Aber die wirtschaftlichen Probleme sind enorm; Reprivatisierung (bisher waren 90% der Industrie in staatlicher Hand), soziale Marktwirtschaft, Kapitaleinfuhr, Anschluß an den Westen sind die Schlüsselbegriffe der Regierungspolitik.

Man kann sagen, daß Ungarn eine stille sogar traurige Revolution durchlebt hat. Die politische Wende ist abgeschlossen. Aber die zu lösenden Probleme liegen noch vor uns. Wie gesagt, die Ungarn stehen noch immer dort, wo ihre Perestrojka angefangen hat: vor der maroden Wirtschaft. Wie man damit fertig werden kann, weiß niemand genau. Aber auch die auswärtigen Voraussetzungen der ungarischen Revolution, die Politik

Gorbatschows, sind nicht außer Acht zu lassen. Es bleibt zu hoffen, daß die großen Veränderungen in der Sowjetunion auch im Fall eines Rückschlags nicht wieder aufgehoben werden können.

Bekanntlich hat Ungarn als erstes Land in Osteuropa mit dem System-wechsel begonnen und ihn – abgesehen vom Sonderfall DDR – auch als erstes durchgeführt. Dieser Vorgang hat nicht nur einen chronologischen Aspekt, auch historische Traditionen bleiben im Spiel. Man denke an Rumä-nien, wo der Nationalismus alles andere absorbiert, an Polen, wo die Partei-enlandschaft noch nicht geklärt ist, und an andere Länder des ehemaligen »Ostblocks«, deren Zukunft noch im dunkeln liegt. Hoffentlich kann Ungarn auch als erstes Land der Region seine Wunden heilen. Ich wünsche mir, daß Ungarn nach einem Jahrzehnt politisch wie wirtschaftlich ein durchschnitt-liches, langweiliges europäisches Land sein möge, so daß dann niemand mehr auf den Gedanken kommt, Sonderveranstaltungen über die Probleme dieses Landes für dringlich zu halten.

Zdeněk Jičínský

Der tschechoslowakische Weg zur Demokratie

In den Ländern Mittel- und Osteuropas ist es in den letzten Jahren zu einem beschleunigten politischen Wandel gekommen, dessen Protagonisten Polen und Ungarn gewesen sind. Diese Entwicklung hat sich unter günstigen außenpolitischen Umständen vollzogen, besonders unter dem Einfluß der sowjetischen Perestrojka und der neuen sowjetischen Außenpolitik. Diese Veränderungen übten Druck auch auf die tschechoslowakische konservative Führung aus, die zunächst versuchte, sich den neuen Verhältnissen in formaler Weise anzupassen. Sie bekannte sich zwar zur Politik des Umbaus, wollte aber zugleich die Wesenszüge der eigenen konservativen Politik bewahren. Als im Oktober 1989 in der DDR die Unzufriedenheit mit der Politik der SED und ihrer Führung offen ausbrach, wurde klar, daß auch in der ČSSR eine radikale Änderung in der Staatsführung und in der Staatspolitik bevorstand. Niemand vermochte jedoch vorauszusagen, wann und wie das geschehen werde.

Am 17. November 1989 fand in Prag eine genehmigte Studentendemonstration zum 50. Jahrestag des Todes von J. Opletal statt, der von der Nazi-Polizei erschossen worden war. Sie wurde zur Initialzündung eines revolutionären Prozesses, der in seiner Form friedlich blieb und binnen kurzem zum Sturz des neostalinistischen Regimes in der Tschechoslowakei führte. Der Verlauf dieser Revolution wurde auch im Westen aufmerksam verfolgt. Deshalb sollen im weiteren vor allem die allgemeineren und langfristigeren Probleme angesprochen werden, deren Lösung erst jetzt möglich geworden ist.

*

Die tschechoslowakische Entwicklung – einschließlich der friedlichen Revolution vom November 1989 – weist gemeinsame Merkmale mit den parallelen Vorgängen in den anderen Ländern Mittel- und Osteuropas auf. Sie trägt jedoch auch eine Reihe eigener Züge, die mit den nationalen Besonderheiten der tschechoslowakischen Gesellschaft zusammenhängen. Dazu gehören auch die spezifischen Erfahrungen nach der Niederschlagung des Prager Frühlings 1968.

Als Erfolg der tschechoslowakischen friedlichen Revolution ist hervor-
zuheben, daß es gelang, die politischen Veränderungen – einschließlich
notwendiger Umbesetzungen in den höchsten Staatsämtern – im Rahmen
der geltenden Verfassungsformen zu verwirklichen. So gelang es, die Hindernisse, die die Repräsentanten des »Ancien régime« in den Weg stellten,
zu beseitigen und eine Regierung der nationalen Verständigung zu bilden.
Auch in beiden Teilrepubliken kamen neue Regierungen zustande.

Nach der Überwindung schwieriger Hindernisse glückte die Wahl Václav
Havels zum Staatspräsidenten. Damit trat ein Repräsentant des Bürgerforums an die Spitze des Staates, der durch seine Persönlichkeit, moralisch
wie politisch, die tschechoslowakische friedliche Revolution eindrucksvoll
verkörpert. Sein großes Ansehen in der Öffentlichkeit sicherte die Durchführung freier Wahlen und förderte die Entfaltung einer neuen demokratischen Ordnung, die später auch in einer neuen Verfassung ihre Garantien
finden soll. Die politischen Veränderungen, wie auch das Ende der führenden Rolle der KPTsch in Staat und Gesellschaft, konnten zunächst ohne Verfassungsänderungen durchgeführt werden. Um jedoch das Funktionieren
der parlamentarischen Vertretungskörperschaften rechtlich absichern zu
können, wurden alsbald dennoch einige Verfassungsänderungen revolutionären Charakters unerläßlich.

Die Vertretungskörperschaften waren aus den undemokratischen Pseudo-
wahlen von 1986 hervorgegangen. Die große Mehrheit der Abgeordneten
bestand gerade aus jenen Kommunisten, die einen beträchtlichen Teil der
Verantwortung für die Zerstörung der tschechoslowakischen Gesellschaft
nach der Unterdrückung des Prager Frühlings tragen. Deshalb schlug das
Bürgerforum ein verfassungsänderndes Gesetz vor, das es – noch vor den
freien Wahlen – möglich machte, die Zusammensetzung dieser Organe
weitgehend zu ändern. Durch Mandatsverzicht oder durch Abrufung sollten
die allzu kompromittierten Abgeordneten aus den Parlamenten ausscheiden
und durch Personen ersetzt werden, die das Vertrauen der Öffentlichkeit
genießen.

Es ist unbestritten, daß diese Art der Problemlösung demokratische
Defizite aufwies und im Sinne demokratischer Prozeduren kein einwand-
freies Verfahren war. Vom moralischen Standpunkt aus läßt sich dieses
Vorgehen jedoch verteidigen, und in der konkreten Situation war der
Austausch von Abgeordneten sogar eine politische Notwendigkeit, damit
die Staatsorgane bis zu den freien Wahlen überhaupt tätig werden konnten.
Im Grunde aber handelte es sich dennoch um einen revolutionären Prozeß,
der sich zwar einerseits der bestehenden Verfassungsformen bediente,

andererseits aber, um der Verwirklichung revolutionärer Ziele willen, auf jegliche Verfassungsänderung nicht verzichten konnte. Die gewählte Lösung erwies sich als der einzig mögliche Weg, um zu erreichen, daß die Staatsorgane den weiteren Verlauf der Revolution nicht behindern, sondern die notwendigen Maßnahmen zur Realisierung freier Wahlen sicherstellen konnten.

Das Verlangen nach freien Wahlen war eine der grundlegenden Forderungen der tschechoslowakischen Novemberrevolution. Doch der Weg zur Erfüllung dieser Forderung war sehr kompliziert. Das alte System hatte die Gründung neuer politischer Organisationen ausgeschlossen. Die friedliche Revolution machte die Bahn frei für eine freie Bildung politischer Parteien und Assoziationen aller Art. Dieser Prozeß schritt, wie es sich zeigte, langsam voran. Ein nicht geringer Teil der tschechoslowakischen Gesellschaft, der Interesse an öffentlichen Angelegenheiten hat, ist nicht gesonnen, in eine der politischen Parteien einzutreten. Die alten politischen Parteien, die unter der Monopolherrschaft der KPTsch existieren, sind in den Augen der Öffentlichkeit erheblich diskreditiert.

Auch wenn sie nach dem 17. November 1989 bestrebt waren, sich zu emanzipieren und ihre Unabhängigkeit von der bisher regierenden Partei proklamierten, vermochten sie das Vertrauen breiterer Schichten der Gesellschaft nicht zu erwerben. Die neuen Parteien, die sich nach dem 17. November zu bilden begannen, konnten sich allenfalls auf Keimformen politischer Organisationen stützen und entwickeln sich deshalb nur langsam. Der Zustrom der Mitglieder ist sehr gering. Dies ist offenkundig eine Wirkung des alten Regimes. Es hat die Mentalität der Menschen in dem Sinne beeinflußt, daß die große Mehrheit der tschechischen und slowakischen Öffentlichkeit Antipathien entwickelt hat, sich in einer Partei zu organisieren. Diese Abneigung ist eine Konsequenz der bisherigen Formalisierung jedweder politischen Tätigkeit; sie hat in der Tschechoslowakei ihren spezifischen Charakter, ist aber doch eine allgemeinere Erscheinung. Analogien gibt es auch in den Nachbarländern, die früher zum sowjetischen Block gehörten. Auch die Entwicklung in der UdSSR zeugt von der Beschwerlichkeit der Versuche, neue politische Parteien zu bilden.

Aus diesen Gründen erscheint im Rückblick auch das Bürgerforum in einem anderen Licht, als dies in der Zeit seiner Entstehung im November 1989 der Fall war. Das gilt analog auch für seine Schwesterorganisation in der Slowakei (»Öffentlichkeit gegen Gewalt«). Das Bürgerforum entstand nach dem 17. November als spontane Bürgerbewegung des Widerstands gegen das alte Regime und war bestrebt, den Weg zu einer demokratischen

Entwicklung zu ebnen. Seine Grundsteine waren die unabhängigen Bürger-
initiativen, wie die Charta 77 und andere, denen sich die Studenten, viele
Repräsentanten der Kulturöffentlichkeit und schließlich auch Vertreter der
Arbeiterschaft und der übrigen Schichten der bürgerlichen Gesellschaft
anschlossen. In der Anfangszeit seines Wirkens wurde das Bürgerforum
wirklich als Mittel betrachtet, um Spielräume für die Bildung neuer politischer Parteien zu schaffen. Es sollten Voraussetzungen für einen politischen
Pluralismus in der Tschechoslowakei entstehen, ohne den eine demokratische Entwicklung langfristig nicht möglich ist. Das Bürgerforum selbst war
anfänglich der Meinung, daß es in dem Maße, wie neue Parteien, oder
andere politische Organisationen entstünden, seine Existenzberechtigung
verlieren werde. Es hat sich jedoch gezeigt, daß sich diese Erwartung nicht
erfüllte und das Bürgerforum in der tschechoslowakischen Gesellschaft auch
künftig noch eine nicht zu ersetzende Rolle spielen wird. Ohne das Forum
würde in der tschechischen Gesellschaft ein politisches Vakuum entstehen,
das vorerst keine andere politische Kraft auszufüllen imstande ist. Deshalb
hat sich das Bürgerforum entschlossen, als selbständige politische Kraft in
die Wahlen zu gehen. Damit wurde auch manchen schwächeren politischen
Parteien, die bisher im Rahmen des Bürgerforums wirkten und sich nicht
entschließen konnte, selbständige Kandidaten aufzustellen, die Möglichkeit
der Mitwirkung gegeben. Anfang des Jahres 1990 war es notwendig, die
Frage des Wahltermins zu entscheiden. Die Frage wurde so gelöst, daß die
Wahlen in die höchsten Vertretungskörperschaften – in die Föderalversammlung, sowie den Tschechischen und Slowakischen Nationalrat – Anfang Juni und die Kommunalwahlen Ende November 1990 stattfinden
sollten. Im Zusammenhang mit den Kommunalwahlen wird es auch notwendig werden, die Reorganisation der staatlichen Verwaltung auf regionaler und lokaler Ebene in Angriff zu nehmen.

Eine komplizierte Frage, auf die äußerst widersprechende Antworten
gegeben wurden, betraf die Art des Wahlsystems für die höchsten Ver-
tretungsgremien. Bisher bestand ein Mehrheitssystem, bei dem die Abgeordneten in Sprengeln gewählt wurden, für die nur ein einziges Mandat vorgesehen war. Die Analyse der gegenwärtigen tschechoslowakischen Gesellschaft und die Notwendigkeit, eine feste Grundlage des politischen Pluralismus zu schaffen, sprachen dafür, das Verhältniswahlrecht einzuführen.
Dieses System hatte bereits Tradition und war nicht nur 1946, sondern
schon in der Zwischenkriegszeit in der ersten tschechoslowakischen Republik angewendet worden.

Das Verhältniswahlrecht soll die parlamentarische Vertretung der wichtigsten politischen Parteien und Kräfte ermöglichen. Bei der Ausarbeitung des Wahlgesetzes wurden auch die Erfahrungen moderner Demokratien verwertet. Durch Vermeidung einer allzu großen Atomisierung der politischen Kräfte soll die Bildung einer stabilen Regierung erreicht werden, die die Tschechoslowakei für die Lösung ihrer schwerwiegenden ökonomischen, ökologischen und sozialen Probleme dringend braucht. Deshalb wurde für den Einzug in die Föderalversammlung und den Tschechischen Nationalrat eine 5%-Klausel festgelegt, für den Slowakischen Nationalrat eine 3%-Klausel. Um Einwänden zu begegnen, die diesem Wahlsystem vorwarfen, daß es sich allzusehr auf die politischen Parteien orientiere und Einzelpersönlichkeiten kaum Chancen lasse, wurde außerdem das System der Präferenzstimmen eingeführt. Jeder Wähler kann auf der Kandidatenliste bis zu vier Präferenzstimmen zur Geltung bringen, mit denen er die Rangordnung der gewählten Abgeordneten beeinflussen kann. Die Wahlen im Juni 1990, die aufgrund dieses Gesetzes verliefen, haben gezeigt, daß die Entscheidung für dieses Wahlgesetz vollauf berechtigt war. Bemerkenswert ist allerdings, daß keiner der Kritiker nach den Wahlen offen zugab, daß sich die Vorbehalte und Einwände gegen das Wahlgesetz als unzutreffend erwiesen. Auch dies ist allerdings in der Politik eine normale Erscheinung.

Im Frühjahr 1990 wurde in der Tschechoslowakei eine ganze Reihe von Gesetzen zur Sicherung der politischen Freiheit der Bürger und der Demokratie angenommen. Dabei ging es um die Regelung des Versammlungs- und Vereinsrechts, des Petitionsrechts und Presserechts sowie um das Gesetz über die politischen Parteien. Die staatliche Aufsicht über die Kirchen wurde aufgehoben. Das Wehrgesetz wurde so geändert, daß die Wehrpflicht verkürzt und ein neues Institut eingeführt wurde, das die tschechoslowakische Rechtsordnung bisher nicht kannte: der zivile Ersatzdienst für diejenigen, die aus Gewissensgründen den Wehrdienst ablehnen. Alle diese Gesetze stehen im Einklang mit dem internationalen Vertrag über die Menschen- und Bürgerrechte und mit anderen internationalen Verpflichtungen, die der tschechoslowakische Staat in der Vergangenheit unterzeichnet hat, an die sich das alte Regime jedoch nicht halten wollte. Heute gibt es keine politischen Einschränkungen mehr, die verhindern würden, daß das tschechoslowakische Recht, in bezug auf die Rechte und Freiheiten der Bürger, den international geltenden Standards entspricht.

Die Tschechoslowakei muß gegenwärtig schwerwiegende Probleme ihrer weiteren sozial-ökonomischen Entwicklung lösen. Änderungen in diesem Bereich sind auch zur Sicherung der Freiheit und Demokratie unerläßlich, weil legislative Sicherheiten und politische Mittel dafür bei weitem nicht ausreichen. Effektiv wirkender politischer Pluralismus ist nicht möglich ohne wirklichen Pluralismus in der ökonomischen Sphäre, ohne die Gleichberechtigung aller Eigentumsformen, ohne Entfaltung der Unternehmerinitiative usw. In der Tschechoslowakei sind diese Probleme besonders deshalb kompliziert, weil die Verstaatlichung der Volkswirtschaft, verglichen mit allen anderen Ländern des früheren sowjetischen Blocks, hier am weitesten gediehen war. Die Entstaatlichung, oder anders ausgedrückt: die Privatisierung der Volkswirtschaft ist keine einfache Operation. Sie muß in differenzierten Formen realisiert werden, weil auch die tschechoslowakische Wirtschaft ein vielfältig strukturiertes Ganzes ist. So sind für die Privatisierung im Dienstleistungsbereich, im Gewerbe, bei kleinen kommunalen Unternehmen u.ä. andere Möglichkeiten und Wege der Privatisierung zu finden als dort, wo es um große Maschinenwerke, Hüttenwerke und andere Schlüsselindustrien geht.

Die Regierung hat im Frühjahr 1990 – nach vielen, oft scharfen Auseinandersetzungen – ein Konzept der ökonomischen Reform entwickelt, das nicht nur die notwendigen ökonomischen Veränderungen festlegt, sondern auch die Verfahren für die Durchführung bestimmt. Die neue freigewählte Regierung wird diese Wirtschaftspolitik weiter durchzuarbeiten und zu konkretisieren haben und damit beginnen müssen, sie auch praktisch zu realisieren. Im Rahmen dieser Politik wird es auch notwendig sein, verschiedene soziale Programme vorzubereiten, weil der Prozeß der Privatisierung der Wirtschaft mit großen strukturellen Veränderungen der tschechoslowakischen Ökonomie verbunden ist. Da viele Menschen gezwungen sein werden, ihre Beschäftigung zu wechseln, wird es erforderlich, Umschulungsprogramme und Maßnahmen für den Fall der Arbeitslosigkeit vorzusehen.

Alle diese Veränderungen müssen so vorbereitet und realisiert werden, daß sie, wenn möglich, keine allzu heftigen sozialen Erschütterungen hervorrufen, die die noch äußerst zarte Demokratie und Freiheit in der Tschechoslowakei bedrohen könnten. In diesem Zusammenhang tauchen weitere Probleme auf, auch Probleme sozialpsychologischer Natur, die u.a. mit den starken egalitären Neigungen im Bewußtsein der tschechoslowakischen Gesellschaft verbunden sind. Das sozialpsychologische Klima wird, was die Bereitschaft zu notwendigen Veränderungen beim Übergang zur Marktökonomie anbetrifft, von erheblichen Schwankungen bestimmt. Das zeigen die Ergebnisse der öffentlichen Meinungsforschung. Aus ihnen geht hervor, daß die Einstellungen stark voneinander abweichen, je nachdem welcher

Generation, politischen Partei oder Nationalität der oder jener Bürger angehört. Die politischen Konsequenzen der bevorstehenden ökonomischen und sozialen Veränderungen sind vorerst schwer vorauszusagen.

*

In der Tschechoslowakei ist binnen kurzer Zeit eine große Zahl politischer Parteien entstanden. Bei der Vorbereitung zu den Wahlen begannen sich scharfe Gegensätze bemerkbar zu machen, und die frühere Einheit der Kräfte, die sich im November 1989 im Kampf gegen das totalitäre System vereinigt hatten, löste sich auf. Nachwirkungen dieses Systems, soweit es um das politische Denken und die Kultur des politischen Verhaltens geht, zeigten sich insbesondere in der Presse einiger politischer Parteien. Dabei war es nur logisch, daß solche Erscheinungen am deutlichsten in der Presse der früheren Regierungsparteien zum Vorschein kamen. So versuchten die Tschechoslowakische Volkspartei und die Tschechoslowakische Sozialistische Partei durch einen oft allzu primitiven Antikommunismus zu vertuschen, daß sie in der Vergangenheit willige und fügsame Organisationen im Rahmen der von der KPTsch geleiteten Nationalen Front gewesen sind.

Die Welle des Antikommunismus breitete sich auch in der tschechoslowakischen Gesellschaft aus. Sie wurde dadurch gefördert, daß die KPTsch es nicht zuwege brachte, sich entschieden von ihrer Vergangenheit zu trennen und die Mitglieder, die das alte totalitäre Machtsystem verkörperten, auszuscheiden. Die KPTsch löste sich weder auf, noch reorganisierte sie sich auf neuen Grundlagen und mit neuem Namen, wie dies die kommunistischen Parteien in den Nachbarländern des Warschauer Paktes taten. Die Tatsache, daß viele ihrer Repräsentanten – unabhängig davon, ob sie Mitglieder der KPTsch blieben oder aus ihr austraten – weiterhin wichtige und oft führende Stellungen im Staatsapparat, in der Wirtschaft und in anderen Institutionen (besonders auch im Sicherheitsdienst) einnehmen, ist in breiten Kreisen der Bevölkerung zu einer Quelle der Befürchtungen vor der Wiederkehr alter Ordnungen geworden. Auch die Aktivität von Kräften, die zwar abseits stehen, aber laut von sich hören lassen, nahm beträchtlich zu. Das waren Leute, die die demokratischen und rechtlichen Wege zur Durchsetzung ihrer Ansprüche nicht respektieren und sie durch Ausübung von Druck, Straßendemonstrationen und andere Aktionen erzwingen wollten.

Während der Wahlkampagne war es nicht leicht, sich gegen verschiedene extreme Forderungen – vor allem gegen nationale Ansprüche, die im tschechischen, besonders aber im slowakischen Volk lebendig sind – entschieden zur Wehr zu setzen, weil damit der Verlust von Wählerstimmen drohte. Die politische Szene in der Tschechoslowakei war und ist in dieser Beziehung emotionalisiert. Diese Erregung wird oft durch Kräfte vorsätzlich hervorgerufen, die nur schwer genau zu bestimmen sind. Gegen diese Erscheinungen wenden sich insbesondere die unabhängigen Zeitungen, die das politische Geschehen in der Tschechoslowakei kritisch verfolgen und die wahren Hintergründe der verschiedenen Kampagnen aufdecken. Die maßgebenden politischen Kräfte waren jedoch bemüht, die Wahlkampagne nicht nur in den rechtlichen Grenzen zu halten, sondern auch im Rahmen der Fairness und der Grundsätze demokratischen Verhaltens.

Im Prozeß der Entstehung und des Wiederaufbaus der Demokratie lernten auch die höchsten Staatsorgane, besonders das Parlament, nach demokratischen Verfahren zu arbeiten. Das Parlament nahm bis Anfang Mai 1990 eine ganze Reihe wichtiger Gesetze an, die die Rechtsgrundlagen bilden für ein demokratisches politisches Leben und für die schrittweise Umwandlung der bürokratisierten Staatswirtschaft in eine lebendige, dynamisch sich entwickelnde Ökonomie, in der das private Unternehmen seinen gesicherten Platz erhält.

Der Verlauf dieser Entwicklung zeigt immer mehr, wie kompliziert und schwierig die bevorstehenden Aufgaben sind. Bei jedem Schritt nach vorn tauchen neue, vorher nicht geahnte Probleme auf, darunter Probleme, von deren Existenz die Menschen, die sich in der Tschechoslowakei mit Politik befassen, nur eine abstrakte Vorstellung hatten, ohne ihre konkrete Tragweite und Tiefe zu erkennen.

Anfang Juni 1990 fanden in der Tschechoslowakei nach 44 Jahren die ersten freien Wahlen statt. An diesen Wahlen beteiligten sich 23 politische Parteien und Bewegungen mit selbständigen Kandidatenlisten. Sie bemühten sich, mit ihren Programmen und dem Auftreten ihrer Repräsentanten Wähler zu gewinnen. Die Wahlkampagne, bei der allen Parteien, die kandidierten, gleiche Möglichkeiten in den staatlichen Medien gegeben waren, verlief ohne sonderliche Störungen. Phänomene, die es im politischen Leben der Tschechoslowakei bisher nicht gegeben hatte, waren Angriffe der einen Partei gegen die anderen, Polemik zwischen einzelnen Kandidaten und ähnliche Erscheinungen, die zur politischen Demokratie und zur politischen Freiheit gehören. Mit einer gewissen Genugtuung kann gesagt werden, daß diese Formen der Auseinandersetzung das erträgliche Maß nicht überschritten. Die Grundsätze der politischen Moral und des Anstandes, die insbeson-

dere das Bürgerforum vertritt und die zum Vermächtnis der Novemberrevolution zählen, wurden im allgemeinen eingehalten.

Die Wahlkampagne und die Meinungsumfragen, die in dieser Zeit durchgeführt wurden, zeugten davon, daß sich die Wähler im allgemeinen ver-
nünftig verhielten. Es deutete sich an, daß verschiedene kleine Parteien
nicht die nötige Zahl von Wählerstimmen erhalten würden, weil die Wähler
ihnen kein Vertrauen schenkten. Ebenso zeigte sich, daß primitive antikom-
munistische Kampagnen, die einige politische Parteien in der Hoffnung auf
Wählerstimmen aufgewirbelt hatten, in der tschechischen und in der slowakischen Öffentlichkeit keinen Anklang fanden. Diese Methoden hatten eher
negative Wirkungen und führten dazu, daß sich für die Kommunistische
Partei mehr Wähler entschieden, als man ursprünglich angenommen hatte.
In den Wahlen erfüllten sich auch nicht die Erwartungen der Christlich-
demokratischen Union, in der die Volkspartei (eine der alten Parteien in der
Tschechischen Republik), die neu entstandene Christlich-demokratische
Partei und die Christlich-demokratische Bewegung in der Slowakei vereinigt
sind. Diese Parteien rechneten mit einem großen Stimmenzuwachs, und
besonders in der Slowakei erwartete die Christlich-demokratische Bewegung
einen großen Wahlerfolg. Diese Hoffnung wurde enttäuscht. Wahrscheinlich
trug dazu das vordergründige Bestreben der Führung dieser Parteien bei,
die religiösen Gefühle und die Kirche für enge Parteiziele zu mißbrauchen.
In der Tschechischen Republik erlitten diese Parteien eine erhebliche Niederlage. Interessant war, daß einige Parteien, von denen man ursprünglich
annahm, daß sie ins Parlament kämen, in den Wahlen die dafür notwendige
Stimmenzahl nicht erhielten. Es sind dies vor allem die neu entstandene
Sozialdemokratische Partei und die bisher schon existierende Tschechoslowakische Sozialistische Partei, deren Niederlage durch eine falsche Politik
ihrer neuen Führung verursacht wurde.

Aus den Wahlen ging in der Tschechischen Republik das Bürgerforum als
Sieger hervor, in der Slowakei die Vereinigung »Öffentlichkeit gegen Gewalt« – politische Bewegungen, die mit der Novemberrevolution verbunden
sind und deren Repräsentanten nach dem 17. November die Bürde der
Verantwortung für die weitere Entwicklung in der Tschechoslowakei auf
sich nahmen. Der weitere Verlauf der Zeit zeigte, daß sie ihrer Verantwortung im allgemeinen zufriedenstellend nachgekommen sind. Diese Bewegungen mit ihren Repräsentanten, den bedeutendsten politischen Persönlichkeiten in der gegenwärtigen Tschechoslowakei, erhielten das größte Vertrauen der breiten Schichten der tschechoslowakischen Gesellschaft. Überraschend war die große Wahlbeteiligung von 96%, was in demokratischen

Systemen möglicherweise einmalig ist. Die Wahlen verliefen auch in einer sehr würdigen Atmosphäre. Sie bewiesen die bürgerliche Verantwortung der Wähler, die nach langer Zeit zum ersten Mal von ihrem wichtigsten politischen Recht Gebrauch machten.

Die Wahlen waren vor allem Ausdruck des Widerstandes gegen das alte totalitäre Regime und Ausdruck der Entschlossenheit, sich von diesem System und allen seinen Überbleibseln konsequent zu trennen und den demokratischen Weg der Entwicklung in der Tschechoslowakei zu garantieren. Für diesen Weg sind allerdings die Wahlen nur der Anfang, weil die fortdauernden Strukturen des demokratischen Lebens in der Tschechoslowakei erst noch gebildet werden müssen. In diesem Sinne dürfte sich in Zukunft auch das Bürgerforum umbilden, obwohl seine Existenz für die allernächste Zeit zweifellos noch unerläßlich ist. Keine der bisher existierenden Parteien hat vorerst die Chance, zur entscheidenden politischen Partei in der Gesellschaft zu werden. Hier geht es offensichtlich um längerfristige Prozesse, die Zeit brauchen werden, um stabilere Konturen des Parteiwesens und des politischen Lebens in der Tschechischen und Slowakischen Republik hervorzubringen.

Ein ernstes Problem, dessen Lösung schwierig und langfristig ist, ist die Abschaffung der sogenannten Nomenklatur und ihrer Auswirkungen. Nach dem 17. November 1989 wurde natürlich das alte System der Besetzung leitender Funktionen beseitigt. Dadurch hat sich allerdings noch nicht der bisherige Zustand geändert. Nach wie vor wird die Mehrzahl der leitenden Stellen im staatlichen Apparat, in den wirtschaftlichen und auch in anderen Organisationen von Leuten eingenommen, die in ihr Amt mit Billigung der zuständigen Organe der KPTsch gekommen sind. In vielen Fällen sind das Menschen, die fachliche Qualitäten und Erfahrungen in der leitenden Arbeit besitzen und diesen Stellungen gewachsen sind. Es war notwendig, sie auch gegen verschiedene Kritiker zu schützen, die deren Entlassung gefordert haben. Sehr oft stiegen jedoch in diese Positionen Genossen auf, die dafür weder fachliche noch menschliche Voraussetzungen mitbrachten. Sie machten Karriere nur dank ihrer Mitgliedschaft in der KPTsch. Leute dieser Art wollen größtenteils ihre Stellungen nicht freiwillig verlassen. Sie verfügen untereinander über umfangreiche Konnexionen und bilden verschiedene Maffien, die die Durchführung notwendiger Änderungen behindern. Sie beeinflussen nachteilig das sozialpolitische Klima und versuchen nicht selten, die Menschen einzuschüchtern. Ein bedeutungsvoller Schritt, der in dieser Hinsicht zu weiteren personellen und politischen Änderungen führen soll, sind die für den Herbst 1990 vorbereiteten Kommunalwahlen. Die

Säuberung des öffentlichen Lebens von Leuten, die das alte System der totalitären Macht repräsentierten, war und bleibt eine unerläßliche Forderung und Aufgabe der demokratischen Entwicklung in der Tschechoslowakei. Sie hat nicht nur einen praktischen Sinn, sondern ist auch aus moralpolitischen Gründen geboten – als Ausdruck des Bruchs mit dem alten System. Ohne diese Säuberung wäre die revolutionäre Änderung nicht durchzuführen.

Die höchsten Vertretungskörperschaften wurden für die Dauer von zwei Jahren gewählt. Dieser Zeitraum ist für den Übergang zur Demokratie in der Tschechoslowakei von größter Bedeutung. In dieser Zeit wird es nötig sein, auch die komplizierten Probleme der tschechoslowakischen Föderation zu lösen, die Neuaufteilung der Kompetenzen zwischen der Föderation und den nationalen Republiken zugunsten einer verstärkten Stellung der Tschechischen und Slowakischen Republik. Dies ist wichtig, um der Föderation einen wirklich lebendigen Inhalt zu geben und Spielräume zu öffnen für eine demokratische Lösung von Konflikten, die zwischen den beiden, in der Tschechoslowakei lebenden Hauptnationen bestehen. Gleichzeitig muß Raum geschaffen werden, damit Tschechen und Slowaken über ihre eigene nationalpolitische Entwicklung selbständig entscheiden können.

*

Die Erhaltung des Tschechoslowakischen Staates, und das heißt: der tschechoslowakischen Föderation, ist wichtig für beide Nationen, die in diesem Staate leben, aber auch für die Möglichkeit einer effektiven Einbeziehung der Tschechoslowakei in die Integrationsprozesse, die im gesamteuropäischen Rahmen vorsichgehen. Diese Probleme sollten gelöst werden im Zusammenhang mit der Vorbereitung der neuen Verfassungen. Sowohl die Verfassung der tschechoslowakischen Föderation als auch die Verfassungen der beiden nationalen Republiken sollen im Lauf der zweijährigen Legislaturperiode des neuen Parlaments verabschiedet werden.

Aus vielen Gründen ist das eine schwierige Aufgabe. Das Grundproblem, mit dem sich die Schöpfer der neuen Verfassungen werden auseinandersetzen müssen, betrifft die Neudefinition der Ausgangspunkte, Grundlagen und institutionellen Formen der tschechoslowakischen Föderation.

In dem Maße, wie das System des Staatssozialismus stalinistischer Provenienz in den europäischen Ländern zerfiel, rückte – von der sowjetischen Perestrojka kräftig angestoßen – überall die nationale Problematik in den Vordergrund: Ungelöste oder unterdrückte nationale Konflikte brechen wieder auf. Sie können zum Zerfall der jugoslawischen und der sowjetischen Föderation führen und manchmal sogar als unlösbar erscheinen, wie die Lage in Transkaukasien, im Baltikum und anderswo zeigt. In der Tschechoslowakei hat die nationale Problematik diesen Charakter glücklicherweise nicht. Sie ist mit der Erinnerung an blutige nationale Kämpfe nicht belastet. Man kann daher annehmen, daß es gelingen wird, sie mit demokratischen Mitteln zu lösen. Besondere Schwierigkeiten ergeben sich freilich daraus, daß die Tschechoslowakei ein Staat zweier Nationen, der Tschechen und der Slowaken, ist. Dieser Sachverhalt könnte den Anschein erwecken, als ob die Lösung des Problems dadurch vereinfacht würde, tatsächlich aber ist das Problem doch ziemlich verwickelt.

In gewisser Weise ist die tschechoslowakische föderative Staatsform ein einmaliges Phänomen, allenfalls vergleichbar mit der verfassungsrechtlichen Regelung des Zusammenlebens der Flamen und Wallonen. In Belgien existiert jedoch die Marktökonomie; die belgische Wirtschaft ist Bestandteil der Europäischen Wirtschaftsgemeinschaft, und dies ist ein wesentlicher Unterschied gegenüber der total verstaatlichten tschechoslowakischen Ökonomie, die jetzt Mittel und Wege zur Umgestaltung in eine soziale Marktwirtschaft sucht. In Belgien gibt es ungefähr 60% Flamen, Wallonen ungefähr 40%. Die Tschechoslowakei hat in der Tschechischen Republik ungefähr 10 Millionen Einwohner, überwiegend Tschechen; in der Slowakischen Republik leben ungefähr 5 Millionen Einwohner, davon über eine halbe Million Magyaren, das Verhältnis zwischen Tschechen und Slowaken ist 2:1. Auch wenn beide Nationen verfassungsrechtlich gleichberechtigt sind, ist es schwierig, die Föderation so zu gestalten, daß sowohl die politische Gleichberechtigung beider Nationen als auch die der einzelnen Bürger garantiert werden kann.

Ein Versuch zur föderativen Gestaltung der tschechoslowakischen Verhältnisse wurde 1968 im Rahmen des »Prager Frühlings« gemacht. Nach seiner Niederschlagung durch die militärische Intervention des 21. August, blieb die föderative Umgestaltung des Staates als einzige der Reformen des politischen Systems erhalten. Sie wurde jedoch zur bloßen Fassade, ohne realen Inhalt. Das beweist schon die Tatsache, daß nach 1968 keine Verfassungen der Föderation und beider Republiken ausgearbeitet wurden; auch wurden keine verfassungsmäßigen und andere Institutionen auf föderaler und republikanischer Ebene errichtet, wie dies im Gesetz über die Föderation vorgesehen war. Auch ein Verfassungsgericht kam nicht zustande. Das bürokratisch-zentralistische Machtsystem der Kommunistischen Partei unterdrückte beide Nationen, die tschechische wie die slowakische.

Besonders die auf tschechischer Seite neu errichteten Organe, der Tschechische Nationalrat und die tschechische Regierung, erlangten keine Autorität und kein Vertrauen; überhaupt ist die Tschechische Republik der tschechischen Nation fremd geblieben.

Die Entwicklung von der Novemberrevolution 1989 bis zu den Wahlen im Mai 1990 zeigt, daß es notwendig sein wird, bei der Schaffung einer neuen föderalen Verfassung konsequent vom Willen beider Partner der Föderation auszugehen. Dabei wird die Rolle der nationalen Republiken und ihrer Organe wachsen.

Entscheidend ist die Beziehung zwischen der Föderation und den beiden nationalen Republiken. Notwendig ist, den Kompetenzbereich der Föderation und der Republiken neu festzulegen. Schon seit 1968 ist bekannt, daß dies eine komplizierte Angelegenheit ist. Gegenwärtig dürfte die Lösung dieses Problems noch schwieriger sein, weil hier keine »Integrationskraft« wirksam ist und die politische Struktur in der Tschechischen und in der Slowakischen Republik sich unterschiedlich entwickelt. Deshalb ist es unerläßlich, einen grundsätzlichen politischen Konsens über Umfang und Inhalt der integrierenden Aufgaben der Föderation zu erzielen. Dabei ist rational vorzugehen und sicherzustellen, daß nicht Emotionen unterschiedlicher Art einen annehmbaren Kompromiß verhindern.

Im Hinblick auf die politischen Veränderungen tritt die Forderung nach nationaler Emanzipation in den Vordergrund, nach der Sicherung des Rechts der Nation, über das eigene Schicksal selbst zu entscheiden. Bei der slowakischen Nation, die historisch jünger ist und deshalb auch national viel empfindlicher, ist dieses Bedürfnis besonders stark. Deshalb entstehen dort auch leicht Illusionen über die Möglichkeiten für eine bessere nationale Entfaltung in einem selbständigen slowakischen Staat, wie ihn die Anhänger des Separatismus propagieren. Dabei stützen sie sich auf die Hilfe bestimmter Kreise der slowakischen Emigration.

Bei der Arbeit an der neuen tschechoslowakischen föderalen Verfassung taucht noch ein weiteres Dilemma auf. Die nationalpolitischen Vertretungen werden daran interessiert sein, daß der Schwerpunkt der Staatspolitik künftig in den Republiken liegt. Sie werden sich darüber einigen müssen, welche Kompetenzen sie der Föderation zugestehen. Allerdings muß die Tschechoslowakei, um sich erfolgreich in die europäischen Integrationsprozesse einzugliedern, in der Europapolitik als ein staatliches Ganzes auftreten, als ein relativ starker Staat. Daraus ergibt sich das Bedürfnis, den Wirkungskreis der Föderation relativ breit auszugestalten. Dies gilt besonders für das Gebiet der Legislative, doch muß die Föderation auch über die nötigen ökonomischen Instrumente verfügen, um den Übergangsprozeß von der verstaatlichten Ökonomie zur Marktwirtschaft zu regulieren. Dies ist erforderlich sowohl innerhalb der Tschechoslowakei, als auch im Interesse der internationalen Wirtschaftsbeziehungen.

Die Regelung des Kompetenzbereichs der Föderation kann in Widerspruch geraten mit dem Interesse, die Selbständigkeit der tschechischen und der slowakischen Republik zu stärken. Deshalb ist es so wichtig, bei der Festlegung der Kompetenzen der tschechoslowakischen Föderation und der beiden nationalen Republiken von rationalen Prinzipien auszugehen. Einige Entwürfe der neuen verfassungsrechtlichen Regelung berücksichtigen diese Gesichtspunkte nicht, sondern zielen eher auf eine Konföderation.

Im Zusammenhang damit ist auch darüber zu entscheiden, ob die parlamentarische Demokratie beibehalten oder ob eine Präsidialdemokratie eingeführt werden sollte. Dabei könnte allerdings das Präsidialsystem nicht nur auf der Ebene der Föderation existieren. Die historischen Erfahrungen sprechen jedoch eher für die Erhaltung der parlamentarischen Form, auch wenn die faktischen Aufgaben und das Ansehen des gegenwärtigen Präsidenten diesen Rahmen heute noch überschreiten. Falls die parlamentarische Form erhalten bleibt, wird es notwendig sein, die traditionellen Beziehungen zwischen Parlament, Präsident und Regierung im Sinne einer bestimmten Machtverteilung neu zu ordnen. In der bisherigen Verfassung war dieses Problem unbefriedigend geregelt.

Von neuem wird – wie 1968 – die Frage gestellt, welche Struktur das föderale Parlament haben und wie es gebildet werden soll. Die Lösung auch dieser Frage hängt in starkem Maße von den Beziehungen zwischen der Föderation und den Republiken und von deren gegenseitigen Kompetenzen ab. Es ist problematisch, das Zweikammerparlament beizubehalten, wenn die Gleichberechtigung beider Nationen auch in einem Einkammerparlament gesichert werden kann. Mit dem föderalen Charakter des Staates wäre es auch schwerlich vereinbar, wenn die Kompetenzen des Bundesparlaments von beiden Nationalräten oder ihren Vertretern in gemeinsamen Sitzungen ausgeübt würden, wie dies gelegentlich vorgeschlagen wird. Was die föderale Regierung und die Ministerien anbelangt, so muß geklärt werden, inwieweit das Paritätsprinzip Geltung haben sollte.

Unter der Voraussetzung, daß in der neuen Verfassung die Kompetenzen der Föderation breiter gefaßt werden, wäre es vorteilhafter, die Regelung der Bürgerrechte und Freiheiten auf dieser Ebene vorzunehmen. Die Spezifikation dieser Rechte und Freiheiten könnte auch in den nationalen Verfassungen enthalten sein, ohne daß es dort notwendig wäre, ihre Gesamtregelung zu wiederholen. In der Föderalverfassung sollten neben der Verfassungsgerichtsbarkeit auch die Grundprinzipien für die Organisation und die Tätigkeit des Gerichtswesens generell geregelt sein.

Alle diese Grundfragen der tschechoslowakischen Föderation und ihrer Verfassung sind gegenwärtig noch offen. Für ihre Lösung wird man neue politische und verfassungsrechtliche Institutionen und Verfahren schaffen müssen. Theoretische und praktische Erfahrungen aus anderen Föderationen sind dabei sehr wichtig, auch wenn sie wegen der zweigliedrigen Struktur der tschechoslowakischen Föderation nicht leicht anwendbar sind. Das Problem liegt auch darin, daß diese vielfältigen Aufgaben innerhalb eines äußert kurzen Zeitraums gelöst werden sollen. Die gesetzgebenden Organe im legislativen Bereich befinden sich also in einer Situation, die nicht leicht zu bewältigen ist. Wenn auf tschechischer und slowakischer Seite jedoch der nötige Wille zum Konsens vorhanden ist, wird es gewiß gelingen, auch diese Verfassungsprobleme zum Vorteil beider Nationen und der Minderheiten, die auf dem Gebiet der Tschechoslowakei leben, zu lösen.

*

Ein Erfolg der demokratischen Umgestaltung des Landes würde auch über die Grenzen der Tschechoslowakei hinaus bedeutsam sein. Die friedliche Entwicklung in Europa wie auch die Entfaltung der gesamteuropäischen Zusammenarbeit und Integration setzen voraus, daß die wirtschaftlichen Probleme und die globalen Krisen in den Ländern Mittel- und Südosteuropas in friedlicher Weise gelöst werden. Dazu gehört auch die friedliche Entwicklung in der Sowjetunion. Noch vor kurzem konnte niemand ahnen, daß so verheißungsvolle Bedingungen für eine freie Entwicklung ganz Europas und seine schrittweise Vereinigung entstehen würden, wie sie seit den umwälzenden Ereignissen des letzten Jahres gegeben sind. Umso wichtiger ist es, sich nun den neuen Aufgaben zu stellen und sie in gemeinsamer Anstrengung zu lösen.

Aufgaben, die gegenwärtig und in nächster Zukunft in der Tschechoslowakei gelöst werden müssen, gibt es viele, und sie sind schwierig und kompliziert. Der bisherige Verlauf der demokratischen Umgestaltung nach dem 17. November 1989, die Tatsache, daß es gelungen ist, sie im großen und ganzen im verfassungsrechtlichen Rahmen zu halten, und daß es zu keinen solchen Erschütterungen gekommen ist, wie sie den Prozeß der revolutionären Änderungen in der Sowjetunion, in Rumänien und Bulgarien begleiten und sogar die Existenz der Jugoslawischen Föderation bedrohen

– all dies läßt für die Zukunft hoffen, daß es der tschechoslowakischen Bevölkerung gelingen wird, die Probleme des Landes befriedigend zu lösen. Die Tschechoslowakei hat in dem kurzen Zeitraum seit dem 17. November 1989 auch ihre Außenpolitik markant geändert. Im Bewußtsein ihrer geographischen Lage im Zentrum Europas bemüht sie sich, als aktives Mitglied der europäischen Gemeinschaft zu wirken. Sie ist bestrebt zu beweisen, daß sie wirklich zu Europa gehört und daß Prag wieder zu einem wichtigen europäischen Kulturzentrum werden kann, das durch seine Bedeutung über die Grenzen des tschechoslowakischen Staates hinauswirkt.

Gerd Meyer

Identität und Übergang: Die DDR auf dem Weg zur Einheit in Deutschland und Europa

Der Umbruch in der DDR, ihr schwieriger Weg in ein vereintes Deutschland und ein sich neu formierendes Europa haben unvorhergesehen und radikal die Bedingungen für die Suche nach Identität in der DDR verändert. Mehr denn je sind auch die Bundesbürger gefragt und gefordert, neue Gemeinsamkeiten im Bewußtsein der Unterschiede zu suchen und die eigene Stärke in partnerschaftlicher Verantwortung einzusetzen. Die Suche der Deutschen nach Identität vollzieht sich im Kontext der Überwindung des Ost-West-Konflikts und der Arbeit an einer neuen Friedensordnung in Europa. Sie muß verbunden werden mit der Überwindung nationalstaatlichen Denkens und einer globalen Verantwortung für die Erhaltung der natürlichen Umwelt und mit einem verstärkten Einsatz für die dringlichen Probleme der sog. Dritten Welt.

Verlauf und Ergebnis dieser Prozesse sind in vieler Hinsicht offen. Wer sich in dieser Situation um Analyse und Orientierung bemüht, muß Begriffe und Maßstäbe offen und behutsam verwenden. In der heutigen Situation allerdings kann und will ich die Beobachtungen des Wissenschaftlers nicht trennen vom engagierten Urteil des homo politicus.

Die Suche der DDR-Bürger nach Identität wird hier verstanden als ein Prozeß, in dem Kontinuitäten und Neuerungen auf dem Weg zu Freiheit und Einheit in einem offenen Mischungsverhältnis stehen. Unter Identität verstehe ich hier – ohne weitere theoretische Fundierung – das Gleichbleibende und Charakteristische in dem, was Menschen längere Zeit gelebt und erfahren haben, was sie geprägt hat und was sie von anderen unterscheidet. Zu ihrer Identität gehört schließlich auch, was sie im privaten und öffentlichen Leben für wichtig und erstrebenswert halten. Mehr denn je sind Selbst- und Fremddefinition der DDR-Deutschen im Fluß, voller Widersprüche und Ungleichzeitigkeiten.

Die Frage nach der deutschen Identität gab und gibt zu vielfältigen politischen und historischen Mißverständnissen Anlaß. Mir geht es daher nicht um normative Wesensbestimmungen der Deutschen in Ost und West,

um die historischen Leistungen und Lasten der Nation, um Un- und Eigenarten der Deutschen, die ihnen eine besondere Rolle in Mitteleuropa zu-
schreiben oder verwehren. Im Bewußtsein der tiefen Ambivalenzen der
Geschichte der Deutschen kommt es heute vielmehr darauf an, beim Zusammenwachsen der beiden deutschen Staaten aus den unterschiedlichen
Erfahrungen in Ost und West zu lernen. Wir sollten nicht nur die historisch
und systemspezifisch bedingte Rückständigkeit der DDR-Deutschen sehen,
sondern systemübergreifende Problemlagen und gemeinsame Chancen zu
ihrer Lösung ohne germanozentrischen Wohlstandsegoismus erkennen.

Grundlinien der Entwicklung: Bürokratische Herrschaft – Revolutionärer Aufbruch – Übergang und Integration

Vor diesem Horizont möchte ich nun einige Aspekte der unterschiedlichen
Ausgangsbasis und des besonderen Wegs der DDR heute im deutschen und
europäischen Kontext nachzeichnen. Die Entwicklung der DDR in den
letzten 20 Jahren läßt sich in *drei Phasen* gliedern:

1. Die Herrschaft des bürokratischen Sozialismus in der Ära Honecker (bis
   September/Oktober 1989).
2. Revolutionärer Aufbruch und Ende der SED-Herrschaft (bis etwa Dezember 1989).
3. Die DDR als Übergangsgesellschaft: Demokratisierung und Vereinigungsprozeß (seit Ende 1989).

Der Umbruch und die Suche nach neuer Identität in der DDR vollzieht sich
derzeit auf *drei Ebenen* oder Feldern:
- Staat und Nation,
- Gesellschaft und Gemeinschaften,
- politische Kultur und individuelle Lebensgestaltung.

Entsprechend lassen sich – thesenartig formuliert – *drei Grundlinien* in der
Herausbildung einer historisch offenen Identität in der DDR unterscheiden:

1.   Schon vor dem Umbruch im Herbst 1989 – zunächst verbunden mit der
relativen Schwäche der sowjetischen Führung, dann tatkräftig unterstützt
vom »neuen Denken« Gorbatschows in der Außen- und Sicherheitspolitik
– löste sich die DDR allmählich aus der strikten Unterordnung unter die
UdSSR im Hegemonialsystem der »sozialistischen Staatengemeinschaft«.
Wie die anderen osteuropäischen Verbündeten auch, gewann sie weitge-

hende Selbständigkeit in allen innen- und gesellschaftspolitischen Fragen. In der Phase des revolutionären Aufbruchs, nach dem Fall der Mauer und im eindeutigen Wählervotum am 18. März 1990 wurde schrittweise die Eigenstaatlichkeit der DDR zur Disposition gestellt. Die Mehrheit der DDR-Bürger und ihre demokratisch legitimierte neue Regierung gibt nunmehr dem doppelten Aufgehen der DDR in einem vereinten Deutschland und in einem sich neu formierenden Europa (EG, NATO, gesamteuropäische Friedensordnung) den Vorzug.

2. Die Herrschaft des bürokratisch-paternalistischen Sozialismus wurde abgelöst durch das solidarische Handeln einer aktiven revolutionären Minderheit, die eine Erneuerung, nicht aber die Abschaffung des Sozialismus in einer eigenständigen DDR anstrebte. Diese Minderheit wurde unterstützt von der Mehrheit der Bevölkerung in ihrem Bestreben nach Selbstbefreiung von der SED-Herrschaft und in ihrem Bemühen um eine umfassende Demokratisierung der Gesellschaft. Die Mehrheit der Wähler stimmte dann jedoch für eine schnelle Vereinigung der beiden deutschen Staaten, für die Abschaffung des Sozialismus und die weitgehende Übernahme des Gesellschaftsmodells der Bundesrepublik Deutschland.

3. Die politische Kultur der DDR war in der Ära Honecker gekennzeichnet von einem zwar vielfach brüchigen, aber *institutionell* stabilen Arrangement der Bürger mit der Macht. Sie wurden zugleich bevormundet und versorgt vom sozialistischen Paternalismus der SED. Im revolutionären Aufbruch des Spätherbstes 1989 wurde eine äußere Befreiung von diesen Verhältnissen erreicht. Offen ist, wie gut die DDR-Bürger die schwierigen Lern- und Anpassungsprozesse im Übergang zur sozialen Marktwirtschaft, wie sie Massenarbeitslosigkeit und soziale Verunsicherung, aber auch die großen Wohlstands- und Entfaltungschancen einer liberal-kapitalistischen, pluralistischen Gesellschafts- und Wirtschaftsordnung bewältigen. In einer solchen revolutionären Übergangsgesellschaft sind tiefe kollektive und individuelle Identitätskrisen unvermeidlich. Die DDR also zwischen eigener Identität und Übergang – aber Übergang wohin?

Das war zwar schon seit ihrer Gründung die Frage, aber nie zuvor stand diese Gesellschaft so sehr am Scheideweg wie in den revolutionären Wochen des November 1989. Das Ineinander von gestern, heute und morgen in dieser Zeit verdeutlicht am besten ein – allerdings schon damals in der DDR umstrittenes – Dokument, nämlich der Aufruf »Für unser Land« vom 2. November 1989:

Unser Land steckt in einer tiefen Krise. Wie wir bisher gelebt haben, können und wollen wir nicht mehr leben. Die Führung einer Partei hatte sich die Herrschaft über das Volk und seine Vertretungen angemaßt, vom Stalinismus geprägte Strukturen hatten alle Lebensbereiche durchdrungen. Gewaltfrei, durch Massendemonstrationen hat das Volk den Prozeß der revolutionären Erneuerung erzwungen, der sich in atemberaubender Geschwindigkeit vollzieht. Uns bleibt nur wenig Zeit, auf die verschiedenen Möglichkeiten Einfluß zu nehmen, die sich als Auswege aus dieser Krise anbieten.

Entweder

können wir auf der Eigenständigkeit der DDR bestehen und versuchen, mit allen unseren Kräften und in Zusammenarbeit mit denjenigen Staaten und Interessengruppen, die dazu bereit sind, in unserem Land eine solidarische Gesellschaft zu entwickeln, in der Frieden und soziale Gerechtigkeit, Freiheit des einzelnen, Freizügigkeit aller und die Bewahrung der Umwelt gewährleistet sind.

Oder

wir müssen dulden, daß, veranlaßt durch starke ökonomische Zwänge und durch unzumutbare Bedingungen, an die einflußreiche Kreise aus Wirtschaft und Politik in der Bundesrepublik ihre Hilfe für die DDR knüpfen, ein Ausverkauf unserer materiellen und moralischen Werte beginnt und über kurz oder lang die Deutsche Demokratische Republik durch die Bundesrepublik Deutschland vereinnahmt wird.

Laßt uns den ersten Weg gehen. *Noch* haben wir die Chance, in gleichberechtigter Nachbarschaft zu allen Staaten Europas eine sozialistische Alternative zur Bundesrepublik zu entwickeln. *Noch* können wir uns besinnen auf die antifaschistischen und humanistischen Ideale, von denen wir einst ausgegangen sind. Alle Bürgerinnen und Bürger, die unsere Hoffnung und unsere Sorge teilen, rufen wir auf, sich diesem Appell durch ihre Unterschrift anzuschließen. (ND v. 28.11.1989)

Erstunterzeichner dieses Aufrufs waren u.a. W. Berghofer, V. Braun, Bischof Demke, St. Heym, D. Klein, S. Pflugbeil, F. Schorlemmer, H. Warzecha, K. Weiß und Christa Wolf. Später unterstützten diesen Aufruf auch E. Krenz, H. Modrow, G. Schabowski und andere Mitglieder des Politbüros der SED. Dieser Aufruf markiert eine inzwischen überholte historische Situation zwischen Erneuerung und Abschaffung des Sozialismus, zwischen Eigenstaatlichkeit und deutscher Einheit, zwischen sich langsam entwickelnder Eigenständigkeit der DDR und schnellem Anschluß an die BRD.

Heute ist die Suche nach einer neuen Identität in der DDR gekennzeichnet durch die Verbindung von radikaler gesellschaftspolitischer Umgestaltung und staatlicher Vereinigung. Bürger und Politiker drängten und wurden gedrängt, durch Wahlen, Staatsvertrag und Beitrittsgesuch vorhandene oder denkbare Ansätze zu einer eigenständigen Entwicklung in der DDR aufzugeben und für ihre schnelle Integration in die BRD zu sorgen. Die

Situation droht die Menschen vor allem in der DDR zu überfordern. Für sie geht es gleich in mehrfachem Sinne um eine »nachholende Revolution« (Jürgen Habermas 1990). Zunächst sind die Erfahrungen des Faschismus und Stalinismus aufzuarbeiten, ihre tief verwurzelten Verhaltensmuster sind zu überwinden. Sodann ist die wirtschaftliche Rückständigkeit der DDR aufzuholen, um auf das Niveau der Prosperität und Modernität der BRD zu kommen. Schließlich geht damit einher die Integration in die EG und in eine noch zu schaffende gesamteuropäische Friedensordnung. Dieser Wandel wurde von den Deutschen in der DDR angestoßen und in seinen Grundzügen so gewollt. Wir wissen heute nicht, wie dieses große historische Experiment des Übergangs vom bürokratischen Sozialismus zum sozialen Kapitalismus ausgehen wird. Aber jeder Einzelne und jeder gesellschaftliche Verband in Deutschland, jeder Staat und jede Nation in Europa weiß, daß ihre Identität sich im Laufe dieses Prozesses verändern wird. In diesem Sinne möchte ich einige Überlegungen zu den spezifischen Bedingungen und Perspektiven der DDR auf der Suche nach Identität in Europa entwickeln. Ich wende mich zunächst dem Feld der internationalen Beziehungen, von Staat und Nation zu.

Grenzen des Nationalstaats: Die DDR im Netzwerk Europa

Eine historische Chance für die Deutschen besteht heute darin, eine wichtige Erfahrung ihrer jüngsten Geschichte für sich und die europäischen Nachbarn zu nutzen: Der Nationalstaat von morgen hat nur noch relativen und instrumentellen Wert. Relativ, weil die Interessen der eigenen Nation heute weniger denn je uneingeschränkt Priorität erhalten und gar auf Kosten anderer durchgesetzt werden können. Instrumentell, weil der Nationalstaat primär nur eine organisatorische Form für die Verwirklichung der Menschenrechte, von Demokratie und sozialer Gerechtigkeit sein sollte. Unter den Deutschen in Ost und West ist – bei aller Freude über das Zusammenwachsen und die neu gewonnene Einheit der Nation – nicht ein ethnisch, emotional oder traditionell begründetes Nationalgefühl zu fördern. Gestärkt werden müßte vielmehr ein aufgeklärter Verfassungspatriotismus, der die Menschenrechte, sozialstaatliche Prinzipien, die Gleichstellung von Mann und Frau und die Demokratisierung von Staat und Gesellschaft wie auch ein friedliches internationales Zusammenleben zu seinen zentralen Werten macht. Das Denken in nationalen Kategorien macht dann weiterhin Sinn, wenn die Völker miteinander konkurrieren um die Verwirklichung *dieser*

Werte und wenn sie ihre Leistungen nicht *nur* nach Soll und Ist ihrer Wirt-
schaftsbilanzen messen. Wenn sich in diesem Sinne die Identität der DDR-
Bürger, der Deutschen in Ost und West insgesamt verändert, wenn der
deutsche Nationalstaat sich von vornherein als Bestandteil eines kooperativen Netzwerks zum Abbau unerträglicher Ungleichheiten und ökologischer
Bedrohungen in Europa und weltweit begreift, dann braucht uns nicht
bange zu sein vor einem wirtschaftlich starken vereinten Deutschland.

In ein künftiges Netzwerk Europa kann die DDR ihre spezifischen Kennt-
nisse und Erfahrungen mit den Kulturen und Staaten Osteuropas und der
Sowjetunion einbringen. Verständlicherweise stand und steht zum Teil
immer noch die Abwehr aller außen- und gesellschaftspolitischen, ideologischen und kulturellen Herrschaftsansprüche der Sowjetunion aus vergange-
ner Zeit im Vordergrund der Einstellungen der DDR-Bevölkerung. Aber vor
allem seit dem Amtsantritt Gorbatschows hat sich die Einstellung zur
Sowjetunion grundlegend gewandelt. Die Sympathien für seine Reformpolitik, die Gewährung innenpolitischer Spielräume für die osteuropäischen
Verbündeten, seine Rolle als Motor der Demokratisierung im Ostblock und
zuletzt bei seinem Besuch zum 40. Jahrestag der DDR sind unvergessen.
Erst Gorbatschows Reformpolitik hat den Rahmen geschaffen für den
demokratischen Umbruch in Osteuropa. Unvergessen sind die Rufe »Gorbi
hilf!« in der DDR. Und nicht nur das Völkerrecht und Bündnispflichten
gebieten es der DDR und einem vereinten Deutschland, die sowjetischen
Sicherheitsinteressen besonders ernst zu nehmen, vorhandenen Lieferver-
pflichtungen nachzukommen und den Reformprozeß in der Sowjetunion
durch wirtschaftliche Hilfe und Kooperation zu stabilisieren.

Bei aller notwendigen Kritik an der Außen- und Sicherheitspolitik der
DDR in der Ära Honecker sollte man nicht vergessen, daß die DDR ihren
geringen Spielraum schon Anfang der 80er Jahre nutzen wollte, um durch
eine Politik des Dialogs und der Kooperation, der »Schadensbegrenzung« in
der Zeit der Nachrüstung und einer Sicherheitspartnerschaft beider deutschen Staaten dafür zu sorgen, daß »nie wieder Krieg von deutschem Boden
ausgeht«. Damals wuchs auch in der DDR die Sensibilität für das spezifische Betroffensein und die besondere Verantwortung der Deutschen für die
Friedenssicherung in Mitteleuropa. Vor allem im Jahr 1984 geriet Honeckers
Politik, Position und Einfluß der DDR zur Verbesserung der Beziehungen
zur Bundesrepublik aktiv zu nutzen, in einen deutlichen Gegensatz zum
machtpolitischen Konservatismus der damaligen sowjetischen Führung. Das
Interesse an einer kooperativen und dauerhaften Friedenssicherung war
gewiß auf sehr viel demokratischere Weise lebendig in der Friedensbewe-

gung der DDR. In ihr haben sich einst viele Mitglieder der Gruppierungen des Runden Tisches wie der ersten frei gewählten Regierung der DDR unter Lothar de Maizière engagiert. Die Friedensbewegungen in Ost und West und die sicherheitspolitische bzw. Abrüstungsdiskussion der achtziger Jahre hat schließlich auch das Bewußtsein für die wichtige Rolle und die Benachteiligung kleinerer Nationen im Konflikt der großen Mächte und Blöcke verstärkt. Doch auf der Suche nach einer neuen Identität und einem neuen Selbstbewußtsein in der DDR geht es nicht nur darum, sich von langen Jahren sowjetischer Fremdbestimmung zu befreien. Vielmehr kommt es darauf an, ein starkes Deutschland produktiv in ein geeintes Europa einzubinden. Wenn das gelingt, dann wäre auch die Gefahr einer neuen wirtschaftlichen und politischen Vormachtstellung Deutschlands gebannt, das nur am eigenen Wohlergehen interessiert ist.

Die DDR könnte als ein Land des früheren Ostblocks und demnächst als Teil Deutschlands und der EG eine wichtige Mittlerfunktion zwischen West-, Mittel- und Osteuropa übernehmen. Berlin als europäische Metropole und die Länder auf dem Territorium der DDR könnten wichtige Pfeiler für die Rolle eines vereinten Deutschland als wirtschaftliche und kulturelle Brücke in Europa abgeben. Gewiß, die Bürger der DDR haben zunächst einmal Nachholbedarf, was Sprachen, Reisen und einen weltoffenen Geist in Europa angeht. Neben den unübersehbaren Rückständen in der Kommunikation mit dem Westen kennzeichnet die DDR zugleich eine jahrelange Vertrautheit mit den osteuropäischen Nationen. Das gilt vor allem für die Bereiche Militär, Wirtschaft, Wissenschaft und Kultur. Allerdings waren die persönlichen Kontakte und die wechselseitigen Sprachkenntnisse in den Ländern des Ostblocks keineswegs so gut wie unter den westeuropäischen Nationen. Russisch wurde als weithin ungeliebte Pflichtsprache von Millionen in Osteuropa gelernt, aber relativ wenig aktiv genutzt.

Dieses Erbe der DDR im Verhältnis zu den einst sozialistischen Bruderstaaten (und Schwesterparteien) ist durchaus ambivalent. Denn es ist vielfältig belastet durch die Rolle und Politik der DDR als treuer Verbündeter der Sowjetunion, als dogmatisch-konservativer Bremser von demokratischen Reformen im früheren Ostblock. Daraus resultiert ein vielfach spürbarer Mangel an Sympathien für die strebsam-linientreuen Deutschen der DDR. Dies gilt besonders für die Polen. Denn zur Tradition der DDR gehören nicht nur die frühe vertragliche Anerkennung der Oder-Neiße-Grenze als endgültiger Westgrenze Polens, sondern auch immer wieder neu belebte Vorurteile und teils verständliche, teils irrationale Antipathien gegen die Polen. Zur Identität der DDR gehören leider eine latente Ausländerfeindlichkeit und ein rechtsextremes Potential, das in Zeiten starker sozialer Verunsicherungen wächst und heute viel freier als früher zum Ausdruck kommen kann. Ausländerfeindlichkeit und interkulturelles Lernen, Ausgrenzung oder Minderheitenrechte sind die beiden Pole, die Gefahren und Chancen multiethnischen Zusammenlebens in Deutschland und in Europa kennzeichnen. Die neue Freiheit in Osteuropa bedeutet eben nicht nur die Wiederherstellung der Demokratie und die Einführung der Marktwirtschaft. Sondern es entwickeln sich auch neue Spielräume für die Manifestation eines jahrzehntelang unterdrückten Nationalismus, für ein legitimes, aber oft sehr traditionales Streben nach nationaler Eigenständigkeit und der nachholenden Bildung souveräner Nationalstaaten. Solche Bestrebungen können leicht in Widerspruch geraten zu einem zentralen Erfordernis europäischer Kooperation und Integration, nämlich der Bereitschaft zum schrittweisen Souveränitätsverzicht. Gerade in dieser Hinsicht bildet die DDR Beispiel und Sonderfall zugleich, weil einerseits das Streben nach einem einheitlichen Nationalstaat nunmehr in Freiheit verwirklicht werden kann, zugleich aber die eigene tradierte Staatlichkeit aufgegeben wird.

Die nationale Identität der DDR-Deutschen war stets eine gebrochene Identität. Man fühlte sich zugleich als Bürger der DDR, als Deutscher und als Europäer. Die geteilte Nation, die Distanz zum SED-Staat und die keineswegs nur militärische Hegemonie der UdSSR schufen eine widersprüchliche Gemengelage von Loyalitäten und Antipathien. Je mehr die DDR-Identität aufgegeben wird oder verblaßt, desto stärker wird die Identifikation mit Gesamt-Deutschland (wie z.B. bei der Fußball-Weltmeisterschaft 1990) und langsam auch mit einem größeren Europa. Die Deutschen in der DDR haben in den letzten 45 Jahren aber auch diese Erfahrung gemacht: Die Zusammengehörigkeit der Deutschen als Kulturnation, d.h. Gemeinsamkeiten in Sprache, Geschichte und Kultur, aber auch die Kontinuität autoritärer Verhaltensmuster oder ideologisierender Verdrängung des eigenen Anteils am deutschen Faschismus sind nicht abhängig vom Zusammenleben in *einem* Staat. Und bis zum Fall der Mauer galt wohl auch: Freiheit und Demokratie, Wohlstand und eine solidarische Gesellschaft wären für die Deutschen grundsätzlich und langfristig wohl auch in zwei konföderierten Staaten erreichbar gewesen. Die Dynamik der Revolution nach dem 9. November 1989 und die historischen Entscheidungen vor allem der DDR-Bürger ließen im ganzen zu Recht eine baldige Vereinigung als den erfolgversprechendsten Weg zum Erreichen dieser Ziele erscheinen. Die neu gewonnene Freiheit in der DDR wurde und wird nun genutzt, um die eigene Staatlichkeit aufzuheben. Doch damit endet nicht einfach jenes spezifische Gefühl der Zusammengehörigkeit, das die Identität der DDR-Bürger bestimmte.

DDR-Identität: Keine »sozialistische Staatsnation«, aber ein spezifisches Gefühl der Zusammengehörigkeit

Die DDR-Bürger verband über viele Jahre hinweg ein spezifisches Gefühl der Zusammengehörigkeit, nicht als »sozialistische Staatsnation«, wie die SED glauben machen wollte, sondern eher als Gemeinschaft, die vom gleichen historischen, politischen und wirtschaftlichen Schicksal betroffen war. Sie sahen sich eher als Verlierer denn als »Sieger der Geschichte«. SBZ und DDR schufen zunächst eine fremdbestimmte und aufgezwungene Identität als Ergebnis der Herrschaft der sowjetischen Besatzungsmacht und der SED. Es fanden sich zwar genügend hoffnungsvolle oder karrierebewußte Mittäter und Mitläufer für die Etablierung des Sozialismus, de facto als einer stalinistischen Parteiherrschaft. Aber die Masse der Bevölkerung blieb doch distanziert gegenüber der offiziellen Politik und dem Machtapparat. Die Menschen lernten, sich zu arrangieren, ihr Leben zu leben, eingerichtet und entfremdet zugleich. Geborgen fühlten sie sich vor allem in den kleinen Welten des Privaten und Lokalen. Die Mehrheit war politisch ohne Heimat und doch zu Hause in den Ritualen des Herrschaftssystems. Identitätsstiftend war für die Mehrzahl der Menschen die Familie, der Freundes- und Bekanntenkreis, die Arbeit und das Arbeitskollektiv. Und in der Ära Honecker gehörte zu dieser Identität immer mehr die eigene Stadt, das eigene Dorf, oder, was wohl noch wichtiger war, das Gefühl, ein Thüringer, Sachse, Berliner oder Mecklenburger zu sein. So bildeten sich lebensgeschichtliche Identitäten in relativ kleinen sozialen Räumen heraus. Aber sie brachen sich in den bekannten DDR-spezifischen Schizophrenien, d.h. sie wurden überlagert von der Trennung (und dem spannungsvollen Ineinander) von Öffentlichem und Privatem, von den Widersprüchen zwischen frustrierendem sozialistischem Alltag und abendlicher Flucht in die westliche Fernsehwelt. Man lebte ein Leben vor oder hinter der Mauer und war in Gedanken doch immer wieder »drüben«. Für die DDR-Bürger sind dies 20, 30, 40 Jahre ihres Lebens zwischen erfolgreicher Normerfüllung und mühsamer Suche nach den eigenen Lebensperspektiven mit dem System und gegen das System. So viele Jahre kann man nicht einfach ad acta legen. Und so hingen (und hängen vielleicht noch immer) nicht wenige DDR-Bürger an ihrem Land – vielleicht so, wie ein Bauer an seinem steinigen

Acker, den er viele Jahre lang gepflügt und gepflegt hat, mal zufrieden, doch meist unzufrieden mit der Ernte, die zwar ausreichte zum Leben, aber im ganzen allzu viele Wünsche offen ließ. So gab und gibt es ein Leiden an und in der DDR, das auf besondere Weise mit Land und Leuten verbindet. Dazu gehörte auch das Gefühl, nur ein »Deutscher zweiter Klasse« zu sein, wenn der Besitz oder Nichtbesitz von harter D-Mark zum Maßstab von Kaufkraft, sozialem Status und Selbstwertgefühl im In- und Ausland wurde. Die Furcht, auf Dauer doch die »ärmeren Vettern« zu bleiben, ist weiterhin groß.

Insgesamt ist die spezifische Identität der DDR-Bürger nicht leicht zu greifen. Die eigene Biographie, die eigenen Leute, der Stolz auf das mühsam Erreichte und die täglichen Mühen mit einer unzureichenden Versorgung; eine beruhigende soziale Sicherheit und gute berufliche Aufstiegschancen; überwacht von Partei, Stasi und Staatsbürokraten, eingeengt von Denk- und Reiseverboten; eine Lebensweise zwischen erzwungener Provinzialität und ersehnter Weltläufigkeit; die bedrückende Erfahrung, meist ohnmächtig mitansehen zu müssen, wie die Städte zerfallen, die Umwelt ruiniert und jede Kritik unterdrückt wird – dies und vieles andere mehr macht den spezifischen Erfahrungshorizont der DDR-Bürger im Alltag und Beruf, in Politik und Gesellschaft aus. Man muß wohl in der DDR aufgewachsen sein, dies Tag für Tag erlebt und erlitten haben, auf der Suche nach Identität zwischen Aufbegehren und Resignation, zwischen Apathie und Protest, um zu verstehen, was jene aus der DDR meinen, die von »unserer Identität« und den »eigenen Werten« der DDR sprechen. Das spezifische Gefühl der Zusammengehörigkeit resultierte nicht zuletzt daraus, gemeinsam einem ungeliebten Herrschaftssystem unterworfen zu sein, »in einer Solidarge-meinschaft des Mangels« zu leben und dem historisch benachteiligten Drittel der geteilten Nation anzugehören.

In den achtziger Jahren begann vor allem in der Jugend die Identifikation mit der DDR und den Lebensperspektiven, die sie bot, deutlich zu sinken. Vor allem in den dicht besiedelten Industriegebieten des Südens, unter Arbeitern und »kleinen Angestellten« wurde der stagnierende Lebensstan-dard und die Vernachlässigung des Dienstleistungsbereichs, die Zerstörung der Umwelt und die gesundheitlichen Beeinträchtigungen für die Bevölke-rung, die unzureichende Infrastruktur und der Niedergang ganzer Indu-striebranchen besonderes intensiv empfunden. Die völlig unzureichende Anwendung des Leistungsprinzips, politisch motivierte Privilegien für wenige, die Bevorzugung der Intelligenz, das Gefühl allgemeiner Stagnation trugen wesentlich zu einer »universellen Unzufriedenheit« (I. Hanke) bei.

Mindestens ebenso wichtig waren jedoch der Konservatismus der SED-Machtelite und die repressive Abwehr aller Bemühungen um demokratische Reformen und mehr Freizügigkeit.

Die politisch-soziale Identität der DDR wurde in den achtziger Jahren zunehmend negativ definiert. Bis heute schließt sie für eine Mehrheit oft schmerzvolle Erfahrungen und die Ablehnung eines Herrschaftssystems ein, in dem eine kleine Parteielite alle wichtigen Bereiche des öffentlichen Lebens zentralistisch zu gestalten und zu organisieren suchte. Die DDR-Bürger nehmen in das vereinte Deutschland ein nachdrückliches »nie wieder« gegenüber dem Herrschaftsanspruch einer selbsternannten Avantgarde, ungerechtfertigten Privilegien der Herrschenden und einem Überwachungsstaat auf der Basis von Angst und Komplizenschaft mit.

Auch die vielfältigen sozialen Leistungen und »Errungenschaften« des sozialistischen Fürsorge-Paternalismus der SED wurden meist als selbstverständlich empfunden. Weit verbreitet war das Gefühl, in fast jeder Hinsicht zurückzubleiben hinter der Bundesrepublik, seit Mitte der achtziger Jahre auch hinter den demokratischen Reformen in Ungarn, Polen und der UdSSR. Gewiß, der Lebensstandard der DDR-Bürger war im Vergleich zu Osteuropa relativ hoch. Wichtiger aber war für sie der Vergleich mit den westlichen Industrienationen. Das Bewußtsein einer zunehmenden, fast hoffnungslosen Rückständigkeit ließ die Einsatzbereitschaft und die Identifikation mit der DDR stetig sinken.

Je offenkundiger das Fiasko der DDR-Wirtschaft und die Unfähigkeit der SED zu tiefgreifenden Reformen wurde, desto mehr wuchs die Überzeugung bei der großen Mehrzahl der Bürger, nur die Leistungskraft der sozialen Marktwirtschaft und die Effizienz ihres Managements könnten diesen Augiasstall ausmisten. »Lieber ein Ende mit Schrecken als ein Schrecken ohne Ende«, »Augen zu und durch« und »es wird schon gut gehen« – das war und ist weithin die Stimmung im Lande seit Anfang 1990. Den Zeiten des Mangels und der Ineffizienz der Planwirtschaft, dem Ancien régime von Staat und Partei weint kaum jemand eine Träne nach. So war die Aufgabe der Eigenstaatlichkeit und das Votum für jene, die die deutsche Einheit möglichst schnell wollten, verständlich und konsequent.

Übergänge: Zwischen Eingemeindung und Selbstbestimmung

Auf der Basis dieser demokratischen Entscheidung wird in diesen Monaten eine neue Ordnung in der DDR installiert. Das Tempo und die Art ihrer

Realisierung bringt nicht nur große Chancen, sondern auch große Gefahren mit sich. Pointiert formuliert: Die DDR befindet sich auf dem Weg von der Revolution von unten zur institutionellen Revolution von oben. Aus der Revolution der Bürger droht eine Revolution der Bürokraten zu werden. Auf dem Weg zur Einheit droht die neu gewonnene Selbstbestimmung des Volkes einer wohlwollenden Fremdbestimmung von außen zu weichen. Der gewohnte sozialistische Paternalismus der Ära Honecker mit seiner typischen Mischung aus Bevormundung und Fürsorge droht nahtlos überzugehen in den neuen Paternalismus einer zugleich wohlstands- und machtorientierten Vereinigungsstrategie, der sich die DDR-Bürger hoffnungsvoll, defaitistisch und skeptisch zugleich anvertrauen. Sie gleiten und stolpern hinein in die ebenso hilfreich wie eigennützig ausgestreckten Arme der Manager der deutschen Einheit aus der Bundesrepublik. Notwendig unerfahren, aber auch oft allzu gläubig setzen sie allein auf Reichtum und know-how eines wohlfahrtsstaatlichen Kapitalismus, der der DDR die Hand reicht und sie zugleich über den Tisch zieht. Der partnerschaftliche Geist kommt in dieser Vereinigung der Ungleichen eindeutig zu kurz. Zufall oder Hintersinn der Geschichte, diese Ungleichheit findet auch ihren körpersprachlichen Ausdruck, wenn die schmächtige Bescheidenheit eines Hans Modrow oder Lothar de Maizière neben die wohlgenährte und vereinnahmende Selbstzufriedenheit eines Helmut Kohl tritt.

Drang und Zwang zur D-Mark in der DDR, die gebotene Eile und die Komplexität der Materie rechtfertigen nicht ganz das Vorgehen jener, die die Staatsverträge weitgehend hinter verschlossenen Türen ausgehandelt haben. Vorbereitung und inhaltliche Ausfüllung des Einigungsvertrags wie der Wirtschafts-, Währungs- und Sozialunion wurden zur Stunde der Exekutive und der Experten. Die Parlamente, die Medien und die Bürger konnten nur in größter Eile, unvollständig und ohne effektiven Einfluß nachvollziehen, was die Regierungen und ihre Stäbe beschlossen hatten. Das Vorgehen der Bundesregierung strebte bisher nicht eine effektive Beteiligung der Parlamente, der Ausschüsse für die deutsche Einheit und schließlich des Volkes in einem Volksentscheid über eine gemeinsame deutsche Verfassung an. Erst sehr spät und nur unter dem Druck veränderter Mehrheiten im Bundesrat wurde die Opposition eingeschaltet und ihren Bedenken weitgehend Rechnung getragen. Nicht nur die Anhänger Oskar Lafontaines haben sich gefragt, warum es erst der nachdrücklichen Intervention der SPD-West bedurfte, um Nachbesserungen im Staatsvertrag zu erreichen, die weder die Regierung der DDR noch die Bundesregierung von vornherein vorgesehen hatten. Offenbar gab es Spielräume, die die Koalitionsparteien der DDR-Regierung nicht erkennen und wahrnehmen konnten oder wollten.

Die Aufgabe staatlicher Souveränität wird nicht nur mit der Aussicht auf mehr Wohlstand und die Einheit der Nation begründet. Vielmehr sollen künftig Menschenrechte, Freiheit und Demokratie auch für die Bürger der DDR verwirklicht werden. Die Selbstbefreiung von der bürokratischen Herrschaft der SED und die Wahlen des Jahres 1990 sind der sichtbarste Ausdruck einer schrittweisen Demokratisierung des politischen Systems. Neben die allmähliche kommerzielle Eroberung der DDR durch westdeutsche Firmen tritt als bestimmendes Moment die Etablierung neuer Institutionen auf kommunaler und Länderebene sowie die Übertragung bzw. Übernahme der westdeutschen Rechtsordnung durch die DDR. Gesamtdeutsche Wahlen wurden im Juli für den Dezember 1990 geplant, ohne daß die Länder der DDR arbeitsfähig waren, der Bündnisstatus eines vereinten Deutschland geklärt oder die Rolle des Souveräns, nämlich des deutschen Volkes in Ost und West, im Prozeß der Vereinigung definitiv festgelegt war. Nimmt man Leistung und Idee der friedlichen Bürger-Revolution in der DDR ernst, dann ist man es – so meine ich – dem Souverän schuldig, eine gesamtdeutsche Verfassung gründlich zu beraten, öffentlich zu diskutieren und schließlich in einem Volksentscheid zur Abstimmung zu stellen. Wenn die Bewunderung für den aufrechten Gang der DDR-Bevölkerung, wenn die Zustimmung zu dem Ruf »Wir sind das Volk!« glaubwürdig sein soll, dann darf man hier nicht ungeniert dem »repräsentativen Absolutismus« (Bundesverfassungsrichter a.D. Helmut Simon) frönen. Sollen beide Rufe »Wir sind *das* Volk!« und »Wir sind *ein* Volk!« nicht in Widerspruch zueinander geraten, so sollte den Millionen, die diese Revolution getragen haben, und den Bundesbürgern, die die Einheit wesentlich zu finanzieren haben, wenigstens diese Mitwirkung in einem konstitutiven, legitimatorischen Akt für das geeinte Deutschland möglich sein.

Das Erbe der friedlichen Revolution und die Demokratisierung der Gesellschaft

Zur Identität der Menschen in der DDR gehören der Stolz und das schnell historisch gewordene Erbe ihrer erfolgreichen friedlichen Revolution im Herbst 1989. Die politische Einigkeit und persönliche Solidarität in der Gegnerschaft gegen die SED-Herrschaft begründete einen spezifischen, zum Teil freundschaftlichen Zusammenhalt der Initiatoren und Träger der

Bürger-Revolution der DDR. Viele von ihnen saßen am Runden Tisch und sind nun in der Regierung de Maizière vertreten. Sie repräsentieren die eigenständigen Interessen und den weitgehenden Konsens der DDR-Bürger im Prozeß der Demokratisierung der eigenen Gesellschaft.

Die demokratischen Impulse des revolutionären Umbruchs drücken am prägnantesten die Programmatik der neuen Parteien, der Bürgerbewegungen und der Demonstrationen des Spätherbstes 1989 aus, in einer weiteren Phase vor allem die Beschlüsse des Runden Tisches, die Aktivitäten der Bürgerkomitees und schließlich der Verfassungsentwurf des Runden Tisches. Er war freilich im Moment seiner Vorlage in der Volkskammer im April 1990 politisch schon fast überholt von der Dynamik der deutschen Einheit und den Ergebnissen der Wahl vom 18. März 1990. Politisch maßgebend waren die Koalitionsvereinbarungen der neuen Regierungsparteien und die Regierungserklärung Lothar de Maizières Ende April 1990. Je weiter das Jahr 1990 voranschreitet, desto deutlicher wird: Nicht eine vollständige Alternative, sondern allenfalls punktuelle Veränderungen oder Verbesserungen des Grundgesetzes der Bundesrepublik stehen auf der Tagesordnung. Parallel dazu wurde und wird die Verfassung der DDR stetig und substantiell so modifiziert, daß sie einen ausreichenden rechtlichen Rahmen für das Handeln der DDR-Regierung bietet, die Minimalbedingungen einer demokratischen Grundordnung erfüllt und den Weg zur deutschen Einheit ebnet.

Dennoch: Der Verfassungsentwurf des Runden Tisches bleibt ein lesenswertes und anregendes Dokument. Er enthält nicht nur konkrete Grundsätze für eine neue Verfassungs- und Gesellschaftsordnung der DDR im Übergang. Er stellt vielmehr ein politisch in mancher Hinsicht innovatives Kompendium des – nach Meinung der Autoren – Bewahrenswerten, der revolutionären Erfahrungen und eigenständigen Zukunftsperspektiven auf dem Weg zu einer neuen Identität der DDR-Gesellschaft dar. Es ist hier nicht der Raum, diesen Entwurf im einzelnen darzustellen und kritisch zu würdigen. Ich begnüge mich mit einigen Hinweisen. Sie sollten zu einer Antwort auf die häufig gestellte Frage beitragen, was denn aus der Geschichte der DDR positiv in ein vereintes Deutschland eingebracht werden könnte.

In seiner Regierungserklärung hatte Lothar de Maizière dazu gesagt:

> Wir bringen ein unsere Sensibilität für soziale Gerechtigkeit, für Solidarität und Toleranz ... Wir bringen unsere Identität ein und unsere Würde. Unsere Identität, das ist unsere Geschichte und Kultur, unser Versagen und unsere Leistung, unsere Ideale und unsere Leiden. Unsere Würde, das ist unsere Freiheit und unser Menschenrecht auf Selbstbestimmung.

So ist denn auch zunächst auf den ausführlichen Katalog der Menschenrechte zu verweisen, in dem vor allem die ökonomischen, die sozialen und die Mitwirkungsrechte der Bürger hervorgehoben und ausdifferenziert werden. Im Vordergrund stehen das Recht auf Arbeit bzw. Arbeitsförderung (Art. 27), das Recht auf Bildung (Art. 24) und angemessene Wohnung (Art. 25), die Gleichstellung von Mann und Frau sowie ihr Recht auf selbstbestimmte Schwangerschaft (Art. 3, 4).

Der Streit um die Beibehaltung bzw. zukünftige Gestaltung des § 218 des bundesdeutschen Strafgesetzbuchs macht in einem wichtigen Punkt gegensätzliche Erfahrungen und Normen in beiden deutschen Staaten deutlich. Die Freiheit, die die liberale Fristenregelung des DDR-Rechts bietet, bildet einen konstitutiven Bestandteil weiblicher Identität in der DDR. Aber selbst hier zeigt sich die regierende politische Mehrheit in der Bundesrepublik kaum bereit, über substantielle Veränderungen oder Verbesserungen im Blick auf zukünftige gesamtdeutsche Regelungen zu sprechen. Dies gilt mehr oder weniger auch für die grundlegenden Interessen nicht nur der Frauen, sondern von Familien am Erhalt der flächendeckenden, wenn auch qualitativ unzureichenden Versorgung mit Kinderkrippen, Kindergärten und Schulhorten, der Schulspeise und der Ganztagsschule, betrieblicher Versorgungseinrichtungen und niedriger Mieten. All dies hat entscheidend dazu beigetragen, daß Frauen in der DDR Mutterschaft und Beruf grundsätzlich vereinbaren können. Der Verlust an ökonomischer Unabhängigkeit, an sozialer Kommunikation und Kompetenz, an Selbstbewußtsein und relativer Eigenständigkeit von Frauen in der Familie und im Beruf, im öffentlichen Leben und vor allem gegenüber dem Mann sind nach meiner Auffassung wichtige Vorteile und Vorzüge der alten DDR, die im Prozeß der Vereinigung nicht verlorengehen, sondern ausgebaut werden sollten. Ich will Umfang und Qualität der Gleichstellung von Frauen in der DDR der Ära Honecker nicht überschätzen. Aber hier waren und sind relative Fortschritte im Verhältnis der Geschlechter und in der Emanzipation der Frau erreicht worden, für die zu kämpfen sich lohnen würde.

Von diesem sozialen und freiheitlichen Geist sind auch zahlreiche andere Bestimmungen des Verfassungsentwurfs des Runden Tisches getragen, z.B. wenn es um die Rechte von Kindern (Art. 20) und Minderheiten, um das Asylrecht (Art. 7) und die Rechte von Arbeitnehmern (Art. 27), um den Datenschutz (Art. 8) oder die Verantwortung der Wissenschaft (Art. 19), um den Umweltschutz (Art. 33), oder die Rechte politischer Vereinigungen geht. Bürgerbewegungen sollten »als Träger freier gesellschaftlicher Gestaltung, Kritik und Kontrolle« (Art. 35) den besonderen Schutz der Verfassung genießen. Sie sollten Antrags- und Rederecht in den zuständigen Ausschüssen der Parlamente und Informationsrechte gegenüber der Verwaltung erhalten. Verbandsklage (Art. 21), Bürgerbegehren und Volksentscheid (Art. 99, 100), sollten in dieser Verfassung verankert werden. In der neuen Kommunalverfassung der DDR, das sei hinzugefügt, sind immerhin Bürgerbegehren und Bürgerentscheid ebenso wie hauptamtliche Beauftragte für die Gleichstellung von Mann und Frau mit eigener Verwaltung in Gemeinden mit mehr als 10.000 Einwohnern vorgesehen. Mit diesen exemplarischen Hinweisen auf Geist und Grundsätze dieses Verfassungsentwurfs will ich mich hier begnügen. Ich habe die in meinen Augen positiven Elemente hervorgehoben, vieles Problematische und im Blick auf die konkreten Machtverhältnisse in einem geeinten Deutschland völlig Unrealistische dagegen bewußt ausgeklammert.

Insgesamt aber stellt sich im Anschluß an diesen Text die Frage, inwieweit Positionen eines demokratischen Sozialismus Berechtigung und Zukunft in Deutschland haben. Das hängt nicht zuletzt davon ab, wieviel Vertrauen oder Mißtrauen wir in die Selbstregulierungsfähigkeit der sozialen Marktwirtschaft haben. Nicht nur der Verfassungsentwurf des Runden Tisches, sondern, wie mir scheint, auch die Koalitionsvereinbarungen der Parteien der Regierung de Maizière und etliche Bestimmungen des ersten Staatsvertrages zur Wirtschafts-, Währungs-, Sozial- und Umweltunion gehen von einer aktiven Gestaltungsfunktion des Staates aus. Art und Umfang des Staatsinterventionismus sind hier nicht nur von den objektiven Schwierigkeiten und Anforderungen des Vereinigungsprozesses bestimmt. Gerade auch in der DDR gibt es sehr hohe Erwartungen an die Fürsorgeleistungen eines deutschen Wohlfahrtsstaates. Die DDR-Bürger sind eine umfassende Fürsorgepolitik des Staates gewohnt, die sich sehr stark – nach Meinung der meisten Bürger *zu* stark – am Prinzip der Gleichheit orientierte. Die Einkommensunterschiede waren in der DDR um ein Vielfaches geringer als in der BRD. Geldeinkommen war in der DDR viel weniger wichtig, um Unterschiede im Lebensstandard und im sozialen Status zu begründen. Ein gesamtdeutscher Staat steht unter hohem Legitimationsdruck für die Gewährleistung gleichartiger Lebensbedingungen in den Ländern der DDR. Viele DDR-Bürger scheinen dabei von einem Politikverständnis auszugehen, das dem staatlichen Handeln in der BRD (und demnächst in Deutschland) von vornherein Vernünftigkeit, Effizienz und Orientierung am Ziel der sozialen Gerechtigkeit unterstellt. Doch manchmal ist hier eher Skepsis angebracht. Denn kollektive Vernunft in der Verantwortung für Umwelt und Gesundheit dürften wohl doch eher jene in Ost und

West für sich in Anspruch nehmen, die an Tempo 100, 0,0 Promille am Steuer oder an einem funktionierenden Recycling-System für Altstoffe festhalten wollen, wie es bisher in der DDR üblich war.

Solche kollektive Vernunft freilich stellt sich nicht von selbst ein. Politik ist eher das Ergebnis des Austrags von Interessenkonflikten als Resultat einer konsequenten Anwendung von gesellschafts- oder individualethischen Normen im Feld der Politik. Die persönlichen Erfahrungen und normativen Orientierungen der kleinen, vor allem informell organisierten Aktionsgruppen aus der Ära Honecker, das Ethos der »Kerzen-Revolution«, der Fürbittgottesdienste und der machtvollen Demonstrationen ist nicht einfach übertragbar und durchzuhalten im politischen Alltag von Regierung, Parlamenten und Parteien. Die stärkere Orientierung politischen Handelns an gesellschaftsethischen Maßstäben, der Geist der Herrschaftskritik und praktizierter Solidarität stellen gleichwohl wichtige und zukunftsträchtige Impulse des demokratischen Umbruchs in der DDR dar. Doch sie müssen umgesetzt werden in der Artikulation und Realisierung konkreter Interessen und Problemlösungen.

Im Herbst 1989 waren sich nahezu alle politischen Kräfte (außer der SED) einig, wogegen man kämpfte. Auch bei den Wahlen im März und Mai 1990 konnten sich Parteien und politische Gruppierungen noch weitgehend auf allgemeine Grundsätze und bloße Programme für die Gestaltung der Zukunft der DDR bzw. Deutschlands beschränken. Die Formation des Parteiensystems der DDR wurde seit Anfang 1990 stark von den externen Interessen politischer Kräfte der Bundesrepublik bestimmt. Rolle und Funktion der DDR-Parteien als Vertreter ökonomischer, sozialer, kultureller und regionaler Interessen, die Rückbindung ihres Handelns an Partikularinteressen und ihre Aufgabe, diese untereinander auszugleichen, sind derzeit noch ungenügend ausgeprägt. Positionen und Personen sind oft noch relativ variabel in Argumenten und Koalitionen. In der DDR wurde bisher vor allem das Potential einer Bildungsgesellschaft, das heißt die durchschnittlich hohen beruflichen Qualifikationen, die sozialen Handlungs- und moralischen Urteilskompetenzen politisch aufgerüttelter Bürger mobilisiert. Die Bindungen der Wähler bestimmter sozialer Gruppen an die Parteien sind noch keineswegs dauerhaft.

Übermächtig wirken der politische Druck und die Anziehungskraft der Organisation, der Programmatik und der Machtinteressen der westdeutschen Parteien, die manchmal unheilige Allianzen mit den Karriereinteressen älterer Wendehälse und neuer Eliten eingehen. Es ist schon manchmal verwunderlich, Tempo und Ausmaß der Veränderungen in den Positionen

und Verhaltensweisen vieler zu beobachten, die noch vor Jahresfrist vor-
behaltlos für die Politik der SED eintraten. Politische und persönliche
Lernprozesse werden gewiß von vielen schmerzlich und glaubwürdig
vollzogen. Aber es gibt vielleicht auch ebenso viele, so mein Eindruck, die
sich allzu schnell und nur oberflächlich an das Neue anpassen. Das ist
besonders ärgerlich und unerträglich bei denen, die nun nahtlos die alten
Positionen oder einen vergleichbaren politisch-gesellschaftlichen Einfluß
behalten (wollen) wie unter dem Ancien régime. So erlaubte z.B. der angeblich liberale Justizminister Wünsche das Reinwaschen der eigenen
Kaderakte durch die betroffenen Richter und Staatsanwälte. Alte Vorgesetz-
te und selbsternannte Wächter der Revolution wollen oder sollen nun über
Leistungen und Untaten anderer befinden. Dabei waren früher nicht wenige
von ihnen selbst an der Vorbereitung und Ausführung der Politik des
Partei- und Staatsapparats maßgeblich beteiligt. Oder sie haben mindestens
die Protektion der SED genossen. Und noch immer habe ich Schwierigkeiten, den kollektiven Wandlungsprozeß von mehreren Tausend Mitarbeitern
der alten Blockparteien, allen voran der CDU und LDP, und einigen Hunderttausend verbliebenen Mitgliedern in überzeugte Anhänger und glaub-
würdige Repräsentanten freiheitlicher Parteien der sozialen Marktwirtschaft
und der pluralistischen Demokratie nachzuvollziehen. Andere, vor allem
frühere SED-Mitglieder, scheinen nahtlos den Habitus des macht- und
karriereorientierten, ordnungsliebenden cleveren und dienstbaren Leitungs-
kaders aus Partei, Staat und Wirtschaft so in die neuen Verhältnisse einzubringen, daß sie schon wieder an den Hebeln der Macht oder doch in
ihrem Dunstkreis Einfluß ausüben. Alte Seilschaften und neue Protektion
wirken da zusammen. Die Väter und Mütter der Revolution sind gewiß
nicht ihre Gewinner. Zu viele, gegen die sie kämpften, sitzen auch noch
immer auf ihren Posten. Zu viele Aufsteiger in den Machtapparaten, so
sagen etliche DDR-Bürger, verkörpern eher die Kontinuität der alten Zeit als
eine neue demokratische Identität. Eine wirkliche Demokratisierung der
Gesellschaft setzt aber unter anderem voraus, daß Theorie und Praxis einer
demokratischen Erneuerung sich verstetigen und veralltäglichen, sich
ausdehnen und verankern in vielen einzelnen Menschen und in einer
demokratischen politischen Kultur.

Politische Kultur und individuelle Lebensgestaltung

Eine demokratische politische Kultur, das wissen wir aus eigener Erfahrung, braucht Zeit zu wachsen. Einerseits werden sich in der DDR Bedingungen und Handlungsanforderungen der individuellen Lebensgestaltung schnell und nachhaltig verändern. Andererseits ist die Macht der Traditionen und des jahrzehntelang Eingeübten nicht zu unterschätzen. Schwierigkeiten und Perspektiven dieses Wandels habe ich an anderer Stelle ausführlich erörtert. (Vgl. G.M.: Auf dem Weg zur Freiheit und Einheit: Die politische Kultur der DDR im Umbruch. In: H.-G. Wehling (Red.): Probleme des (Wieder-)Vereinigungsprozesses in Deutschland. Stuttgart 1990). Ich will mich daher auf wenige Überlegungen beschränken.

Die Dramatik der Existenznöte und die Absorption durch einen neuen Alltag, die schnelle deutsche Einheit und die Integration der DDR in die EG mit viel zu kurzen Übergangsfristen werden auf absehbare Zeit die unaufgearbeiteten Erfahrungen von 40 Jahren autoritärem Staatssozialismus überlagern. Das unansehnliche Gestern und das alte Leid will man verständlicherweise möglichst schnell hinter sich lassen – frustriert, enttäuscht, desillusioniert. Viele Jahre lang herrschten stummes Dulden und hilflose Wut. Und da sind immer noch der angestaute Zorn und die unausgelebten Aggressionen. Diese zum Teil tief sitzenden Emotionen werden die Deutschen in der DDR (aber nun eben nicht mehr nur sie!) teils als zugeschüttete Altlasten entfremdeten Lebens, teils als sporadisch aufbrechende Gefühlslage einer politisch-psychisch noch lange getrennten Nation begleiten. Die Trauerarbeit, die hier zu leisten wäre, verlangt in der gegenwärtigen Situation viel, wenn nicht zu viel von der Mehrzahl der Menschen zunächst und vor allem in der DDR. Zu fragen ist dennoch: Was brachte die große Mehrzahl der Menschen dazu, ein Herrschaftssystem durch Apathie und Aktivität mitzutragen, das sie eigentlich ablehnte?

Es gab eben nicht nur eine Handvoll Täter und Millionen Opfer. Eine so einfache Zweiteilung trifft nur jeweils auf Minderheiten zu. Fremdherrschaft und Zwang dominierten, aber Fügsamkeit und die Suche nach dem eigenen Vorteil gab es genauso: »Privat geht vor Katastrophe« (I. Böhme). Für die meisten DDR-Bürger dürfte es – wie einst für die Bundesbürger unter anderen Vorzeichen nach 1945 – schmerzvoll und schwierig sein, die persönliche Verstrickung in die Herrschaftsmechanismen des SED-Regimes und die eigene politische Verantwortung zu erkennen und anzunehmen. Wo lag die Grenze zwischen gutgläubiger Naivität und opportunistischem Ver-

drängen im Einsatz für den sozialistischen Staat oder für das disziplinieren-
de Über-Ich der Partei?

Das sind nur einige der Fragen, die sich den DDR-Bürgern auf der Suche
nach einer neuen Identität stellen dürften. Aber ich denke, es gibt – wenn
auch in einem anderen Systemkontext – keinen Grund zur Selbstzufriedenheit für die Bundesbürger, wenn wir auch bei uns einmal aufmerksam und
kritisch das Zusammenspiel von Herrschaft und Anpassung, von hierarchischer Kontrolle und selbstgewählter Konformität, in der Familie und im
Betrieb, in der Politik und in den Medien anschauen würden. Wie oft, wie
lange schweigen wir selbst, wo wir längst laut widersprechen und uns
wehren sollten?

Aus der Geschichte der DDR könnten wir lernen von dem Mut der vielen
Einzelnen, die in sich selber und in informellen Gruppen ihre Angst und
ihre Sperren überwunden haben. Sie lernten erst miteinander zu reden und
dann öffentlich zu widersprechen. Nicht nur unter dem Dach der Kirche
entwickelte sich eine systemspezifische Kultur des politischen Gesprächs. In
zahllosen kleinen Gruppen und Freundeskreisen wurde intensiv nachge-
dacht über alternative Handlungs- und Sinnhorizonte für sich und für die
Gesellschaft. Der eigene Weg als Bürger der DDR, als Deutscher und Europäer wurde im Bewußtsein vielfältiger Beschränkungen kritisch reflektiert.
Ideen, Problemlösungen und konkrete Maßnahmen wurden konzipiert und
z.T. in kleinem Rahmen ansatzweise realisiert. Hier wuchs die Sensibilität
gegenüber sozialen und ökologischen Problemen, gegenüber den vielfältigen
Unterdrückungsmechanismen in der eigenen Gesellschaft. Nicht zuletzt
entwickelte sich oft eine freundschaftliche Solidarität untereinander und
gegen den Stasi-Staat. Diese Gruppen waren ein wichtiger Schritt, die
»machtgeschützte Innerlichkeit« eines falschen Rückzugs aus dem öffentlichen Leben zu überwinden. Denn auch dies ist eine wichtige Lehre aus der
Geschichte der DDR: Auf Dauer gibt es keine unbeschädigte Innerlichkeit,
keinen psychisch und politisch folgenlosen Rückzug ins Private.

Es wäre einer gründlichen Diskussion wert, was man daraus für die
Überwindung von Privatismus und Entpolitisierung in den anders strukturierten liberal-kapitalistischen Systemen lernen kann. Deutlich aber wird das
gemeinsame Problem, daß sich Privatismus und politische Abstinenz gut
instrumentalisieren lassen für das reibungslose Funktionieren autoritärer
Herrschaftsgefüge. So kann man in einer Person Opfer und Täter werden.
Auf der Suche nach Sicherheit und beruflichem Vorankommen werden
Zweifel unterdrückt und die Schwachen an die Seite geschoben. Die systemspezifische Mischung aus sozialer Nähe, Hilfsbereitschaft (meist auf Tausch-

basis) und cleverem Versorgungsegoismus in der alten DDR droht heute in Entsolidarisierung und Individualisierung der Interessen unterzugehen. Es wird Wohlverhalten geübt, und die kritischen Geister haben mehr Nach- als Vorteile. Minderheiten, die manch fragwürdigen Frieden in der Gesellschaft stören, sind nicht beliebt. Eine solche Mentalität hat in Deutschland seit jeher für soziale oder ethnische Ausgrenzungen, für eine latente Intoleranz gegenüber den Nonkonformen oder gar für manifeste innerstaatliche Feinderklärungen gesorgt. Demokratisierung der politischen Kultur bedeutet jedoch ein ständiges Ringen um die Bereitschaft, Kritik anzunehmen und den aufrechten Gang zu üben, auch wenn dies unbequem ist.

Auch hier können wir von der Geschichte des demokratischen Auf- und Umbruchs in der DDR lernen. Es ist die Geschichte, wie sich zunächst viele widerständige Einzelne, dann eine wachsende Zahl kirchlicher und politischer Gruppen, schließlich Tausende von Bürgern in Demonstrationen zusammentaten und protestierten. Sie haben aus sich selbst heraus ihre eigenen individuellen wie politischen Lebensperspektiven gesucht und schrittweise wiedergefunden. Die Bürger der DDR haben den öffentlichen Raum und das politische Leben wiedererobert und ein neues Verhältnis zu ihrem Gemeinwesen entwickelt. Die Erfahrung einer erfolgreichen Revolution von unten, wie zunächst von einer Minderheit die Ohnmacht überwunden und dann von einer Mehrheit die alte Macht gestürzt wurde, die Erfahrung der eigenen Stärke und der Schwäche der angeblich so Mächtigen, die schnell gewachsene Fähigkeit sog. einfacher Bürger zu eigenverantwortlichem politischen Handeln – all dies gehört zum positiven Erbe der DDR in der politischen Kultur eines vereinten Deutschland. Diese Momente darf man nicht idealisieren und in ihrer gegenwärtigen Wirkungskraft überschätzen. Langfristig jedoch könnten sie wirksamer sein als wir denken. Der Vergleich mag hinken, aber in einem zukünftigen Deutschland könnten die Revolutionäre des Herbstes 1989 in der DDR einst so etwas sein wie die 68er Generation in der Bundesrepublik.

Doch in diesen Monaten vollziehen sich grundlegende Veränderungen in der DDR, die anscheinend nur noch wenig Bezug haben zu diesem Erbe der Revolution von unten. Es ist legitim und verständlich, wenn sich die Menschen in der DDR im Gefolge der Wirtschafts-, Währungs- und Sozialunion zunächst um die Sicherung ihrer eigenen Existenz kümmern und der Gedanke an die deutsche Einheit vor allem mit der Hoffnung auf mehr Wohlstand, Reisen und persönliche Freiheiten verbunden ist. Nach dem Fall der Mauer wurde der Wohlstand des Westens buchstäblich er-fahrbare Realität. Verwundert und bewundernd nahm man eine bessere Welt zur Kenntnis, an der man möglichst schnell teilhaben wollte. Man sollte diese Einstellung und die Priorität für materielle Lebenswerte nicht vorschnell und moralisierend als »*DM-Nationalismus*« oder als den platten Materialismus bornierter Kleinbürger denunzieren. Verbeamtete Intellektuelle mit Pensionsberechtigung haben da gut reden. Auch Wissenschaftler benehmen sich oft nur wie kleine Warenproduzenten im Wissenschaftsbetrieb, bemüht um Geld und Geltung. Und es ist auch schlicht falsch, daß es in der DDR durchweg eine Reduktion der Revolution auf die Verbesserung des Lebensstandards und die bloße Übernahme der D-Mark und die Rechtsordnung der Bundesrepublik gäbe. Existenzsicherung und eine bessere Lebensqualität haben verständlicherweise im Augenblick und für absehbare Zeit Vorrang für DDR-Bürger, so wie dies auch in der Bundesrepublik nach der Währungsreform bis weit in die sechziger Jahre hinein der Fall war. Wir stehen vor einer großen strukturellen Massenarbeitslosigkeit in der DDR. Jene Momente der Identität des Einzelnen, die durch den Beruf und das Zusammenleben am Arbeitsplatz gestiftet werden, sind massiv gefährdet. Entsolidarisierung und rücksichtslose Egoismen, aber auch umfassende Forderungen an staatlich garantierte soziale Sicherheiten kündigen sich an. Das nüchterne Kalkül von Leistung und Gegenleistung im kapitalistischen Industrie- und Wohlfahrtsstaat, das Insistieren auf individuellen Entfaltungschancen gepaart mit sozialer Gerechtigkeit ist eine nüchterne, moderne und durchaus rationale, wenn auch nicht hinreichende Grundlage für eine demokratische politische Kultur in Deutschland.

Selbstbestimmung und Freiheit in der individuellen Lebensgestaltung sind wohl nur zu gewinnen, wenn zur äußeren Freiheit die innere hinzukommt, wenn Wohlstand nicht mit psychischem Wohlbefinden gleichgesetzt wird. Die mühsamen Schritte zu innerer Freiheit und individueller Eigenverantwortlichkeit sind jedoch durch nichts zu ersetzen. Ein illusionärer Glaube an die innere Heilkraft äußerlich veränderter Verhältnisse droht sich in Ost und West breitzumachen. Doch die neuen Ordnungsgefüge in Politik, Wirtschaft und Gesellschaft können notwendige Bedingungen, aber keine Garantien für Fortschritte im sozialen Lernen und bei der Suche nach persönlichem Glück schaffen. Selbstbestimmung ist nicht nur als Souveränität in den Außenbeziehungen und als Selbstbefreiung von einem autoritären Herrschaftssystem zu verstehen. Sie muß vielmehr auch als innergesellschaftliche und individuelle Selbst- und Mitbestimmung verstanden werden.

Die Emanzipation der DDR: Wohlstandsinteressen und Menschheits-probleme

Überblicken wir abschließend noch einmal jene drei Ebenen, auf denen sich Individuen, Gesellschaft und Staat der DDR auf der Suche nach Identität in Europa bewegen. So verständlich und legitim die Konzentration der Individuen und ihrer Familien, der Parteien und der Nation auf die eigenen Interessen und das eigene Wohlergehen ist, so liegen darin im Blick auf Europa und die drängenden Probleme menschlichen Überlebens vielfältige Gefahren. Die Wahrnehmung der eigenen Interessen in den und durch die beiden deutschen Staaten war im letzten Jahr weitgehend erfolgreich eingebunden in die Perspektiven einer kooperativen Neuordnung und Integration in West-, Mittel- und Osteuropa. Zwar wurden Interessen und Empfindlichkeiten der europäischen Nachbarn, insbesondere Polens, nicht immer genügend und diplomatisch sensibel berücksichtigt; aber im ganzen werden die außen- und sicherheitspolitischen Positionen der beiden deutschen Regierungen zunehmend akzeptiert. Die Sprecher der Bürgerrevolution in der DDR haben von Anbeginn mit viel Weitsicht die universalen humanistischen Perspektiven der Emanzipation und Integration der DDR in Europa betont. Die Sicherung von Frieden, Wohlstand und sozialer Gerechtigkeit, vor allem aber die Überlebensprobleme der Dritten Welt und die ökologischen Bedrohungen der Menschheit sind funktional notwendige Perspektiven politischen Handelns in Deutschland und Europa. Jede Suche nach einer Identität der Deutschen in Europa muß sich daran messen lassen, was sie zum Ausgleich zwischen Reich und Arm nicht nur im eigenen Lande, sondern auch gegenüber Osteuropa, der Sowjetunion und gegenüber der Dritten Welt beiträgt. Der Weg der DDR wird zugleich Beispiel und Sonderfall dafür sein, ob es in Europa gelingt, marktwirtschaftliche Konkurrenz, soziale Gerechtigkeit, egalitäre Traditionen und pluralistische Demokratie, nationale Interessen und globale Verantwortung miteinander zu verbinden. Die Bedingungen dafür sind in Deutschland ungleich günstiger als in den anderen Ländern Osteuropas. Zugleich aber werden die Bundesbürger, mittelfristig jedoch auch die DDR-Bürger die schwere Kunst des brüderlichen oder schwesterlichen Teilens weit über Europa hinaus lernen müssen.

Heute erleben wir global die allmähliche Auflösung des Ost-West-Konflikts; die alten Feindbilder verblassen. Jene, die lauthals das »Scheitern des Kommunismus« feiern, können gewiß viele Pluspunkte auf der Habenseite kapitalistischer Wohlfahrtsstaaten verbuchen. Vorschnell aber, so scheint mir, wird vom »Ende des Sozialismus« gesprochen, wo man verkennt, daß

sozialistische Ideen und Gesellschaftskonzeptionen Antworten auf Struktur-
defizite und ungelöste soziale Probleme moderner kapitalistischer Industrie-
gesellschaften darstellen. Die Konzeptionen sind gewiß unvollkommen und
revisionsbedürftig, aber man sollte sie in ihren humanistischen Intentionen
und regulativen Funktionen weiterhin ernst nehmen. Das Ende des bürokratischen Sozialismus und die Einheit Deutschlands nach dem Modell der
BRD enthalten gewiß keine endgültigen oder rundum befriedigenden
Antworten auf die Frage, wie eine demokratische, humane und ökologisch
verantwortliche Gestaltung einer Industriegesellschaft in Europa heute
möglich ist. Die Suche nach einer neuen Identität in den postsozialistischen
Gesellschaften muß ansetzen an den Erfahrungen und Ideen, die nun in den
Menschen wohnen und ihre wirklichen, aber ungelebten Möglichkeiten darstellen. Die Suche nach einer neuen Identität bleibt für die Deutschen in Ost
und West ein offener Prozeß, in dem wir nicht nur zu geben, sondern auch
zu nehmen haben von nahen und fernen Nachbarn auf dem Weg zu einer
menschlichen und bewohnbaren Welt.

Rolf-Dieter Kluge

Perestrojka – Versuch einer Zwischenbilanz

Beobachtungen, Erfahrungen, Analysen

Die weltpolitische Dimension des Wandlungsprozesses in der Sowjetunion und in Osteuropa, der den russischen Namen »Perestrojka« trägt, ist unbestreitbar und hat besonders uns Deutschen die Chance und Aufgabe aktiver Mitgestaltung zugeteilt. Perestrojka hat den Vereinigungsprozeß unseres Volkes ermöglicht. Nach langem Zögern unterstützen nun die Bundesregierung und die deutsche Wirtschaft die russischen Reformbemühungen mit dringend benötigten Krediten.

Was mit der Wahl Michail Gorbatschows zum Generalsekretär der Kommunistischen Partei der Sowjetunion am 11. März 1985 als *Beschleunigung* (»uskorenie«) einer als notwendig erkannten Modernisierung der sowjetischen Wirtschafts- und Sozialstruktur begann, zeigte sehr bald die unter dem Mantel ideologischer Selbsttäuschung verborgene fatale, ja niederschmetternde Realität: Vom Militärwesen und der damit zusammenhängenden Weltraumforschung, die den größten Teil der Staatseinnahmen verschlungen hatten, abgesehen, bot sich der nüchternen Bestandsaufnahme der wirtschaftliche, technologische und zivilisatorische Zustand des größten Flächenstaates der Erde auf einem Niveau dar, das sich eher mit dem von Entwicklungsländern als mit westlichen Industrienationen vergleichen ließ. Gorbatschow erkannte, daß hier keine *Beschleunigung* von partiellen Reformvorhaben mehr helfen konnte, sondern daß es einer radikalen *Umgestaltung*, einer *Perestrojka*, bedürfe, wenn überhaupt noch der Versuch ernsthaft unternommen werden sollte, den erheblichen Rückstand in der ökonomischen, technischen und in manchen Bereichen auch wissenschaftlichen und kulturellen Entwicklung abzubauen. Ohne auf einzelne Etappen dieses fünfjährigen Prozesses einzugehen, ergibt sich nunmehr, daß die Misere nicht auf Fehlentwicklungen oder Abweichungen vom gesellschaftlichen System oder auf Versagen der Führungspersönlichkeiten zurückzuführen ist, sondern daß das *System* selbst und das von ihm integrierte geschichtliche Erbe des russischen Imperiums dafür verantwortlich sind. Auf einer großen Demonstration im Februar 1990 in Moskau zur Unterstützung der

Perestrojka hat der Politiker und Ökonom Gavril Popow, heute Wirtschaftsminister, unter dem Beifall der Versammelten erklärt:

> Fünf Jahre Perestrojka haben das Urteil gefällt über die *herrschende Gesellschaftsordnung*, die Führungsschicht, die Wirtschaft, über unsere Ideologie und Kultur. Nur die Vollstreckung des Urteils wird immer wieder aufgeschoben!

Popow drückt aus, was die radikalen Reformer um Boris Jelzin und die interregionale Oppositionsgruppe (»demokratische Plattform«) im neuen sowjetischen Parlament, dem Kongreß der Volksdeputierten, auf der einen und der Teil der Bevölkerung, der die Perestrojka noch bewußt unterstützt, auf der anderen Seite aus unterschiedlichen Gründen meinen: Gorbatschow und die Führungsgremien in Staat und Kommunistischer Partei sollen noch entschlossener den Umbau vorantreiben und vor allem nichts aufschieben. Geht es den Erstgenannten um die Umwandlung Rußlands und der Sowjetunion in ein demokratisches pluralistisches Gemeinwesen, so erwarten die politisch weniger engagierten und sich verringernden Befürworter der Perestrojka in der Bevölkerung endlich eine Verbesserung der Versorgung mit lebensnotwendigen Gütern.

So verständlich dieser Wunsch auch scheinen mag, er ist in absehbarer Zeit kaum realisierbar. Mit den verfügbaren Mitteln und Möglichkeiten können solche Forderungen allenfalls partiell und nur vorübergehend befriedigt, im Grunde also lediglich beschwichtigt werden. Daher können Demonstrationen dieser Art – auch wenn sie Gorbatschow politisch den Rücken stärken sollen – riskant werden. Denn unter den Demonstranten befinden sich keineswegs nur Anhänger seines politischen Kurses: Glasnost, die von Gorbatschow verkündete Freiheit der Willensbildung und Meinungsäußerung, die mit der Aufhebung der Zensur und der im Westen kaum bemerkten Abschaffung des Marxismus/Leninismus als Unterrichts-Pflichtfach an den Schulen und Hochschulen des Landes Mitte Januar 1990 ihren vorläufigen Höhepunkt gefunden hat, erlaubt auch nationalistischen und radikalen Kräften sich zu artikulieren, die man durchaus nicht als Bundesgenossen der Perestrojka ansehen darf. Demonstrationen *gegen* Gorbatschow, die ihm Unentschlossenheit, Halbherzigkeit und Verzögerungstaktik, verbunden mit persönlichem Machtstreben, vorwerfen – wie unlängst am 1. Mai 1990 – belegen diese Einschätzung.

Aus der Innensicht der sowjetischen Bevölkerung ergibt sich ungefähr folgende Bilanz der Perestrojka: einhellig positiv eingeschätzt werden die Meinungsfreiheit und relative individuelle Rechtssicherheit, die Religions- und Gewissensfreiheit, die Entmachtung des KGB und Beseitigung seiner Überwachung und Bespitzelung, die Auflösung von Arbeitslagern und

Verbannung, die ungehinderte Informationsmöglichkeit und Kontaktnahme mit dem westlichen Ausland; doch ist es eigentlich nur die Intelligenzija, die diese demokratische Emanzipation bewußt und erleichtert als neue und höhere Lebensqualität begrüßt. Als Negativa erscheinen dagegen der sinkende Lebensstandard, soziale Unsicherheit durch Arbeitslosigkeit, mangelhafte Kranken- und Altersversorgung und anwachsende Kriminalität, Perspektivelosigkeit im privaten und familiären Leben sowie – nach Tschernobyl und anderen technischen und Naturkatastrophen – die Angst vor dem Ausgeliefertsein an die Folgen irreparabler Beschädigungen von Umwelt und Natur. Dieses latente Unzufriedenheitspotential erfährt eine nicht gering zu veranschlagende emotionale Anreicherung durch politisch-ideologische Enttäuschungen und Verunsicherungen: den Zerfall des Ostblocks und seiner sozialistischen Ideengemeinschaft, die Schwächung der Stellung der Sowjetunion als Super- und Weltmacht, die Erosion des sowjetischen Vielvölkerstaates durch nationale Separierungen und damit – das gilt freilich nur für die Russen – die Infragestellung der Russen als dominanter, staatstragender Nation. Gerade das letztere Problem gewinnt in der innersowjetischen Diskussion immer mehr an Gewicht.

Für das russische nationale und politische Selbstverständnis bedeutet Perestrojka *das Ende einer historischen Epoche,* die teilweise sogar noch in die Zeit vor 1917 zurückreicht. Die nationale Zerfaserung des sowjetischen Vielvölkerstaates muß in weiten Bereichen als ein Entkolonialisierungsprozeß verstanden werden, vergleichbar dem Zerfall des britischen Empire oder anderer Kolonialreiche vor 30–40 Jahren. Anders als die übrigen Kolonialmächte hatte das russische Imperium sich seine territorialen Erwerbungen unmittelbar an seinen Grenzen geschaffen und ihren kolonialen Status durch administrative Integration in die Verwaltungsstruktur des Reiches zu unterlaufen versucht. Aber damit ließen sich die vereinnahmten nationalen Einheiten und Identitäten nicht aufheben.

Die imperiale Expansion des russischen Zarenreiches hat seit dem 16. Jahrhundert einen staatlichen Koloß hervorgebracht, dessen Erbe – das ist die Sowjetunion – auf seinem Territorium von nahezu 1/6 des gesamten Festlands dieser Erde, wovon sich 1/4 auf Europa und 3/4 auf Asien erstrecken, eine Bevölkerung von 285 Millionen beherbergt, die sich aus etwa 100 Nationen und Nationalitäten zusammensetzt. Diese besitzen unterschiedliche Autonomierechte innerhalb des sowjetischen Gesamtstaates: 15 von ihnen sind eigenständige Unionsrepubliken, 20 sog. Autonome Sowjetrepubliken innerhalb einer Unionsrepublik – dieser Status wurde während des Zweiten Weltkrieges den Sowjetdeutschen an der mittleren

Wolga aberkannt und bis heute nicht wiedergewährt. Russische Nationalisten bedrohen heute die Deutschen, die an die Wolga zurückkehren, als fremdnationale Eindringlinge. Ferner gibt es noch 18 sog. Autonome Gebiete.

Von einer kurzen Phase eines ansatzweisen Selbstbestimmungsrechtes für die größeren, auf einer längeren nationalen Tradition gründenden Völker des russischen Imperiums in der Entstehungsphase des Sowjetstaates unter Lenin um 1920 abgesehen, ist die imperiale Einheit der Sowjetunion nie in Frage gestellt oder ernsthaft diskutiert worden. Es ist vielmehr das zweifelhafte Verdienst Stalins gewesen, unter der Oberfläche des scheinbar föderalen Staatsaufbaus der Sowjetunion durch die Einparteienherrschaft, die ideologische und politisch-administrative Diktatur der KPdSU, das Riesenreich de facto zu einem *zentralistischen* Einheitsstaat unter russischer Vorherrschaft zusammengeschweißt zu haben. Insofern bedeutet die im März 1990 beschlossene Preisgabe des politischen Führungsanspruches der KPdSU zugleich auch die Preisgabe dieser zentralisierenden Klammer des sowjetischen Vielvölkerstaates. Die Destruierung der Einheitspartei in *nationale* kommunistische Parteien war vorauszusehen.

Mit der Dominanz der Russen übernahm Stalin – wenn auch ideologisch umgedeutet – das imperiale Selbstverständnis des russischen Staatsvolkes aus dem Zarenreich, dessen Kontinuität weit in die Geschichte zurückreicht: Schon im 15. und 16. Jahrhundert artikulierten sich solche Tendenzen in der Heilslehre von Moskau als dem Dritten Rom; mit dem Appell an die patriotischen Traditionen hat Lenin im Bürgerkrieg die nationalen nichtbolschewistischen Kräfte im Kampf gegen die ausländischen Interventen auf seine Seite ziehen können.

Es ist hier nicht der Ort, alle Phasen der Symbiose von marxistisch-leninistischer politischer Ideologie und national-imperialer russischer Tradition, die Stalin geschaffen hat, darzustellen; nur auf die letzten, bis heute nachwirkenden Vorgänge in diesem Prozeß sei in aller Kürze hingewiesen: Es mag zynisch klingen, aber der Zweite Weltkrieg kam Stalins nationalbolschewistischem Sowjetpatriotismus hilfreich entgegen. Die militärische Bedrohung durch die deutschen Truppen und die unmittelbare Gefahr der Vernichtung oder Versklavung der ganzen russischen Nation durch den nationalsozialistischen Rassenwahn, der ja neben den Juden auch die Slawen als minderwertige Untermenschen qualifizierte, schlossen alle nationalen russischen Kräfte, auch die Kirche, in einer Einheitsfront zusammen. Der unter schwersten Opfern schließlich errungene Sieg und Stalins sichtbare politischen Erfolge in Jalta und Potsdam schienen zu bestätigen, zu welch großen Taten in der Stunde höchster Not dieser Führer die Russen zu beflügeln vermochte. Und Stalin hämmerte den Sowjetmenschen ein, daß der Triumph über den Faschismus sowohl die Überlegenheit des Sozialismus über Kapitalismus und Imperialismus als auch des Sowjetvolkes über die übrigen Nationen bezeuge: Die osteuropäischen Völker habe die Sowjetmacht befreit, der allein sie ihr Überleben zu verdanken hätten. Sowjetvolk heißt für Stalin jedoch – russisches Volk! Die Vorzugsrolle, die Stalin den Russen zuteilte, läßt sich auch aus dem Text der sowjetischen Nationalhymne von Sergej Michalkow ablesen, die 1944 die bis dahin als Hymne verwendete »Internationale« ablöste. Sie beginnt mit folgenden Worten:

> Die unzerstörbare Union der freien Republiken
> hat auf ewig das große Rußland zusammengefügt ..."

Heute wird die Hymne ohne Text gespielt!

Direkt nach dem Zweiten Weltkrieg, dem Stalin den bis heute gebrauchten Ehrentitel »Großer Vaterländischer Krieg« verlieh – in bewußter Anlehnung an den siegreichen Krieg 1812 gegen Napoleon, der in der russischen Geschichte »Der Vaterländische Krieg« heißt – begann auf der ideologischen Ebene des Kalten Krieges eine beispiellose Kampagne gegen den sog. volksschädigenden »Kosmopolitismus«.

Das bedeutete konkret eine gezielte Herabsetzung aller ausländischen, besonders westeuropäischen und amerikanischen Kultur- und Zivilisationsleistungen gegenüber den angeblich weit überlegenen russischen schöpferischen Fähigkeiten und führte zu grotesken Versuchen, alle großen Erfindungen und Entdeckungen mittelbar oder sogar unmittelbar Russen anzudichten. Moderne Entwicklungen und Wissenschaftsdisziplinen, die im westlichen Ausland entstanden, wurden als kapitalistisch und dekadent diffamiert und in der Sowjetunion streng verboten. Solche Maßnahmen sind mitverantwortlich für den *heute* so verhängnisvoll offenbaren technologischen und in manchen Fachrichtungen auch wissenschaftlichen Rückstand der UdSSR. Die maßlose Überhöhung des russischen Kulturnationalismus läßt sich auch am Bildungssystem der damals gleichgeschalteten Ostblockstaaten ablesen, die auf eine entweder übertriebene oder fiktive Abhängigkeit ihrer nationalen Kulturen und Traditionen von den Russen festgelegt wurden. Auch die spätere DDR ist hierfür ein beredtes Beispiel. Symptomatisch dafür war ferner die forcierte Ausbreitung der russischen Sprache als erster Fremdsprache im Bildungssystem aller sozialistischen Staaten. Als Sprache des Fortschritts und des Sozialismus sollte sie dereinst das Kommunikationsmittel der progressiven Menschheit werden. Sprachwissenschaftler unternahmen ernsthaft den absurden Versuch nachzuweisen, daß keine andere Sprache in bezug auf Ausdruckskraft, lexikalischen Reichtum, Geschmeidigkeit und alle anderen nur erdenkbaren linguistischen Qualitäten an das Russische heranreiche. Daß dies innerhalb der Sowjetunion zu einer Russifizierung der übrigen nationalen Regionen führte, versteht sich: In allen Republiken und autonomen Gebieten wurde Russisch zur Amts- und Verkehrssprache und drängte die nationalen Sprachen zurück; die führenden Posten in Verwaltung und Politik nahmen überall Russen ein. Es ist überflüssig zu erwähnen, daß alle zentralen gesellschaftlichen, politischen, wissenschaftlichen, künstlerischen, sportlichen und literarischen Organisationen und Einrichtungen auf Unionsebene in Moskau zentriert und in russischer Hand waren, so daß für die russische Sowjetrepublik spezifische Institutionen, wie sie alle anderen Unionsrepubliken, teilweise auch die autonomen Republiken und Gebiete besaßen, überflüssig waren. Das galt auch für die KPdSU; eine russische KP mit eigener Führung ist erst im Juni 1990 gegründet worden.

Die Dominanz des Russischen und der Russen als des mit Abstand größten und staatstragenden Volkes der Sowjetunion wurde auch nach Stalins Tod – während des »Tauwetters« und danach, in der Zeit der »Stagnation« – nicht als Problem empfunden oder gar kritisch reflektiert. In diesem Bewußtsein der Größe und Überlegenheit der eigenen Nation sind Generationen von Russen erzogen worden und aufgewachsen.

Als Folge der Liberalisierung in der Perestrojka beginnt nun diese von den anderen Nationen der Sowjetunion bisher als selbstverständlich hingenommene und von den Russen als natürlich empfundene Dominanz des Russischen zu zerbröckeln. Die nationalen Einheiten und Gruppierungen verlangen Gleichberechtigung, beharren auf nationaler Repräsentanz und weisen russische Bevormundung zurück; sie wollen auch die Anwesenheit russischer Bevölkerung auf ihrem Gebiet limitieren oder sogar verringern. Der Sprachenkampf in den baltischen Republiken oder in der Moldauischen Sowjetrepublik zeigt zugespitzt einen Vorgang, der mehr oder weniger ausgeprägt in allen nationalen Gebieten vor sich geht. Er wirkt auf die betroffenen Russen schockierend, besonders diejenigen, die in den nationalen Regionen schon seit Generationen leben und politisch überhaupt nicht engagiert waren. Sie werden plötzlich zu Verantwortlichen und Opfern einer Politik, die sie ebensowenig verursacht und befördert haben wie diejenigen Nationalisten, die sie heute als Fremde und Eindringlinge isolieren auf einem Boden, den diese Russen individuell zu Recht *auch* als ihre Heimat begreifen.

Die erhebliche und radikale Entstalinisierung in der Perestrojka, die Gesetzeswidrigkeiten, Verbrechen und Korruption an den Tag bringt, wovon die Masse der Bevölkerung nichts wußte, zumal solche Informationen zu besitzen, gefährlich war, sodann die Verunsicherung, ob die Oktoberrevolution und die seitherige sowjetische Geschichte Rußland überhaupt den richtigen und sinnvollen Weg gewiesen haben, ob der heutige politische und gesellschaftliche Zustand die Millionen Opfer rechtfertigt, die er eingefordert hat, schließlich die Erosion der totalen sowjetkommunistischen Weltanschauung mit ihrem absoluten Wahrheitsanspruch, ihren inzwischen moralisch korrumpierten Idealen und verblaßten Zielvorstellungen, die 70 Jahre lang sakral verklärt und liturgisch zelebriert wurden, heute aber von der Jugend und der Intelligenzija im günstigen Falle unbeachtet bleiben, meist aber mißtrauisch und verbittert höhnisch verworfen werden – *dieser tiefgreifende Umbruch im gesellschaftlichen Bewußtsein und im Beurteilungs- und Wertesystem der Sowjetmenschen, vor allem der Russen, mußte zu einer Desorientierung, zu einer allgemeinen geistigen und ideologischen Krise führen.* Natürlich wissen Gorbatschow und die politische Führung der Sowjetunion, welches Risiko diese ideologische Perestrojka darstellt. Deshalb das zähe Festhalten an scheinbar unverdächtigen Werten des Sozialismus, an den Lehren von Marx und Lenin als äußeren Orientierungsmarken, die wenigstens verbal eine Kontinuität der Sowjetideologie und der Rolle der Sowjetunion aufrechterhalten sollen. Aber auch diese Versuche greifen nicht und vermögen den Verlust an Ansehen und Akzeptanz von Zielen und Werten, die ehemals dogmatisches Gewicht und axiomatische Geltung besaßen, nicht aufzuhalten.

Der Zusammenbruch des Marxismus-Leninismus, der im übrigen Ostblock als Befreiung erlebt wird, schafft in Rußland, das sich mehr als 70 Jahre lang mit dieser Ideologie zu identifizieren hatte, *ein geistiges Vakuum.* Das russische Volk hat – im Unterschied zu den westeuropäischen Völkern – nicht in einer konkurrierenden geistigen und politischen Wertegemeinschaft gelebt, sondern in einer Randlage; es hat stets – wenn auch unterschiedlich ausgeprägt und wirksam, so aber doch latent – eine Idee, eine messianische Sendung als Essenz seiner nationalen Identität gehabt. Das Scheitern ihrer letzten Leitidee, eben des Marxismus-Leninismus, verwirrt und verunsichert heute viele russische Intellektuelle. Sie haben kein zufriedenstellendes Konzept für eine Zukunft ohne Sendungsbewußtsein, als »nur« gleiches Volk unter gleichen, besonders im Verhältnis zu den anderen Nationen in der Sowjetunion; und sie haben – mangels eigener nationaler Identität und Orientierung auf die Zukunft – auch keine Maßstäbe für eine

Vergangenheitsbewältigung; es fehlt ihnen – wie es der russische Schriftsteller Daniil Granin in einem Gespräch am 3. Mai 1990 in Tübingen formulierte – das Gefühl von Reue und Schuldbewußtsein gegenüber den Vergehen der Vergangenheit. Insbesondere sei der staatliche und politische Apparat dazu nicht bereit und auch nicht fähig. Dieses sittlich-moralische Defizit verursache vor allem das kollektivistische sozialistische Menschenbild, das eben Wert und Recht des Kollektivs dem des Individuums überordnet und dessen Nöte und Opfer relativistisch reduziert. Von diesem Kollektivdenken habe sich aber die russische politische Führung, besonders die KPdSU noch nicht gelöst.

Die sowjetische Perestrojka hat hingegen in den ost- und mitteleuropäischen Völkern Bewegungen entbunden, die von unten, wirklich spontan aus den Massen kommen, wie z.B. die Novemberrevolution 1989 in der DDR.

Die außenpolitischen Folgen der von der Perestrojka ausgelösten Krise sind für Ost- und Mitteleuropa positiv einzuschätzen: Der sowjetische Führungs- und Machtverlust hat einen emanzipatorischen Wandel eingeleitet und dürfte auch einer gewandelten Sowjetunion ein erhebliches Vertrauenspotential liefern können. Sie wird dieses Vertrauen in der Welt auch brauchen, um mit der Krise im Inneren fertigzuwerden. Denn dort ist eben eine bedenkliche Destabilisierung eingetreten.

Auf einer modernistischen Ausstellung über das Moskauer Straßenleben, in der mehr oder weniger geschmackvoll auch ziemlich freizügige und respektlose Exponate und Happenings zu sehen waren, schrieb im vorigen Jahr ein älterer Kriegsveteran ins Gästebuch:

> Diese Ausstellung ist eine Schande. Für einen solchen moralischen Verfall, für die Freiheit, derartigen Schmutz zu zeigen, hat meine Generation gekämpft und ihr Blut vergossen! Wir leben heute in einer widerlichen Zersetzung. Unsere Führung verrät uns. Rußland verkommt.

Mit mir las diese Eintragung eine junge Frau. Sie schrieb an den Rand:

> Armer Alter! Du störst uns. Bleib in Deinem Altersheim. Wir brauchen die ewig Gestrigen nicht mehr!

Folgendes Gespräch mit einem älteren Mann ist mir in Erinnerung:

> Wir haben an Stalin geglaubt, und an die lichte Zukunft des Sozialismus. Ist das eine Schande? Wir haben die Faschisten geschlagen, meine Eltern und mein Bruder sind im Kriege umgekommen. Euch Deutsche haben wir befreit. Und heute? Da sehen wir, daß wir getäuscht und betrogen wurden. Wir haben Euch befreit und die Faschisten vernichtet, und waren doch selber Faschisten – und noch viel schlimmer war es hier bei uns! Wer gibt mir mein Leben zurück,

meine verschleuderte, veruntreute Jugend? Ich habe *keine* Ideale, *keine* Hoffnungen mehr. Ist mir doch gleich, was mit Rußland und all dieser verdammten Perestrojka wird. Nichts zu essen, nichts zu hoffen – *keine Perspektive*, das ist Rußland, deutscher Freund!

Ich berichte diese Episoden, um die Enttäuschung und Verbitterung zu zeigen, die viele Angehörige der älteren Generation ergriffen hat. *Ein verschleudertes, veruntreutes Leben* – die verzweifelte Frage: wofür habe ich gelebt, wofür habe ich mich eingesetzt und Opfer gebracht, was ist von dem, was wir wollten und erstrebten, geblieben – diese Frage drückt jenen *Bewußtseinszustand* aus, den ich als *Identitätskrise* bezeichne. Sie bildet unreflektiert auch die psychische Grundlage der gleichgültigen und lethargischen Stimmung in der Masse der Bevölkerung, die weder nachdenken will noch kann, zumal ihre Energien von der Sorge ums tägliche Brot absorbiert werden. Bei einer solchen Stimmung, in wirtschaftlicher Notlage, die in allen Gesellschaften destabilisierend wirkt, und ohne demokratische Tradition und Erfahrung, kann eine konservative politische Opposition, die sich gegen die Perestrojka wendet und *law and order* unter einer starken Führung verspricht, durchaus mit Akzeptanz rechnen. Vielleicht auch auf seiten der ganz unpolitischen Jugend, die tief verunsichert, sich in der Protest- und Rockkultur ein Ventil schafft für eine geistige Desorientierung. Schließlich ist sie nach kommunistischen Erziehungsidealen ausgebildet worden, die heute nicht mehr gelten.

Perestrojka ist die Sache der Intelligenzija. Dazu zählen nicht nur die akademisch Ausgebildeten, sondern auch viele politisch bewußte Arbeiter und Angestellte, z.B. die Streik- und Selbsthilfekomitees oder die in der Wohltätigkeitsorganisation »Obschtschestwo miloserdija« Tätigen. Auch sie empfinden die Identitätskrise: Sie sind sich einig in der Aufgabe der Vergangenheitsbewältigung und der Abwehr retrograder und konservativer Stimmen, aber sie sind zerstritten in der Analyse der gegenwärtigen Lage und der Ziele für die Zukunft. Da sie über keine Erfahrung in einer demokratischen Streitkultur verfügen, eskalieren ihre Meinungsverschiedenheiten in unversöhnlichen Feindschaften, die miteinander nicht mehr kommunizieren und die Front der die Perestrojka Unterstützenden zersplittern. Das geschieht auch innerhalb der KPdSU. Während auf einer Versammlung der »Demokratischen Plattform« Mitte Juni in Moskau der Tomsker Abgeordnete Stepan Sulakschin unter Beifall die Verbrechen der NSDAP als bescheiden im Vergleich mit denen der stalinistischen KP qualifizierte, formierten sich in Leningrad Neostalinisten als Initiativgruppe zur Gründung einer neuen russischen KP. Im Leningrader Fernsehen verglich zur gleichen Zeit eine Abgeordnete Gorbatschow mit Egon Krenz. Wie dieser habe auch Gorbatschow seine politische Rolle ausgespielt!

Besondere Aufmerksamkeit verdienen die sich vehement zu Wort meldenden nationalistischen bzw. national-konservativen Bewegungen in Rußland, vor allem die »patriotische Vereinigung« »Pamjat« (Gedächtnis), die sich zum Jahreswechsel 1989/90 mit anderen national-fundamentalistischen Gruppierungen zu einem »Block der russischen patriotischen Vereinigungen« zusammengeschlossen hat, der in den Wahlen zum Kongreß der russischen Volksdeputierten große Zustimmung fand. Sein Programm enthält eine Absage an Rußlands Teilhabe an westlichen zivilisatorischen, technischen und kulturellen Entwicklungen, also einen slawophil-russischen Isolationismus, und das heißt im Klartext: *eine Ablehnung von Gorbatschows Vision vom* »gemeinsamen europäischen Haus«. Damit beziehen die russischen Nationalisten eindeutig Position gegen das prinzipielle Konzept der Perestrojka. Zwar bedeutet das nicht, daß sie den Stalinismus wiederaufleben lassen wollen, aber neuerdings koalieren sie bereits gelegentlich mit konservativen Kommunisten. Ihr Ziel ist – ganz in slawophiler Tradition – die Illusion eines eigenen *russischen* Weges. Als Antwort auf die Selbständigkeitsbestrebungen anderer Sowjetrepubliken sind die russischen Nationalisten bereit, dafür die Einheit des sowjetischen Vielvölkerstaates, der politischen, wirtschaftlichen und administrativen Gemeinsamkeit, zu opfern. Das beginnt damit, daß Moskau die sowjetische Administration abgeben und nur Sitz einer russischen, staatlich voll selbständigen Regierung sein soll. Innerhalb einer erstrebten vollen staatlichen Selbständigkeit Rußlands soll Moskau allein der Mittelpunkt des politischen und geistigen Lebens der Russen werden. Die russische orthodoxe Kirche soll aktiv die Entfaltung des geistigen Lebens anführen, die russischen Frauen sollen von der aufgezwungenen Emanzipation befreit, die Rolle der Mutter, der Hüterin des Hauses und der Stütze der Nation übernehmen. Gesellschaftlicher Pluralismus und Privateigentum sind als westliche schädliche Fehlentwicklungen von Rußland streng fernzuhalten, denn der Wettkampf mit dem Westen, in dem die Sowjetunion unterlegen sei aufgrund ihrer falschen Teilnahme an einer Rußland wesensfremden Konkurrenz, habe nur zum Raubbau an Rohstoffen und Natur geführt. »In keiner Periode der Geschichte unseres Volkes sind unsere nationale Würde und unser nationaler Stolz mit solchem Sadismus geschmäht worden, wie das unter Stalin geschah und – in Umkehrung seiner Tyrannis – heute geschieht« heißt es in dem Manifest. Heute werde den Russen permanent ein Minderwertigkeitskomplex suggeriert: der Begriff »Vaterland« werde in den Medien verleumdet, die Verteidiger des

Vaterlandes im Zweiten Weltkrieg würden geschmäht, öffentlich würden Amoral und Individualismus, Pornographie und Gewalt verklärt. Die KPdSU unterwerfe sich konzeptionslos diesem Trend, den Nutzen daraus ziehen »Schattenwirtschaft, Mafiosi und politische Jongleure«, die bereit sind, Rußland in ein Rohstoff-Lager des Westens zu verwandeln. Diesem Ziele diene auch die Kampagne zur Legalisierung des Privateigentums.

Als Gegenbewegung fordert der »Block« wirtschaftliche und innenpolitische Autonomie Rußlands innerhalb der Sowjetunion, Abschaffung der Subventionen anderer Teilrepubliken durch Rußland, Auslagerung der Unionsorgane in andere Provinzen oder Kostenerstattung für ihren Unterhalt auf russischem Territorium; radikale Verwirklichung des gesellschaftlichen Eigentums an Produktionsmitteln und Produktionsstätten, wofür sich die *russische* Revolution 1917 entschieden hatte und folglich Absage an jegliche Konzessionen und Joint ventures, die nur ökonomische Okkupation der russischen Ressourcen betreiben würden. Folglich wird auch die Annullierung bisher getroffener »volksfeindlicher« Abkommen ohne jegliche Entschädigung gefordert, ferner sogar Revanche an jenen Sowjetrepubliken, die die Russen derzeit diskriminieren, Einrichtung von Vertretungen, die dort lebende Russen schützen: »Im Falle offensichtlicher Diskriminierung wird Rußland alle nötigen Maßnahmen entsprechend internationaler Praxis zur Verteidigung der Menschenrechte dort durchsetzen«, heißt es in der Erklärung. Für die russischen nationalen Fundamentalisten kommt der ererbte Feind weiterhin aus dem Westen, deshalb brauche Rußland eine moderne, tapfere Volksarmee, denn vor dem Hintergrund der amerikanischen und westeuropäischen Militärpläne seien die Vorstellungen der sowjetischen Politiker und Publizisten über eine vernünftige und begrenzte Verteidigung und Abrüstung verhängnisvoll und naiv. Die Gefahr für Rußland sei noch immer aus dem Westen gekommen, aber »Rußland war und bleibt auch immer eine Weltmacht«, heißt es am Schluß des Memorandums.

Innerhalb dieser isolationistisch-nationalistischen Stimmungen, denen sich gelegentlich auch Vertreter der russischen orthodoxen Kirche anschließen, eskalieren leider auch extremistische, faschistoide Ausbrüche. Am 18. Januar 1990 war ich im Zentralen Haus des Schriftstellerverbandes in Moskau Zeuge, wie eine solche Gruppierung mit antisemitischen Parolen und Tätlichkeiten eine Versammlung der Schriftstellervereinigung »April zur Unterstützung der Perestrojka« gesprengt hat. Eine geschlossene Gruppe von etwa 60 Personen, von denen viele Ansteckadeln mit einer Abbildung des heiligen Georg trugen, gingen nicht auf das Diskussionsangebot der Versammlungsleitung ein, sondern riefen ultranationalistische und antisemitische Losungen verhetzenden Inhalts durch ein Megaphon in den Saal und entrollten große antizionistische Spruchbänder. Es kam zu einem Tumult, während dem bekannte Literaten wie Bulat Okudshava und Witalij Korotitsch tätlich angegriffen wurden. Der Anführer des Störtrupps, der sich immerhin als Kandidat zu den Wahlen in den russischen Volksdeputiertenkongreß auswies, brüllte in den brodelnden Saal, jetzt sei Schluß damit, daß nationale Minderheiten, Ausländer und Juden die russischen Patrioten weiterhin verhöhnen dürften, Nazmeny, das sind nichtrussische Sowjetbürger und Ausländer, müßten raus aus Rußland. Das ist der Wortlaut von Aufrufen, die ich auf Kassette aufgenommen habe:

> Es reicht, eure Zeit ist vorbei, in diesem Saal haben Juden nichts zu suchen. Demokratie für das Volk, keine gesetzliche Duldung für Zionisten. Genossen Patrioten, kämpft gegen Juden und Freimaurer. Heute sind wir noch mit dem Megaphon gekommen, das nächste Mal kommen wir mit der Maschinenpistole.

Da die Störer keine Anstalten trafen, den Saal zu verlassen, auch, nachdem der Vorsitzende die Versammlung abgebrochen hatte, mußten schließlich Polizeikräfte gerufen werden. Später wurde bekannt, daß viele Polizeidienststellen und Behörden mit Nationalisten und Antisemiten sympathisierten.

Was sich hier ereignet hat, muß als bedenkliche Eskalation von extrem nationalistischen und antisemitischen Stimmungen in der russischen Bevölkerung eingeschätzt werden. Und diese Erscheinung ist – im Zusammenhang mit den nationalen Problemen in der Sowjetunion – wohl auch nicht isoliert zu betrachten: Überall in Moskau findet man vor Wandzeitungen und Anschlägen erregt diskutierende Menschenansammlungen; über nationale Fragen wird leidenschaftlich, erhitzt und teilweise auch verbittert gestritten. Glasnost und Perestrojka haben auch radikale und extremistische Kräfte entbunden, deren demokratische Zügelung eine schwere Aufgabe darstellen wird. *Die russische nationale Identität ist mit dem Zerbröckeln der ideologischen und politischen Dominanz des sowjetischen Zentralismus, der ja immer zugleich auch ein russischer war, in eine tiefe Krise geraten.* Es kann die Gefahr nicht von der Hand gewiesen werden, daß sich infolge mangelnder demokratischer Erfahrung und Tradition die Gewinnung eines toleranten gesamtsowjetischen und nationalen russischen Konsensus als Basis für eine pluralistische Streitkultur verzögert und von anarchischen Ausbrüchen oder umgekehrt auch von retrograden totalitären Bestrebungen erheblich behindert werden könnte.

Man sollte allerdings nicht verkennen, daß gerade das russische National-bewußtsein sich aus einer für gesamtsowjetische Zwecke *mißbrauchten Vergangenheit* befreit, seine jahrhundertealte imperiale Struktur als ehemali-ges Kolonialreich zerfallen sieht und auf der Suche nach der eigenen Identi-tät sich seine nationale, religiöse und kulturelle Tradition, besonders auch in der Opposition und Emigration, wieder erarbeitet. In der nationalen Identität liegen kulturelle, geistige und schöpferische Potenzen, die inter-nationaler Gleichmacherei und kultureller Unifizierung und Technisierung entgegenwirken. Nationale, sprachliche und geistig-religiöse Identitäten als Partner im Meinungsaustausch und in dem zu schöpferischer Originalität anregenden Wettbewerb der Völker und nationalen Kulturen wird die Menschheit in Zukunft brauchen, wenn sie nicht in die Öde einer homoge-nen und langweiligen medialen Einheits- und Unterhaltungskultur abgleiten will. In der russischen Diskussion ist hierfür der Begriff »Interstil« geschaf-fen worden, er meint Professionalismus und formale Meisterschaft ohne eigene nationale Substanz.

Die Opponenten der national orientierten Richtung und Verfechter der Perestrojka treten nicht so lautstark und geschlossen auf, ihr Einwirken auf die schweigende Mehrheit der Russen ist aber dennoch nicht wirkungslos. Denn sie knüpfen auch an eine russische Tradition des 19. Jahrhunderts an, an die sog. Westler, die von der Zugehörigkeit Rußlands zur europäischen Kultur und Zivilisation – spätestens seit den Reformen Peters des Großen im frühen 18. Jahrhundert – überzeugt waren und den Rückstand Rußlands gegenüber dem technischen und industriellen Niveau der westeuropäischen Staaten lediglich der reaktionären russischen Zarenautokratie anlasteten. Ihre modernen Erben meinen, nach der zu kurzen und deshalb wirkungs-los gebliegenden Episode der Leninschen »Neuen Ökonomischen Politik« habe Stalin praktisch und in weit brutalerer Form die autokratische Tradi-tion fortgesetzt, aus der erst jetzt die Perestrojka befreie. Sie haben es in der Argumentation schwerer, weil sich auch Lenin und die Bolschewiki auf diese westliche und unter den Zaren verfolgte Konzeption berufen haben, Gorbatschows Formel vom »gemeinsamen europäischen Haus« beruht auf dieser Überlieferung. Sie werden heute – durchaus positiv gemeint – als »Kosmopoliten« bezeichnet, plädieren zunächst für eine möglichst schnelle Wirtschafts- und Agrarreform nach westlichem Muster, für die Übernahme westlicher Technologien und technisches know-how, um den Standard des Westens zu erreichen. Eine Verwestlichung der russischen Sprache und Kultur, den »Interstil«, fürchten sie nicht: Im Gegenteil, für die russische Kultur seien solche zeitgemäßen Impulse fruchtbar und stimulierend und könnten in spezifisch russischer Transformation, wie schon Dostojewskij gezeigt habe, sogar anregend auf den Westen zurückwirken. Für die Kosmopoliten liegt die Zukunft Rußlands nur in einer »Europäisierung« oder »Verwestlichung«, was in erster Linie technologischen und ökonomischen Anschluß bedeutet.

Der Vorzug ihrer Argumentation besteht darin, daß sie so einigermaßen plausibel die Hebung des wirtschaftlichen Standards versprechen können. Auch auf dieser Seite gibt es radikale Exponenten. War die innere Lage in der Sowjetunion trotz der eskalierenden nationalistischen und fundamentalistischen Separierungsbewegungen im Baltikum, in der Moldauischen Republik und in den kaukausischen und den mittelasiatischen Republiken in den ersten Monaten des Jahres 1990 insgesamt noch stabil und schien die Position Gorbatschows nach seiner Wahl zum Präsidenten der UdSSR mit nicht unbeträchtlichen Vollmachten unangefochten, so mehren sich gegenwärtig doch wieder Zeichen innerer Verunsicherung und der Erosion des Sowjetstaates.

Die Enttäuschung in der Bevölkerung wächst durch die sich verschlechternde Versorgungslage, Mangel entsteht sogar an Grundnahrungsmitteln. Bürokratie und Apparate, die durch die Perestrojka von erheblicher Reduktion und teilweiser Liquidation bedroht sind, reagieren obstruktiv und klammern sich an Konservative und Nationalisten. Als ein Akt solcher Obstruktion muß die unangekündigte Erhöhung der Brotpreise am 24. Mai 1990 erscheinen, die als Subventionsabbau gewiß nicht sinnlos ist, aber als »notwendige Vorbereitung auf die Marktwirtschaft« in eindeutiger Weise provokativ von der Regierung Ryschkow verkündet wurde. In einer Fernsehansprache versuchte Gorbatschow, den Unmut zu glätten, während sein konservativer Rivale Jegor Ligatschow in der »Prawda« eine Volksabstimmung über die Frage verlangte, »welchen Weg wir zum Wiederaufbau unserer Gesellschaft wählen sollen, den sozialistischen oder den kapitalistischen«!

Nun könnten die Verfechter der Perestrojka um Gorbatschow – angesichts des fortgeschrittenen gesellschaftlichen Entideologisierungsprozesses (der kaum noch zu bremsen oder umzukehren sein dürfte) und vielleicht sogar in Erwartung baldiger Konsequenzen aus dem Verzicht der KP auf den politischen Führungsanspruch und aus der Entstehung eines Mehrparteiensystems – solche Forderungen relativ gelassen hinnehmen in der Überzeugung, daß die Mehrheit der Bevölkerung trotz desolater Wirtschaftslage einsehen dürfte, daß es zur Perestrojka keine Alternative gibt.

Aber die Eindeutigkeit dieser prinzipiellen Beurteilung der Lage verwirrt sich, seit in der russischen Sowjetrepublik die nationale Frage an Bedeutung gewonnen hat und Konservative, Kommunisten, »Plattformisten« (= Reformanhänger), Nationalisten, Kosmopoliten und andere Gruppierungen sich ihrer bedienen, so daß es zu wechselnden und manipulierbaren Mehrheiten – auch in grundsätzlichen Fragen – kommt.

Die nationalrussische Autonomiebestrebung hat sich inzwischen im neuen russischen Parlament unter seinem radikalreformerischen Präsidenten Boris Jelzin als mehrheitsfähig erwiesen. Während aber Jelzin und die Reformer die Autarkie Rußlands zu schnelleren Wirtschaftsreformen und weiterer Liberalisierung nutzen wollen, hoffen der konservativ-kommunistische russische Ministerpräsident und Apologet der Staats- und Planwirtschaft Iwan Silajew und der nun zum russischen KP-Vorsitzenden gewählte Iwan Poloskow (er war nach hitzigen Debatten und mehreren Abstimmungen Ende Mai 1990 schließlich bei der Wahl zum Parlamentspräsidenten unterlegen) wohl darauf, daß sich ein selbständiges Rußland besser gegen die Fortsetzung der Perestrojka durch Gorbatschow stemmen könne. Innen- und wirtschaftspolitisch sind diese Kräfte nicht weit von den Nationalisten des patriotischen Blocks entfernt. Ideologisch und politisch hat die neugegründete russische KP eine orthodoxe retrograde Position gegen die Perestrojka bezogen, was zwar zu Massenaustritten im Juni führte, aber man darf nicht übersehen, daß die Partei den Apparat und einen großen Teil der Bürokratie in der Hand hat.

Das hat Jelzin zu einer sichtbaren Wiederannäherung an Gorbatschow veranlaßt, wie auf dem Gründungskongreß der russischen KP zu erkennen war, obwohl Gorbatschow sich dort ideologisch und wirtschaftspolitisch zu Kompromissen bereitfand, indem er die Ziele marktwirtschaftlicher Veränderungen einschränkte und einen »humanen Sozialismus« mit »kommunistischer Perspektive« propagierte. Das ermöglichte wiederum Poloskow, ein grundsätzliches Bekenntnis zum Kurs der Perestrojka abzulegen. Jelzin nutzt inzwischen seine noch außerordentlich große Popularität als Hoffnungsträger, um die orthodoxe Kirche auf seine Seite zu ziehen. Seine Kritik an Gorbatschows zu zögerlichem Tempo der Perestrojka – sie habe, so sagte er Ende Juni 1990, bisher nur eine halbe Brücke gebaut – muß im Grunde als taktische Rückenstärkung des Präsidenten verstanden werden.

Allerdings gilt folgende Einschränkung: Unter dem Druck der nationalen Bewegungen in den Sowjetrepubliken hat Gorbatschow zugestehen müssen, die Umwandlung der Sowjetunion in eine Art Konföderation »souveräner Staaten« mit selbständigen, nationalorientierten kommunistischen und anderen politischen Parteien, die sich formieren, zu akzeptieren. Jelzin geht es nun darum, erhoffte Verbesserungen einer beschleunigten Perestrojka in erster Linie oder ausschließlich auf die russische Sowjetrepublik zu ziehen. Verbesserungen heißt aber: Behebung der wirtschaftlichen Misere. Diese ist ohne ausländische Hilfe nicht zu erreichen.

Als *Zwischenbilanz* der Perestrojka stellt sich also – auf den ersten Blick – eine Krisensituation dar: der Zerfall des Sowjetblocks mit dem Warschauer Pakt, damit verbunden der Verlust der Sowjetunion an politischem Gewicht und Einfluß. *Gewinner* sind die sich emanzipierenden osteuropäischen Staaten und besonders die Deutschen, vornehmlich in der DDR.

Verlierer ist die Sowjetunion, die mühsam versuchen muß, ihren Gesichtsverlust durch Erfolge auf diplomatischem und internationalem Feld, etwa den Abrüstungsverhandlungen, zu kompensieren. Daß ihr hier die NATO nun endlich entgegenzukommen beginnt, – spät, aber nicht zu spät, wie ich meine – ist zu begrüßen.

Innenpolitisch zerfällt der zentralistische Sowjetstaat. Gorbatschow muß bemüht sein, diesen Prozeß in einer konföderativen Lösung aufzufangen. Die wirtschaftliche Lage ist – hinsichtlich der Versorgung der Bevölkerung – besorgniserregend, die politischen Kräfte und Richtungen in der größten russischen Republik uneins und schwer einzuschätzen.

Der Preis für Glasnost und Freiheit, den die Perestrojka fordert, scheint zu hoch, aus eigener Kraft kaum bezahlbar.

Die Perestrojka hat in eine Krise geführt und befindet sich am kritischen Punkt. Konservative kommunistische Gegner der Perestrojka formieren sich unter Ligatschow und sammeln Unterstützung bei den Nationalisten; beunruhigte konservative Kräfte in der Roten Armee versuchen verantwortungslos Panikmache mit der angeblichen Gefahr eines vereinigten Deutschland.

Ein retrograder Umschwung – so haben mir russische Freunde, Anhänger der Perestrojka, gesagt – würde nicht folgenlos bleiben, sie seien in diesem Falle zum Widerstand, zum Bürgerkrieg entschlossen. Das aber wäre eine Katastrophe: Über die Stärke der Roten Armee braucht man sich keinen Zweifeln hinzugeben, und wie russische radikale Führer vorgehen können, weiß man aus der Geschichte.

Der Mitte Juli 1990 zu Ende gegangene 28. Kongreß der KPdSU dürfte aber – als Gegengewicht zum Gründungskongreß der konservativen *russischen* KP – mit Gorbatschows Wiederwahl zum Generalsekretär und der Wahl seines Wunschkandidaten Iwaschko in das neue Amt seines Stellvertreters – eine Stärkung der Kräfte *für die Perestrojka* gebracht haben.

Ich halte es für ein Gebot internationaler Solidarität und politischer Klugheit, in dieser Situation verhindern zu helfen, daß es zu einer Verschärfung der Krise kommt. Das kann nur durch schnelle und umfangreiche wirtschaftliche Soforthilfe geschehen. Es ist gut, daß dies von den USA über die EG und die Bundesregierung all jene, die helfen können, erkannt haben. Aber es ist schlecht, wenn man dem Hilfeversprechen von Houston erst eine umständliche Expertenprüfung, die kaum grundsätzlich neue Einsichten wird liefern können, voranstellt. Der baden-württembergische Ministerpräsident hat zu Recht auf die besonderen Interessen und Verpflichtungen der Deutschen in diesem Zusammenhang hingewiesen.

Kurzfristige Hilfe sollte womöglich ausreichend sein, um die Versorgungsnot der vielgeplagten russischen und sowjetischen Bevölkerung wenigstens ein wenig zu lindern und spontanes Unzufriedenheitspotential zu entschärfen. Spätere langfristige Hilfe muß den Strukturwandel des Wirtschaftssystems unterstützen, wobei man wissen muß, daß dies ein langer und aufhaltsamer Prozeß sein wird.

Allerdings ist zu bedenken, daß auch und gerade die Russen, so wie wir alle, nicht vom Brot allein leben: eine Besserung der Wirtschaftslage allein wird die Probleme Rußlands und der Sowjetunion im gesellschaftlichen und geistig-moralischen Wandel nicht dauerhaft lösen können.

Wir dürfen nicht vergessen, was es für ein Volk bedeuten muß, jahrzehntelang vom Mythos der Supermacht und des progressiven ideologischen Wegweisers der ganzen Menschheit getragen und mobilisiert gewesen zu sein, um sich heute schließlich in der Lage eines getäuschten, armen und verelendenden Landes mit einer überholten und zurückgebliebenen Staatsideologie wiederzufinden. Unter diesen Umständen ist es für ein Volk nicht leicht, seine Selbstachtung und Würde zu bewahren. Das sollten wir beim Umgang mit Russen heute bedenken. Es gilt deshalb nach meiner Überzeugung, die Russen und die sowjetischen Völker auch von Westeuropa her zur Integration in das »gemeinsame europäische Haus« einzuladen, ihnen das Gefühl der Solidarität und Dazugehörigkeit zu vermitteln. Angesichts der krisenhaften Zwischenbilanz der Perestrojka wäre es unverantwortlich, wollten wir nur unbeteiligte Zuschauer bleiben.

Autorenverzeichnis

Dr. Klaus von Beyme
Professor für Politikwissenschaft an der Universität Heidelberg

Dr. Włodzimierz Borodziej
Historisches Institut der Universität Warschau, Humboldtstipendiat in Tübingen

Dr. András Gergely
Historisches Insitut der Universität Budapest, Gastprofessor an der Universität Hamburg

Dr. Dietrich Geyer
Professor für Osteuropäische Geschichte an der Universität Tübingen

Dr. Rudolf Hrbek
Professor für Politikwissenschaft an der Universität Tübingen

Dr. Zdeněk Jičínský
Professor für Staatsrecht an der Universität Prag, Vizepräsident des Tschecho-Slowakischen Bundesparlaments

Dr. Dr. h.c. Norbert Kloten
Honorarprofessor an der Universität Tübingen, Präsident der Landeszentralbank Baden-Württemberg

Dr. Rolf-Dieter Kluge
Professor für Slawische Philologie an der Universität Tübingen

Dr. Gerd Meyer
Professor für Politikwissenschaft an der Universität Tübingen

Volker Rittberger, Ph.D.
Professor für Politikwissenschaft an der Universität Tübingen